"十四五"职业教育国家规划教材

货物运输实务

主　编　吴吉明
副主编　林庄元　吴剑新　王凤英
主　审　杨智平

北京理工大学出版社
BEIJING INSTITUTE OF TECHNOLOGY PRESS

内 容 简 介

本书是高职高专工学结合课程改革规划教材,是在各高等职业院校积极践行和创新先进职业教育思想和理念,深入推进"校企合作、工学结合"人才培养模式的大背景下,由全国交通运输职业教育教学指导委员会交通运输管理类专业教学指导委员会根据最新的教学标准和课程标准组织编写而成。

本书共十二个项目,主要内容包括货源组织、货物运输安全管理、货物运输生产计划的编制与执行、货物运输设备与装卸设备的选型、普通货物运输实务、危险货物运输实务、大件物品运输实务、鲜活易腐品运输实务、易碎物品运输实务、贵重物品运输实务、货物运输合理化组织、货物运输组织绩效评价。

本书可作为高职高专院校、成人高等院校物流管理、集装箱运输管理、交通运输管理以及相关管理类专业的教学用书,也可作为相关从业人员的参考书。

版权专有　侵权必究

图书在版编目（CIP）数据

货物运输实务 / 吴吉明主编 . —北京：北京理工大学出版社，2019.8（2024.1 重印）

ISBN 978－7－5682－7293－3

Ⅰ.①货…　Ⅱ.①吴…　Ⅲ.①货物运输－交通运输管理　Ⅳ.①U294.1

中国版本图书馆 CIP 数据核字（2019）第 146536 号

责任编辑：徐春英　　**文案编辑**：徐春英
责任校对：周瑞红　　**责任印制**：施胜娟

出版发行 /	北京理工大学出版社有限责任公司
社　　址 /	北京市丰台区四合庄路 6 号
邮　　编 /	100070
电　　话 /	（010）68914026（教材售后服务热线）
	（010）68944437（课件资源服务热线）
网　　址 /	http://www.bitpress.com.cn
版 印 次 /	2024 年 1 月第 1 版第 4 次印刷
印　　刷 /	唐山富达印务有限公司
开　　本 /	787 mm×1092 mm　1/16
印　　张 /	17.5
字　　数 /	415 千字
定　　价 /	49.80 元

图书出现印装质量问题，请拨打售后服务热线，负责调换

前 言

党的二十大报告非常明确地把大国工匠和高技能人才作为人才强国战略的重要组成部分。货物运输实务是按照客观经济规律，研究如何科学合理组织货物运输生产活动的一门技术性学科，是物流管理专业的一门核心专业课。这门课程在培养学生物流运输组织管理的职业能力和素养方面具有重要的作用。

本教材是根据物流运输企业运输业务各个工作岗位对技术能力的要求，参考物流师国家标准的要求，与行业、企业合作，建立基于岗位工作过程中的能力需求的课程学习体系而开发的。

通过本教材的学习，学习者能够掌握货物运输管理的知识和基本技能，具备实际货物运输管理的操作能力、组织货物运输生产经营业务的能力以及利用现代科学方法进行货物运输系统管理的能力，为从事物流企业的运输管理营运工作打好基础，并能胜任现代物流企业运输调度与管理等相关岗位。

一、教材设计基本理念

本教材根据物流企业运输管理岗位实际工作的要求，以工作任务为核心，以货物运输业务流程为主线，围绕货物运输管理岗位职业能力，采用情境化为导向的工作流程组织学习内容。本教材通过教、学、做三位一体的模式，理论与实践相结合，突出职业能力与素质的培养，体现高职院校"以服务为宗旨，以就业为导向，以能力为本位"的高端技能型人才培养目标。

二、教材设计思路

本教材的设计是建立在对货物运输管理岗位工作内容层次和工作流程分解的基础上，以物流运输职业技能要求为重点来进行，力求学生完成学习后能胜任物流运输管理岗位工作。

本教材设计是以货物运输管理业务实践、岗位技能为主要依据，并结合物流师国家标准的要求。

本教材设计思路具体如下：

（1）理论课教学内容要做到科学合理，重点突出。理论要能为实践服务、为工作服务，因此课程内容阐述基本理论、基本概念较少，实践操作基本方法较多。课程内容的定位出发点是通过学习本教材，使初学者掌握货物运输组织管理的基本原理和基本分析工具，学会基本技能操作。

（2）注重职业能力培养。教师以物流运输管理岗位职业技能要求组织教学，运用现代化教学方法，通过看、演、做、练，使学生具备实际物流运输操作能力、组织物流生产经营业务的能力以及利用现代科学方法进行运输组织系统管理的能力。同时，教师应以学生为中心、以人才培养目标为导向、优化设计教学过程的各个环节，保证教学目标的实现。

（3）以工作流程为基准线，设计若干教学情景，学生先掌握学习材料，再根据学习材料操作，教师根据学生操作结果再进行指导，学生再重复操作，直至学生完全掌握技能为止。教师在学习过程中扮演指导者的角色。

三、教材教学建议

（1）教学模式采取理论与实践一体化模式。理论课程在多媒体教室，实践性教学部分将教学场所设在实训环节和运输物流企业现场，学生在"做中学"，教师在"做中教"。

（2）本教材在教学过程中，立足于加强学生实际动手能力的培养，采用校企合作、工学结合项目教学，以任务驱动型项目和案例教学手段提高学生学习的兴趣。

（3）本教材教学充分利用学校和企业两种资源。学校专职教师与企业兼职教师教学相结合，采用现代多媒体教学与企业现场实践教学相结合，注重学做结合，边讲边学，"教"与"学"互动，"做中学，学中做"，强化学生实践能力和岗位职业能力的训练。

（4）在教学过程中，创设工作情境，强化实际操作训练；在操作训练中，紧密结合职业技能证书的考核，使学生掌握运输与配送组织作业的相关知识。

（5）在教学过程中，尽可能地使用现代化教学手段和方法。例如，采用多媒体教学、实训软件、实物教学、案例教学、项目教学、运输企业现场教学方法。尽量采用小班化教学，特别是实训项目需要采取分组练习。

四、教学评价建议

教学评价是在教学过程中不可缺少的环节，也是教师了解教学过程、调控教学行为的重要手段。教学评价的目的在于了解学生的学习状况、发现教学中的缺陷，以便为改进教学提供依据。

（1）重视学习过程中的评价。在日常理论和实践教学中，对学生在学习过程中各个环节的观察和考核是高职院校专业课比较常用、也比较客观科学的评价方法。通过教学手册登记，了解学生的学习行为、掌握知识和实践能力的程度，有针对性地辅导学生和调整教学方法；学生也可以清楚地看到自己在学习过程中取得的进步和存在的问题。

（2）注重对学生动手能力和在实践中分析问题、解决问题能力的考核。重视学生在作业、案例讨论、课堂测验中表现出来的独特解题方式与思路，对在学习和应用研究方面有创新的学生给予特别鼓励，综合评价学生的能力。

（3）考核学生要针对不同教学内容使用不同的考核方式。主要考核方式有考卷考核、随堂测验考核、提问考核、完成操作任务考核等。考核的指标应该根据不同教学内容进行多样化、综合性考核。例如，学习态度、协作精神、创意性、自主探索积极性、结果等。

本教材由福建船政交通职业学院吴吉明担任主编，北京盛丰供应链管理有限公司林庄元总裁、福建船政交通职业学院吴剑新、福建船政交通职业学院王凤英担任副主编，福建盛丰物流集团杨智平副总裁担任主审。具体编写分工为：林庄元编写项目三、项目五；吴剑新编写项目四；王凤英编写项目九；吴吉明编写项目一、项目二、项目六、项目七、项目八、项目十、项目十一、项目十二。本教材由吴吉明负责整体策划、结构和内容设计以及最后的统稿。本教材在编写过程中得到福建船政交通职业学院领导和北京理工大学出版社的大力支持，使该教材得以顺利完成，在此深表感谢。

本教材的编写是一项探索性工作，不足之处在所难免，欢迎各使用单位及个人提出宝贵意见和建议，以便在今后的修订中补充更正。

编　者

目　录

项目一　货源组织 ……………………………………………………………… (1)
　　任务一　货源调查 …………………………………………………………… (2)
　　任务二　运输商务谈判 ……………………………………………………… (11)
　　任务三　货物运输合同签订 ………………………………………………… (21)

项目二　货物运输安全管理 …………………………………………………… (33)
　　任务一　货物运输风险防范 ………………………………………………… (34)
　　任务二　先进信息技术在货物运输中的应用 ……………………………… (40)
　　任务三　货运事故处理 ……………………………………………………… (47)

项目三　货物运输生产计划的编制与执行 …………………………………… (55)
　　任务一　货物运输生产计划的编制 ………………………………………… (56)
　　任务二　货物运输车辆运行作业计划的编制与执行 ……………………… (62)

项目四　货物运输设备与装卸设备的选型 …………………………………… (68)
　　任务一　认识货物运输设备 ………………………………………………… (69)
　　任务二　认识货物装卸搬运设备 …………………………………………… (81)
　　任务三　货物运输设备与装卸设备选型的原则和步骤 …………………… (93)

项目五　普通货物运输实务 …………………………………………………… (102)
　　任务一　认识普通货物 ……………………………………………………… (103)
　　任务二　整车货物运输实务 ………………………………………………… (105)
　　任务三　零担货物运输实务 ………………………………………………… (122)

项目六　危险货物运输实务 …………………………………………………… (142)
　　任务一　认识危险货物 ……………………………………………………… (143)
　　任务二　危险品的包装与装卸 ……………………………………………… (147)
　　任务三　危险货物的运输 …………………………………………………… (158)

项目七　大件物品运输实务 (168)
任务一　认识大件物品 (169)
任务二　大件物品的运输实务 (173)

项目八　鲜活易腐品运输实务 (182)
任务一　认识鲜活易腐品 (183)
任务二　鲜活易腐品的运输 (187)

项目九　易碎物品运输实务 (194)
任务一　认识易碎物品 (195)
任务二　易碎物品的运输 (200)

项目十　贵重物品运输实务 (205)
任务一　认识贵重物品 (206)
任务二　贵重物品的运输 (210)

项目十一　货物运输合理化组织 (215)
任务一　货物运输合理化的识别和选择 (216)
任务二　货运车辆合理化调运方法 (223)
任务三　车辆运行组织 (242)

项目十二　货物运输组织绩效评价 (254)
任务一　货物运输组织绩效评价方法 (255)
任务二　货物运输组织绩效评价指标 (260)

参考文献 (269)

项目一

货源组织

内容简介

货物运输与其他物质生产活动相比,具有自身的行业特性。它是以改变货物空间位置为目的的生产活动,从而决定了运输企业经营活动的超前性。货源组织不仅是这一特性的体现,还是运输企业生产经营活动的关键性内容。货源调查是货源组织工作的基础,也是货物运输企业编制生产营销计划的重要环节;运输商务谈判是竞争和维护企业利益的必备过程;运输合同签订是组织运输生产、保护企业利益的法律依据。

教学目标

知识目标
1. 在了解货源调查的程序基础上,掌握货源调查的内容和方法。
2. 掌握运输商务谈判的程序和内容。
3. 明确货物运输合同的原则和程序。

技能目标
1. 能够按货物运输企业的常规要求进行货源调查。
2. 能够在一般的运输商务谈判中,运用一些常见的谈判技巧与策略。
3. 能够签订货物运输合同。

案例导入

货物运输企业的竞争促使企业进行货源调查

某货物运输企业面临激烈的货物运输竞争市场,企业生存压力越来越大。企业高层管理者结合企业所在城市的发展情况,准备把货物运输目标部分转移到与城市建设相关的领域,如房地产、地铁、城市道路等建筑工地。这个领域有大量的建筑材料、建筑渣土等需要运输。能否进入这一细分运输市场,是企业下一步运输生产经营的转折点。那么该货物运输企业目前面临的工作是什么呢?

引导思路

1. 该城市房地产、地铁、城市道路建设所涉及的货物运输量有多少?
2. 该货物运输企业的车辆是否能适应货物的需求?
3. 如果进入此细分运输市场,那么货物运输企业应准备实施哪些工作项目?

任务一 货源调查

教学要点

1. 了解货源调查的基本程序。
2. 掌握货源调查的内容和方法。
3. 能够根据货源调查的任务设计调查表。

教学方法

一般采用讲授、情境教学、案例教学和分组讨论等教学方法。

教学内容

一、货源调查的概念

货物运输是生产企业的原材料供应和产成品销售,社会商品流通和地区物资交流等所产生的改变货物位移的需求。它是来自货物运输企业之外的一种派生性需求。

在一定时期内,能够产生一定品种和数量的货运需求的源点称为货源。

在一定时间内沿一定方向的货物流动称为货流。

物流角度的货源是对各类货物源头的简称,在日常工作中也称为"货主"。狭义的"货源"是指货物的真正拥有者;而广义的"货源"也包含货物的管理者,既有"货主"的含义,又有"管理者"的含义,如货物的委托管理人。

顾名思义,物流货源特指物流业中运输环节的服务对象,即狭义的"货主"。货主就是物流货源。货源信息或货主信息、货运情报对货物运输企业来说是非常重要的。在物流行业中,显然"货主"的有效公关决定了货物运输企业的发展。因此,对有效、全面的数据信息进行收集和科学处理可以大大提高货物运输企业的市场占有率或市场的先机反应机会。

货源调查是货源组织工作的基础,也是货物运输企业编制生产营销计划的重要环节。随着我国社会主义市场经济体制的建立和不断完善,商品生产和流通通过市场来调节和分配,货源和货流的变化是经济环境和交通条件变化引起的商品生产和供求关系变化的反映。摸清经济区域内工农业生产的发展情况和商贸、物资流通情况及地区货物运输需求的数量和质量特征,掌握货源和货流的变化情况及其规律性,是货物运输企业进行市场开发、经济合理地组织货物运输的关键。

货源调查：指运用一定的科学方法，将调查区域内报告期内的货源原始资料按调查目的进行审核、汇总与初步加工，使之系统化和条理化，并以集中、简明的方式反映调查区域内货源总体情况的过程。

货源调查目的：为运输企业吸引和组织货源，提供比较准确、可靠的信息，以提高计划和决策的预见性。

货源调查的任务：对调查区域内的物资生产、收购、分配、调拨、仓储等货源流向进行调查研究，摸清情况，为货物运输企业积极组织计划运输、合理运输、直达运输和均衡运输提供可靠信息。

货源调查的作用：有利于为货物运输企业的决策和调整策略提供客观依据；有利于货物运输企业发现市场机会，开拓新的运输市场；有利于货物运输企业准确的市场定位，更好地满足货主的需要，增强竞争力；有利于货物运输企业建立和完善市场营销信息系统，提高货物运输企业的经营效益。

二、调查要素

（一）货源调查对象

调查区域内涉及货物进出的各类经营性质、规模的企业都是货源调查的对象。就具体某个货物运输企业而言，其货源调查对象是自己可以从事运输业务的货物企业。

货物运输企业不仅要重视生产性企业的货源调查，而且还要重视从事商品流通和销售企业的货源调查，因后者的货源变动更能反映该地区的市场变化。货源调查应与该地区的运输市场调查紧密结合起来。运输市场调查是对该地区的国有、民营和个体运输企业的经营状况、市场份额和竞争能力进行全面的调查分析，摸清该地区运输市场的供给能力和供给特征，以便确定运输企业的目标市场和营销策略。在运输市场调查中，不仅要注重传统大宗原材料、能源和初级产品的运输市场调查，而且还要重视高运价率、高附加值货物的运输市场调查，这类货物对运输质量和时效要求更高，货物运输企业也可以获得更大的经济效益。

例如，目前道路运输货物分为17类21种，即煤炭及制品；石油天然气及制品；金属矿石；钢铁；矿建材料；水泥；木材；非金属矿石；化肥及农药；盐；粮食；机械、设备和电器；化工原料及制品；有色金属；轻工、医药产品；农林牧渔业产品；其他货类等。一般可将这些货物的拥有者、管理者或委托管理者作为货源调查对象，逐一对其流量、流向、时效等进行调查研究，以成为货物运输企业市场营销、生产计划等的依据。

（二）货源调查方式

货源调查是统计分析手段在货物运输市场运输需求调查中的体现，主要的调查方式包括以下几种。

（1）普遍调查（简称普查）：指专门组织的、对全体调查对象普遍进行的一次性全面统计调查。例如，目前经国务院批准的周期性的普查项目包括：人口普查、经济普查等。在货物运输企业中，普遍调查是对全体可以从事运输业务的货物企业进行调查。

（2）抽样调查：指根据概率理论，从全体调查对象中随机抽取一部分样本单位进行观察，取得样本统计调查数据，并据以推断总体的统计调查方法。抽样调查具有投入少的特点，能够以较少的投入取得必要的统计数据。在货物运输企业中，抽样调查是在全体可以从事运输业务的货物企业随机抽取一部分样本单位进行调查。

（3）重点调查：指在全体调查对象中选择一部分重点单位进行调查，以取得统计数据的一种非全面调查方法。由于重点单位在全体调查对象中只占一小部分，调查的标志量在总体中却占较大的比重，因而对这部分重点单位进行调查所取得的统计数据能够反映社会经济现象发展变化的基本趋势。与抽样调查不同的是，重点调查取得的数据只能反映总体的基本发展趋势，不能用以推断总体，因而也只是一种补充性的调查方法。目前，重点调查主要是在一些企业集团的调查中运用。

货源调查是获取货源第一手资料的最基本方法。根据货物运输企业性质和生产任务以及调查目的和要求，在对调查对象进行初步分析的基础上，在实际工作中还常用以下的调查方法。

①专题调查：不定期的一种带有研究性质的典型调查。其主要针对类别货物和季节性货物的运输进行专题调查和研究。它是注重开拓和发展货物运输的新产品和新的经济增长点。

②重点调查：对调查区域内运输影响较大或运量较大的物资单位和港口、厂矿企业进行的调查。通过重点调查巩固和发展企业的运输优势，保证在市场变化的形势下，为企业货源和货流的相对稳定和均衡创造条件。

③全面调查：一般是在编制下达年度计划之前进行对该区域的物资生产、流通情况的概略性质的调查。在货源调查时，大部分生产企业需要运输的货物数量并没有落实，往往只是一个计划，而计划的实现也要受许多主客观因素的影响，特别是经济形势和市场变化的影响，不可避免地要发生波动。因此，更详细的货源调查应在编制月度运输生产和营销计划时进行重点调查。

（三）货源调查的方法

货源调查的方法主要有观察法、实验法、访问法和问卷法。

（1）观察法：一般调查中最基本的方法。观察法是由调查人员根据调查研究的对象，利用眼睛、耳朵等感官以直接观察的方式对其进行考察并搜集资料。

（2）实验法：由调查人员根据调查的要求，用实验的方式，将调查对象控制在特定环境条件下，对其进行观察以获得相应的信息。调查对象可以是货源的种类、数量、价值等。实验法主要用于货物运输企业新运输形式的开辟、新线路的确定。例如，要开辟某条新线路，可实际进行小规模模拟运行，根据实验结果判断开辟新线路的可行性。

（3）访问法：一般分为结构式访问、无结构式访问和集体访问。

结构式访问是事先设计好的、有一定结构的访问问卷的访问。调查人员要按照事先设计好的调查表或访问提纲进行访问，要以相同的提问方式和记录方式进行访问。提问的语气和态度也要尽可能地保持一致。

无结构式访问是没有统一问卷，由调查人员与被访问者自由交谈的访问。它可以根据调查的内容，进行广泛的交流。例如，对汽油的价格进行交谈，了解被调查者对价格的看法。

集体访问是通过集体座谈的方式听取被访问者的想法，收集信息资料。集体访问可以分为专家集体访问和消费者集体访问两种。

（4）问卷法：通过设计调查问卷，让被调查者填写调查表以获得所调查对象的信息。

在调查中将调查的资料设计成问卷后，让接受调查对象将自己的意见或答案，填入问卷中。在一般的实地调查中，以问答卷的方式采用最为广泛。

（四）调查开展时间（报告期）

货物运输需求是一种派生需求，受市场调节下的商品供求关系的影响，处于波动状态中。为完成调查任务，达到调查的预期目的，必须对调查开始和结束时间进行要求。

"基期"是一个基础期、起始期的概念，是一开始的时候，一个作为基准的时期，使用基期概念是为了将开始时间定位。

"报告期"与"基期"是一对指标，是当期的意思，也就是在报表或报告的当年、当月，一般报告期都是针对基期而言的。

（五）调查的内容

以某货物运输企业为例，调查的内容如下：

（1）调查本区域内可以从事运输的物资资源的分布与开发，以及农业、工业、商业、建筑业、采掘业、旅游业等发展情况。

（2）现有货主的地区分布和数量。

（3）货主的类别、规模、基本经济情况。

（4）货物数量品种、方向、时间、运距以及其变化规律。

（5）货主的托运习惯、托运的动机和心理。

（6）货主对企业运输业务服务的满意度和信赖程度。

（7）货主的潜在要求。

三、调查的流程

货源调查是由一系列收集和分析相关数据的步骤组成的。某一步骤做出的决定可能影响其他后续步骤，某一步骤所做的任何修改往往意味着其他步骤也可能需要修改。调查的步骤一般按如下程序进行。

（一）准备阶段

1. 建立货源调查组织

根据需要确定调查人数，成立调查小组，选一人为组长，另一人为副组长。组长负责整个货源调查工作。

2. 确定调查目标

明确货源调查所要解决的问题及调查的要求。

3. 设计调查方案

确定货源调查的对象、调查的时间、调查的预算、调查的进度以及采用的调查方式和方法；确定信息收集方法，设定调查指标并制成货源调查表等；分配组员任务，分工合作。调查数量越大，可信度与有效性则越高。

（二）调查阶段

按所选方法实施调查，注意辨别信息的真伪。

（三）研究阶段

整理资料，对资料进行检查、核对、归类，使资料系统化、条理化。

分析资料，得出结论或验证假设。

整理资料的一般原则如下：

（1）真实性原则是整理资料的最基本要求。

（2）准确性原则要求描述事实要准确，特别是数据。

（四）总结阶段

撰写调查报告。报告内容包括标题、导言、主体部分、结尾。

四、调查表

调查表是运用科学的方法系统地搜集、记录、整理和分析有关货源的信息资料，从而了解调查区域货源发展变化的现状和趋势，为货物运输企业经营决策、生产计划提供科学的依据而制订的表格化文件。调查表的设计是否完善，将直接影响调查效果。

一份比较完善的调查表通常由以下四部分构成：

（1）被调查者的基本情况。具体包括被调查者的名称等。

（2）调查内容。指所调查的具体项目，它是调查表最重要的组成部分。

（3）调查表说明。有的调查表需要对其内容进行说明，如填表目的和要求、被调查者注意事项、交表时间等。

（4）编号。有些调查表需要编号，以便分类归档，汇总统计。

调查表设计一般分为以下几个步骤：

（1）确定调查表调查的主题和调查项目。

（2）设计调查表，包括调查表结构的确定、所提问题设计、备选答案设计、提问顺序设计以及调查表的版面格式等。

（3）小范围的试答和修改。

（4）定稿、付印。

表 1-1～表 1-5 是某货物运输企业制订的货源调查表。

表 1-1 货源调查表

被调查单位：＿＿＿＿　　　填表时间：　年　月　日　　　调查人员：＿＿＿＿

货源量		非运输量			运输量								公路（铁路）托运量					
货物名称	年产量	期末库存量	进货量	当地供销量	期末库存量	其他	运输线路			t	t·km	其中				t	t·km	一季度	二季度	三季度	四季度
							起	止	距离			铁路/t	水运/t	公路							
														t·km	其中自运量						
															t	t·km					
对运输部门的意见和要求																					

表 1-2　货源调查分户汇总表

填表时间：　　年　月　日　　　　汇总人员：_____

货源量			非运输量				运输量					其中					公路（铁路）托运量					
货物名称	年产量	期末库存量	进货量	当地供销量	期末库存量	其他	运输线路			t	t·km	铁路/t	水运/t	公路				t	t·km	一季度	二季度	三季度	四季度
							起	止	距离					t	t·km	其中自运量							
																t	t·km						
对运输部门的意见和要求																							

表 1-3　公路（或铁路）运输托运量分线运量表

线别：_____　　　填表时间：　　年　月　日　　　　汇总人员：_____

编号	物资单位	货名	运输线路			全月运输量		其中								备注
			起点	止点	里程	t	t·km	一季度		二季度		三季度		四季度		
								t	t·km	t	t·km	t	t·km	t	t·km	
合计																

上（下）行

表 1-4　××区货物分类运量调查汇总表

填表时间：　　年　月　日　　　　汇总人员：_____

运输方式	运输量		货物分类													
	t	t·km	煤炭及制品	石油·天然气	金属矿石	钢铁	矿物性建材	水泥	木材	非金属矿石	机械及设备	化肥·农药	化工原料	盐	有色金属	轻工医药产品	粮食	农林牧渔产品	其他
铁路																			
水运																			
航空																			
汽车　自运																			
汽车　托运																			
合计																			

表 1-5　大宗货源市场调查表

表　号：_____
制表单位：_____
有效期至：_____

企业名称：_____

基本情况	业务领域	□1 工业　□2 批零　□3 建筑　□4 亿元市场				
	企业性质	□1 国有　□2 外企　□3 合资　□4 民营　□5 其他				
	年营业额/万元			年物流总货运量（t/TEU）		
	年物流总费用/万元			物流成本占总成本比例/%		
货物需求	仓储需求	总需求面积/m²			其中自有仓储面积/m²	
		主要需求类型（可多选）	□1 立体库　□2 保温库　□3 货架库 □4 多层库　□5 普通库　□6 其他			
	原料运输	货物种类	年货运量（t/TEU）		起始地	运输方式	自运比重
			t	TEU（集装箱）			
	产品运输（工业、批发、亿元市场）	货物种类	年货运量（t/TEU）		目的地	运输方式	自运比重
			t	TEU（集装箱）			
货物供应	企业物流外包情况	□1 全部外包　□2 部分外包　□3 不外包　□4 其他情况				
	采取物流外包的企业请填以下内容					
	物流外包环节（可多选）	□1 运输　□2 仓储　□3 配送　□4 流通加工　□5 供应链优化　□6 其他				
	物流供应商选择	主要考虑因素				
		1	服务价格		2	个性化服务
		3	安全、时效性		4	企业资信
		5	风险承担能力		6	信息化水平
		7	其他			
		请按重要程度排序（重要因素排前）：				

续表

			评价项目	评分（1~5）（注：1—不满意；2—较不满意；3—存在不足但可以接受；4—比较满意；5—非常满意）
物流供应	供应商评价		1. 缩短货物流转时间	
			2. 降低经营成本	
			3. 可提供个性化、配套物流服务	
			4. 货损、货差现象减少	
			5. 较好组织上下游供应链衔接	
			6. 可提供金融等增值服务	
			7. 其他（请予以说明）	
	不采取物流外包的企业请填写以下内容			
	自营物流主要原因	1	货物运输时效性、安全性无法保证	
		2	无法提供满足企业要求的个性化物流服务	
		3	物流外包成本较高	
		4	延续性的物流自营操作模式暂时无法改变	
		5	涉及企业核心竞争力，无法建立相互信任的合作关系	
		6	其他原因	
		请按关注度排序（关键原因排前）：		
	未来是否考虑物流外包		□1 会　　□2 不会	
对物流现状的评价	评价	□1 高效的　　□2 仅能满足基本运输需求　　□3 较不满意　　□4 很不满意		
	建议	1. 应进一步降低物流成本。 2. 应注重提升一体化服务能力。 3. 应加强个性化服务能力。 4. 应注重运输安全性和实效性。 请按关注度排序：		
对政府物流产业政策的建议	1. 应加强对物流经营秩序的监管，打击不法经营。 2. 应提供信息化平台，提高物流业信息化程度。 3. 应消除地区壁垒，降低物流成本。 4. 应加大对物流外包的扶持，推动制造、物流"两业联动"。 5. 其他。 请按关注度排序：			

填表人：_____　　联系电话：_____　　调查时间：____年__月__日

注：运输方式按照"运输方式分类表"填写编号；货物种类按照货物运输"品名分类表"填写编号；起始地、目的地按照"地区分类表"填写编号。自运比重是指自运货量占总货运量的百分比。

五、技能训练

1. 训练目标

通过实践训练,学生能够完成一般要求的货源调查,能够为企业的货物运输生产计划提供依据。

2. 训练准备

(1) 正确理解货源调查的相关内容,理解货源调查的基本要求。

(2) 根据学生具体人数再结合调查的任务分成若干组,选组长1人。

(3) 做好实习动员,安排实习任务和提出实习要求。

(4) 检查学生的实习准备情况,解答学生的相关疑问。

3. 训练项目

将学校所在地作为调查区域,根据调查区域内普通货物货源分布情况,设计几种货源调查表,分别调查下列内容:

(1) 现有货主在调查区域内的分布和数量。

(2) 货主的类别、规模、基本经济情况。

(3) 货物数量、方向、时间、运距及其变化规律。

(4) 货主的托运习惯、托运的动机和心理。

(5) 货主对货物运输企业服务的满意和信赖程度。

(6) 货主的潜在要求。

4. 训练评价

训练评价的方式有教师评价、小组内部成员评价和第三方评分组成员评价三种。建议教师评价占60%权重,小组内部成员评价占20%的权重,第三方评分组成员评价占20%的权重,将三者综合得分作为学生在该项目中的评价分。训练评价表见表1-6。

表1-6 训练评价表

考评人		被考评人	
考评地点			
考评内容	货源调查		
考评标准	具体内容	分值	实际得分
	工作态度	15	
	沟通水平和团队合作	15	
	调查表的设计情况	15	
	调查中的表现及结果	25	
	撰写调查报告情况	30	
	合计	100	

注:考评满分为100分,60分以下为不及格,60~69分为及格,70~79分为中,80~89分为良,90分以上为优。

任务二　运输商务谈判

教学要点

1. 掌握运输商务谈判的程序与内容。
2. 学会运输商务谈判的技巧、策略，能够进行运输商务谈判。
3. 能够签订货物运输合同。
4. 理解货物运输合同的权利与义务。

教学方法

一般采用讲授、情境教学、案例教学和分组讨论等方法。

教学内容

一、运输商务谈判的概念和特征

（一）运输商务谈判的概念

运输商务谈判是指承运人与托运人之间为了寻求和达到最有利的货物位移目标，彼此进行交流、阐述意愿、磋商协议、协调关系并设法达成一致意见的行为过程。运输商务谈判不仅包括为了实现货物运输和运输商务事故处理而进行的常规性谈判，也包括实现物流企业发展目标而从事的所有具有开拓意义的谈判，如联合、兼并、合作谈判等。

（二）运输商务谈判的特征

现代社会，商务谈判几乎涉及现实生活的所有方面，但运输商务谈判具有明显的不同于其他商务谈判的特征。

1. 以实现运输目标为谈判目的

不同的谈判者参加谈判的目的是不同的。外交谈判涉及的是国家利益；政治谈判关心的是政党、团体的根本利益；普通商务谈判以获取经济利益为基本目的；运输商务谈判则以实现运输目标为谈判目的。在运输商务谈判过程中，谈判者可以调动和运用各种因素，而各种非经济利益的因素，也会影响谈判的结果，但其最终目标仍是实现运输目标。与其他谈判相比，运输商务谈判不仅重视谈判的经济效益，也重视社会效益。

2. 以运输质量和运输费用作为谈判的主要评价指标

运输商务谈判涉及的因素很多，谈判者的需求和利益表现在众多方面，但运输质量和运输费用几乎是所有运输商务谈判的核心内容。在运输商务谈判中，一方面要以运输质量和运输费用为中心，坚持自己的利益；另一方面又不能仅仅局限于运输质量和运输费用，应该拓宽思路，设法从其他自身优势上（如运输速度）争取应得的利益，使对方在不知不觉中让步。这是参加运输商务谈判的人需要注意的事项。

3. 以运输合同条款为谈判的核心

运输商务谈判的结果是由双方协商一致的运输协议或运输合同来体现的。运输合同条款实质上反映了各方的权利和义务，运输合同条款的严密性与准确性是保障谈判获得各种利益的重要前提。有些谈判者在运输商务谈判中费尽心力获得了较有利的结果,对方也已做出了许多让步,此时似乎已经获得了谈判的胜利,但如果谈判者在拟订运输合同条款时掉以轻心,不注意运输合同条款的完整、严密、准确、合理、合法,则可能会被谈判对手在条款措辞或表述技巧上引入合同陷阱。这不仅会把到手的利益丧失殆尽,而且还要为此付出惨重的代价。因此,在运输商务谈判中,谈判者不仅要重视口头上的承诺,更要重视运输合同条款的准确性和严密性。

(三) 运输商务谈判的重要性

运输商务谈判可以帮助货物运输企业增加利润。对于一个企业来说,增加利润一般有三种方法:增加营业额、降低成本、谈判。

(1) 增加营业额。它最直接,但也最难。在市场竞争日趋激烈的今天,争夺市场份额本身不仅是一件困难的事情,而且增加营业额往往也会增加成本费用,如员工工资、运输工具等。也可能企业的营业额增加很多,但扣除成本费用以后,利润却没有增加。

(2) 降低成本。一般来说,货物运输企业降低成本的空间是有限的,降到一定程度就很难继续降低了。另外,降低成本还有可能降低运输的质量,反而损害了运输企业的长远利益。

(3) 谈判。通过谈判,尽量以低价买进,高价出让运输劳务,这样可以获取利润。谈判争取到的每一分钱都是净利润,因此它是增加利润最有效,也是最快的方法。

(四) 运输商务谈判的作用

(1) 运输商务谈判是货物运输企业实现经济目标的手段。
(2) 运输商务谈判是货物运输企业获取市场信息的重要途径。
(3) 运输商务谈判是货物运输企业开拓市场的重要力量。

二、运输商务谈判的类型

(1) 按谈判参与方的数量分类,可分为多方谈判和双方谈判。
①双方谈判,是指只有两个谈判主体参与的谈判。各方谈判主体参与的人数不限定。
②多方谈判,是指有三个或三个以上的当事方参与的谈判。

(2) 按谈判各方参加谈判的人员数量分类,可分为大型谈判(各方在12人以上)、中型谈判(4~12人)和小型谈判(4人以下);也可以分为小组谈判与单人谈判。

一般情况下,大、中型谈判适用于谈判项目内容、涉及的谈判背景等较为复杂,谈判持续的时间较长的谈判;小型谈判则适用于谈判内容、涉及背景、策略运用等相对简单的谈判。谈判各方谈判人数最少为一个,即单人谈判。

(3) 按谈判所在地分类,可分为主场谈判、客场谈判、中立地谈判或主客轮流谈判。
①主场谈判,也称主座谈判,是指在自己一方的所在地、由自己一方做主人所组织的谈判。主场谈判占有"天时、地利、人和"的优势,便于谈判者进行内外结合,有时还可以通过良好接待"以礼服人",使对方很难找到拒绝的理由。但主场谈判也具有"谈判者易受干扰、费心费力"等缺点。
②客场谈判,也称客座谈判,是指在谈判对方所在地的谈判。到客场进行谈判,一是要快速适应当地的气候、人文、风俗、语言等环境;二是要准备充分,消除紧张气氛,对可能出现的问题估计得更准确、更周全一些,做到临危不惧,应对自如;三是要理解和尊重对

方，不做过分的接待要求。一般而言，主场优势要大于客场优势，因此谈判者必须提高客场谈判的能力。

③中立地谈判或主客轮流谈判，有时为了平衡主、客场谈判的利弊，就采取在中立地（第三地）谈判或者轮流主客场谈判。第三地谈判既可以避免主、客场对谈判的某些影响，又可以为谈判提供良好的环境和平等的氛围。第三地谈判也有一定的缺点，可能会引起第三方的介入而使谈判各方的关系发生微妙变化；主、客场轮换固然可以增加谈判的公平程度，但来回奔波势必增加谈判的成本。

（4）按谈判的结果分类，可分为双赢或多赢谈判、双输或多输谈判和输赢谈判。

①双赢或多赢谈判，是指通过谈判活动最大限度地创造出最佳解决方案，满足各方利益要求的谈判。要获得双赢或多赢，有两个前提：一是大家必须是合作的；二是创造价值。谈判界有一句警句——不要把钱留在桌上。也就是说，很多时候谈判双方或多方都没有找到最大化双赢或多赢的谈判方案，因此不可能获得最大化的利益。它强调的是创造价值，而不是仅仅申明价值和分配价值。

②双输或多输谈判，是指双方均没有在谈判中获得利益，实现谈判目标的谈判。这种谈判就是俗话讲的"我得不到，你也别想得到"。这种思想是极其错误的，不符合现代谈判伦理观，它是谈判结果中最下策的谈判，既没有创造出新的价值，也没有合理分配价值。

③输赢谈判，是指在谈判中一方所得为另一方所失，一输一赢的谈判。例如，在博弈论中的"零和博弈"，即一方所得到的就是另一方所失去的。从严格意义上来讲，这种谈判是不能获得成功的，至少是不能获得持续成功的。

（5）按谈判时双方的态度进行分类，可分为竞争型谈判、合作型谈判和竞合型谈判。

①竞争型谈判，是指谈判双方以一种竞争的态度而进行的谈判。

②合作型谈判，是指谈判双方以一种合作的态度而进行的谈判。

③竞合型谈判，是指双方本着"客观、平等、互利"的原则，通过适当的竞争与合作，寻求最佳解决方案。聪明的谈判者总是把二者结合得非常好，如态度是合作的，但是在某一项具体交易条件磋商时又是竞争的；在原则方面是当仁不让、竞争的，但在有些小事、细节方面又是宽容的、合作的。

当然，竞争型谈判、合作型谈判和竞合型谈判三者之间的区分都不是绝对的，没有"只有合作没有竞争"的谈判，也没有"只有竞争没有合作"的谈判，人们应该在竞合中获得"双赢或多赢"。

（6）按谈判的观念分类，可分为硬式谈判、软式谈判和原则式谈判。

①硬式谈判，也称立场型谈判，谈判者以意志力的较量为手段，很少顾及或根本不顾及对方的利益，以取得己方胜利为目的的立场坚定、主张强硬的谈判方法。硬式谈判法的指导思想是"不谈判则罢，要谈必胜"，谈判者丝毫不考虑别人的需要和利益，也不顾及自己的形象以及对以后合作的影响。硬式谈判一般用于以下两种情况：一是一次性交往；二是实力相差悬殊，己方处于绝对优势。

②软式谈判，也称关系型谈判，为了保持同对方的某种关系所采取的退让与妥协的谈判类型。这种谈判有以下特点：一是把对方当朋友，谈判者总是从个人的良好愿望出发，把对方看成与自己同样善良的人，不相信对方会搞阴谋诡计；二是追求某种虚假的名誉地位或维

持某种一厢情愿的良好关系，达成和解协议，即使这种和解协议对己方不利，谈判者也不管；三是只提出自己的最低要求，生怕刺痛和伤害对方的感情；四是不敢固守自己的正当利益，常以自己单方面的损失使谈判告终；五是屈服于对方的压力；六是达成协议的手段是向对方让利、让步，即使对方得寸进尺谈判者也不阻挡，无原则地满足对方的贪婪欲望。

③原则式谈判，也称价值型谈判，强调公正原则和公平价值。这种谈判有以下特征：一是把谈判者双方都看作问题的解决者，既不把对方当朋友，也不把对方当敌人，而是就事论事，就问题解决问题，双方都有责任和义务妥善解决问题；二是把人与问题分开，谈判者以公正的态度参加谈判，不带私人感情，不能以当事人的立场、观点、感情、身份参加谈判，而应以第三者中间人的身份参加，置身于事件之外；三是谈判原则，使用社会公认的客观标准、科学原则、国内和国际法律、风俗、习惯、传统的道德规范、宗教规则等解决分歧，双方不能主观自设原则或自立标准；四是对人和事采取不同态度，对人采取软的态度，对事采取硬的态度；对事件按原则处理，对双方的谈判者仍以礼相待。

三、运输商务谈判的内容

运输商务谈判的内容主要是围绕运输合同条款进行谈判的，具体内容如下：

1. 运输的起止点和起止时间

运输的起止点和起止时间不仅直接影响收货方能否按时收到货物、满足需求或投放市场、回收资金，还会因交货时空的变动引起价格的波动或造成经济效益的差异。在谈判中，双方应根据运输条件、市场需求、运输距离、运输工具、码头、车站、港口、机场等设施，以及货物的自然属性、气候条件进行综合分析，明确装运、交货地点以及具体截止日期等。

2. 货物包装及交接方式

货物包装种类、材料、规格、装潢等方面的不同，会导致不同的运输费用。一般情况下，良好的包装可以降低运输损失。

3. 货物的种类和数量

货物的种类和数量与运输费用有着直接关系。货物的数量大一般会获得价格折扣。

4. 运输费用及结算方式

运输费用是运输商务谈判的重点。运输费用的计算标准有：按货物重量计算、按货物体积计算、按货物件数计算、按商品价格计算等。另外，在计算费用时，还会因运输中的特殊原因增加其他附加费。在谈判中，双方对货物的重量、体积、件数、商品的贵重情况进行全盘考虑，合理规划，在可能的条件下改变商品的包装、缩小体积、科学堆放，选用合理的计算标准，论证并确定附加费用变动的合理性，明确双方交货条件，划清各自承担的费用范围和界限。

运费的结算与支付是一个重要问题，直接关系到交易双方的利益，影响双方的生存与发展。在谈判中，双方应注意运费结算支付的方式、期限、地点等。运输费用的结算方式分为现金结算和转账结算。

5. 运输保险

国内运输保险采取自愿原则，没有明文规定保险责任该由谁来承担，只是通过谈判，双方协商解决。但在国际贸易中，商品价格条款中的价格术语确定后，也就明确了双方的保险责任。例如，FOB（离岸价）、CIF（到岸价）、CFR（成本加运费）都有规定保险责任由谁承担。谈判双方对世界各国主要保险公司在投保手续与方式、承保范围、保险单证的种类、保险费率、保险费用的支付方式、保险的责任期和范围、保险赔偿的原则与手续等方面的有关规定加以考虑筛选，最后加以确定。

6. 双方的权利和义务

在运输过程中，承、托双方常常会因彼此的权利和义务引起争议，并由此引起违约、索赔等情况的发生。因此，在谈判过程中，双方应明确双方各自的权利和义务，避免相关事务的推诿，保证运输合同正常的履行。

7. 违约责任和免责条款

在运输过程中，由于一些意外原因，会导致违约、索赔等情况的发生。为了使争议得到顺利的处理，在谈判过程中，双方对由争议提出的违约、索赔和解决争议的方式，事先应进行充分商谈，并做出明确的规定。另外，对于免责条款（如不可抗力）及其对合同履行的影响结果等，也要做出相应的规定。

8. 争议解决方式

在合同履行过程中发生争议经协商或调解失败时，双方可自愿把争议提交给约定的第三者裁决。在谈判时，双方洽谈的内容包括争议解决的地点、机构、程序规则和效力等。

四、运输商务谈判的程序和原则

（一）运输商务谈判的程序

一般而言，运输商务谈判的程序包括三个基本环节：准备阶段、正式谈判阶段和结束阶段。具体而言，运输商务谈判从开始到结束，划分为准备阶段、开局阶段（这一阶段又分导入阶段和概说阶段）、明示与报价阶段、交锋阶段、妥协阶段（这三个阶段又称谈判的磋商阶段）和签约阶段。

1. 准备阶段

谈判前准备阶段的工作做得如何，做得是否充分，对谈判的顺利进行和圆满成功至关重要。一般来讲，如果谈判的准备工作做得越充分，谈判的效果则会越好。谈判的准备阶段，主要包括以下一系列工作。

（1）选择合适的谈判对象。选择谈判对象应根据交易目标的必要和相互间商务依赖关系的可能，通过直接或间接探询及相互寻找、了解交易对象的活动，在若干候选对象中进行分析比较和谈判的可行性研究，找到己方目标与对象条件的最佳结合点，以实现优化选择。

（2）谈判背景调查。以"知己知彼"为原则，对谈判背景进行认真的调查研究。背景调查，包括对己方的背景调查，尤其要做好对谈判对象的背景调查。调查的内容，应包括环境背景、组织背景和人员背景等方面。背景调查实际上是谈判准备极端的信息准备，要注重从多种渠道获取信息，建立谈判对象档案，并以动态的观点分析问题。

（3）组建好的谈判班子。组建好的谈判班子是谈判取得成功的组织保证。一般来说，优秀的谈判班子人员个体素质要好，谈判班子规模结构适当，谈判队伍能有效管理，谈判班子负责人能履行职责。

（4）制订谈判计划。谈判计划，是谈判前预先对谈判目标、谈判方略和相关事项所做的设想及其书面安排。它既是谈判前各项主要准备的提纲挈领，又是正式谈判阶段的行动指南，是谈判的重要文件，应注意它的保密性。谈判计划主要内容一般包括：谈判的基本目标、主要交易条件、各方地位分析、人员分工职责、时间和地点安排、谈判成功预算、谈判策略谋划、必要说明及附件等。

（5）模拟谈判。模拟谈判，是正式谈判前的"彩排"。模拟谈判是将谈判班子的全体成员分为两部分，一部分人员扮演对方角色，模拟对方的立场、观点和风格；与另一部分己方人员对阵，预演谈判过程。模拟谈判可以帮助己方谈判人员从中发现问题，对既定的谈判计划进行修改和加以完善，使谈判计划更加实用、有效。同时，能使谈判人员获得谈判经验、锻炼谈判能力，从而提高谈判的成功率。

2. 开局阶段

开局是指参加谈判的各方人员，从开始谈判时第一次见面，到正式讨论有关具体、实质性谈判内容之前的一段时间。开局时间一般应控制为 3~5 分钟，这一段时间谈判者的工作重点主要有以下两项。

（1）建立良好的谈判气氛。不同的谈判气氛，对于同一谈判具有不可忽视的影响，会在不知不觉中把谈判朝着某种方向推进。例如，热烈的、积极的、合作的气氛，会促使双方尽快地达成一致协议；冷淡的、对立的、紧张的气氛，会把谈判推向破裂的边缘。最理想的开局方式是以轻松、自然的语气先谈些双方容易达成一致意见的话题。如："我打算先和您商量一下今天会谈的话题，您看好不好？"或者"我们先把今天会谈的程序确定下来，您看如何？"从表面上看，这些问话无足轻重，但以商量口吻的方式开头，既能体现尊重对方，愿以平等态度商讨问题的诚意，同时也最容易得到对方肯定的答复。

（2）谈判者应在开局阶段注意察言观色。根据行为学家的论述，双方初次见面的前 10 分钟内，85% 的信息是靠彼此的神态和动作来传递的。通过察言观色，可以分析出某种假象和伪装，捕捉和观察对方真实的内心世界。

3. 明示与报价阶段

此阶段双方都已进入实质性问题的洽谈，谈判各方彼此明确表示自己的要求，提出明确的交易条件，以便启动后面的谈判。值得注意的是，该说的要说清楚、说准确，不该说的丝毫不能说，不要轻易表露自己的真实想法、泄露商业秘密；否则，一旦对方了解了己方的动机、权限及最后期限，对己方的谈判就非常不利。在明示阶段要学会"听"的艺术，专心致志地倾听对方讲话的真正含义，并恰当地运用问话或插话形式引导对方透露更多隐含的内容，想方设法使对方在兴致勃勃的谈吐中表达出对己方有利的内容。

报价，不是仅指在价格方面的要价，而是泛指谈判一方向另一方提出的所有要求，其目的在于明确己方需要。在这一阶段，谈判人员要注意提出交易条件的形式、报价的先后、条件的变换、报价的原则和信息传递方式等几个方面。

4. 交锋阶段

在谈判双方各自明确对方的基本意图后，就进入了交锋阶段。在这个阶段，双方都想竭力列举材料，运用策略最大限度地遏制对方意图，以达到自己的目标。因此，交锋阶段是谈判过程中充满对抗性的阶段同时，也是谈判最关键的阶段。在这段时间内双方的表现与能力发挥，直接关系到谈判双方的利益分配。

交锋阶段应注意以下事项：

（1）资料准备要充分，要"九备一说"，即花九分力气做准备，花一分的力气来表达。

（2）语言要文明，切忌煽动情绪、无理纠缠、强词夺理、讽刺挖苦、人身攻击，态度要稳重，不要手舞足蹈、面红耳赤。

（3）辩论时，要事理交融、论证有力、条理清晰、表达严密、言词简洁、重点突出，不要离开双方关注的主题搅乱洽谈的正常进行。

（4）"穷寇莫追"，当对方经过一轮交锋因失败而做出一定让步后，不能乘人之危，"直捣黄龙"，更不能提出让对方难以承受的要求，否则必然导致谈判的破裂，前功尽弃，事与愿违。

5. 妥协阶段

在谈判中，妥协是通过有关各方的相互让步来实现的。这种相互让步，并不等于有关各方的对等让步，真正的对等让步总是难以实现的。在较量的基础上，双方都应以真诚合作的态度，在坚持自己必须达到的目标的前提下，可以通过向对方做出某些妥协、让步的途径以获得谈判的成功。也可以说，让步是常用的谈判技巧，也是达到谈判成功的最好方法。妥协阶段也是整个商务洽谈中必不可少的重要环节。

当然不过让步也是有限度的，并不是以牺牲自己的基本利益来做出某种妥协。己方要清楚究竟哪些方面可以让步，退让到何种程度，以什么样的让步形式表现出来，让步以后能得到什么样的回报等，这些问题都要考虑成熟，切忌做出盲目和草率的让步。一般来说，事先确定的洽谈目标中那些易于达到的最高目标，可以作为让步的筹码在达成己方某一点成功时做出放弃。当对方必须做出重大让步、牺牲，甚至会引起洽谈破裂时，那些希望达到的目标也可以放弃，但最终目标（基本目标）是一定要实现的，否则宁可谈判破裂。让步时，不能一下子让得太多，要采取"步步为营"的方法。妥协、让步一旦做出就不能反悔，要珍惜信誉，重视自身形象。

6. 签约阶段

成交签约是商务谈判的最后阶段。谈判双方经过几个回合的交锋和让步，各自调整自己的交易条件，终于达成共识，并用协议的形式予以认可，使之合法化，并受到法律的保护。谈判双方把谈判达成的内容，用准确规范的格式和文字记录下来，形成协议并签字。此时洽谈才算是真正的成功。

签约阶段应将一切洽谈的结果见诸文字，协议的文字应简洁，表达应准确，以免以后出现不必要的争端。不能贪求"速战速决"，轻易在对方拟定的协议上签字，应进行认真细致的检查，对不同意见应及时商讨。商讨时态度要诚恳、现实，商讨时要对事不对人，每一次商讨都应确定一个具体目标，进行有目的的商讨。

在谈判结束后，不论谈判结果如何，都应握手言欢，这是礼之所在。任何组织或个人都经历过许多成功与失败，只有对两者都坦然接受——"胜固可喜，败亦欣然"者，才算是一个真正的谈判高手。因此，谈判人员在谈判的始终都应保持冷静、机智、风趣，不失绅士风度。

（二）运输商务谈判的原则

一般商务谈判活动应遵循以下原则，运输商务谈判也不例外。

（1）双赢原则。

（2）平等原则。

(3)合法原则。
(4)时效性原则。
(5)最低目标原则。

五、运输商务谈判的策略

在现代的货物运输中,运输商务谈判越来越多,对企业的经营活动也起着非常重要的作用。运输商务谈判的技巧不仅适用于公司与公司之间的谈判,也适用应聘者与公司、销售人员与顾客之间的沟通。

1. 确定谈判态度

确定谈判态度是指根据谈判对象与谈判结果的重要程度来决定谈判时所要采取的态度。

如果谈判对象对企业很重要,如长期合作的大客户,而此次谈判的内容与结果对公司并非很重要,那么谈判者就可以抱有让步的心态进行谈判。即在企业没有太大损失与影响的情况下满足对方,这样对于以后的双方合作会更加有利。

如果谈判对象对企业很重要,而谈判的结果对企业同样重要,那么谈判者就以一种友好合作的心态,尽可能达到双赢,将双方的矛盾转向第三方。例如,当市场区域的划分出现矛盾时,可以建议双方一起或协助对方去开发新的市场,扩大区域面积,将谈判的对立竞争转化为携手竞合。

如果谈判对象对企业不重要,谈判结果对企业也是无足轻重、可有可无,那么谈判者就可以轻松上阵,不要把太多精力消耗在这样的谈判上,甚至可以取消这样的谈判。

如果谈判对象对企业不重要,但谈判结果对企业非常重要,那么谈判者就应以积极竞争的态度参与谈判,不用考虑谈判对手,完全以最佳谈判结果为导向。

2. 充分了解谈判对手

知己知彼,百战不殆,对谈判对手的了解越多,越能把握谈判的主动权,自然成本越低,成功的概率越高。

了解对手时,不仅要了解对方的谈判目的、心里底线等,还要了解对方公司经营情况、行业情况、谈判人员的性格、公司的文化、谈判对手的习惯与禁忌等。这样便可以避免很多因文化、生活习惯等方面的不同而产生的矛盾,消除谈判过程中产生的额外障碍。另外,还有一个非常重要的因素需要谈判者了解并掌握,那就是其他竞争对手的情况,可以适时给出相较其他竞争者略微优惠一点的合作方式,那么将很容易达成合作协议。如果对手提出苛刻的要求,谈判者则可以把其他采购商的信息拿出来,让对手知道,己方是知道底细的,同时暗示己方有很多合作的选择。

3. 准备多套谈判方案

谈判双方最初各自制订的方案都是对自己非常有利的,而双方又都希望通过谈判获得更多的利益,因此谈判结果肯定不会是双方最初拿出的那套方案,而是经过双方协商、妥协、变通后的结果。

在双方谈判过程中常常容易迷失了最初的意愿,或被对方带入误区,此时最好的办法就是多准备几套谈判方案。谈判者先拿出最有利的方案,没达成协议就拿出其次的方案,还没有达成协议就拿出再次一等的方案。即使己方不主动拿出这些方案,但是心中仍可以做到有数,知道向对方的妥协是否偏移了最初自己设定的框架,这样就不会出现谈判结束后,仔细思考才发现，己方的让步已经超出了预计承受的范围。

4. 建立融洽的谈判气氛

在谈判之初，最好先找到一些双方观点一致的地方并表述出来，给对方留下一种彼此更像合作伙伴的潜意识，这样后续的谈判就容易朝着一个达成共识的方向进展，而不是剑拔弩张的对抗。当谈判遇到僵持时，可以拿出双方的共识来增强彼此的信心、化解分歧；也可以向对方提供一些其感兴趣的商业信息，或对一些不是很重要的问题进行简单的探讨，达成共识后双方的心理就会发生奇妙的改变。

5. 设定好谈判的禁区

谈判是一种很敏感的交流，要避免出现不该说的言语，谈判时间越长，越可能出错。最好的方法是提前设定好谈判中哪些是禁语、哪些是危险话题、哪些是不能触碰的行为以及谈判的心理底线等。这样就可以最大限度地避免在谈判中落入对方设下的陷阱或误区中。

6. 语言表述简练

人类接收外来声音或视觉信息的特点是，一开始专注，注意力随着接收信息的增加，会越来越分散，如果是一些无关痛痒的信息，那么更将被忽略。因此，谈判时语言应简练、针对性强，争取让对方大脑处在最佳接收信息状态时表述清楚自己的意图。如果要表达的是内容很多的信息，如合同书、计划书等，则适合在讲述或者诵读时语气进行高、低、轻、重的变化。例如，重要的地方提高声音、放慢速度，也可以穿插一些问句，引起对方的主动思考，增加注意力。

在谈判中切忌模糊、啰唆的语言，这样不仅无法有效表达自己的意图，也可能使对方产生疑惑、反感情绪。在谈判中，若想依靠伶牙俐齿及咄咄逼人的气势压住对方，往往事与愿违，多数结果不会很理想。

7. 做一颗柔软的"钉子"

运输商务谈判虽然不比政治与军事谈判，但是谈判的本质就是一种博弈，一种对抗，充满了火药味。在谈判过程中双方都很敏感，如果语言过于直率或强势，很容易引起对方的本能对抗意识或招致反感，因此谈判时要在双方遇到分歧时面带笑容、语言委婉地与对手针锋相对，这样对方就不会产生本能的敌意，使接下来的谈判不易陷入僵局。

在谈判中并非张牙舞爪、气势夺人就会占据主动，反倒是喜怒不形于色、情绪不被对方所引导、心思不被对方所洞悉的方式更能克制对手。致柔者长存，致刚者易损，想成为运输商务谈判的高手，就要做一颗柔软的"钉子"。

8. 曲线进攻

孙子曰："以迂为直。"谈判者想达到目的就要迂回前行，否则直接奔向目标，只会引起对方的警觉与对抗。谈判者应该通过引导对方，把对方的思维引导到自己的"包围圈"中，如通过提问的方式，让对方主动说出己方想听到的答案。反之，越是急切想达到目的，越是可能暴露了自己的意图，被对方所利用。

9. 多听少讲

在谈判中，谈判者往往容易陷入一个误区，那就是主动进攻的思维意识，总是在不停地说，总想把对方的话压下去，总想给对方多灌输一些自己的思想，以为这样可以占据谈判的主动权。其实不然，在这种竞争环境中，谈判者讲的话越多，对方越会排斥，能入耳的很少，能入心的更少，况且话多了就挤占了总的谈话时间，对方也有一肚子话想说，被压抑下的结果则是很难妥协或达成协议。反之，让对方把想说的都讲出来，当其把压抑心底的话都讲出来后，就会像一个泄了气的皮球，锐气会减退，接下来己方再反击，对手已经没有后招了。更为关键的是，谈判者善于倾听可以从对方的话语中发现其真正意图，甚至是破绽，从而最终掌握主动权。

10. 控制谈判局势

谈判活动表面看没有主持人，实则有一个隐形的主持人存在着，不是己方就是对方。因此，要主动争取把握谈判节奏、方向，甚至是谈判趋势。想做谈判桌上的主持人，就要运筹帷幄、从容不迫，不用语言把对手逼到"悬崖边"，而用语言把对手引领到"崖边"。要通过公平谈判，即客观的问题，潜移默化，从而引导局势向对己方有利的一边倾斜。

11. 让步式进攻

在谈判中谈判者可以适时提出1～2个很高的要求，对方必然无法同意，双方在经历一番讨价还价后可以进行让步，把要求降低或改为其他要求。这些高要求己方本来就没打算会达成协议，即使让步也没损失，但是却可以让对方有一种成就感，觉得自己占了便宜。这时己方其他较低的要求就很容易被对方接受，但切忌提出太离谱、过分的要求，否则对方可能觉得己方没有诚意，甚至激怒对方。己方先抛出高要求也可以有效降低对手对于谈判利益的预期，挫伤对手的锐气。

谈判的关键在于如何达成双方的心理平衡，达成协议的时刻就是双方心里都达到平衡点的关键点。也就是认为自己在谈判中取得了满意或基本满意的结果。这种满意包括达到预期的目的、自己获得的利益、谈判对手的让步、自己获得了主动权、谈判时融洽的气氛等。因此，在谈判中可以输掉谈判，只要赢得利益。

12. 专业律师参与

谈判桌上最重要的是心理素质和临场反应能力的较量。专业律师有较丰富的谈判经验，参与运输商务谈判可以避免将当事人情绪带入谈判场合而过分陷入其中不能自拔，即所谓"当局者迷，旁观者清"。在谈判实践中，代理律师可以与委托人配合实施各种各样的策略，帮助委托人清楚地表达各种意愿，协调当事方的不同需求，提供和取舍备选方案，最大限度地实现委托人的利益。在谈判中，身份和头衔本身就具有影响对方的力量，律师的身份及专业知识可以在这方面发挥重要作用。运输商务谈判的主要目的是合作，在谈判成功之后签协议时如果有律师把关，也能让企业规避很多风险。

六、技能训练

1. 训练目标

通过实践训练，能够根据承运方和托运方的基本要求进行商务谈判，达成货物运输协议。

2. 训练准备

（1）按学生人数情况，将全班学生分成承运人、托运人两大组，每大组分几个小组，选小组长1人，分别扮演承运人、托运人角色。

（2）承运人组：教师提供4～5个运输企业车辆信息（车型、吨位、车数）、运输成本信息（固定成本、单位重车变动成本、单位空车变动成本），注意互相保密。

（3）托运人组：教师提供4～5个货主货运信息，包括货物名称、数量、运输时间、运输起止地及运距。

（4）要求学生2学时内达成交易。承运人组以利润最高为胜，托运人组以付出运费最低为胜。

3. 训练项目

在实训室，模拟工作环境，进行运输商务谈判。

工作评价的方式有教师评价、小组内部成员评价和第三方评分组成员评价三种。建议教师评价占60%权重，小组内部成员评价占20%的权重，第三方评分组成员评价占20%的权重，三者综合得分作为学生在该项目的评价分。训练评价表见表1-7。

表1-7　训练评价表

考评人			
考评地点		被考评人	
考评内容	运输商务谈判		
考评标准	具体内容	分值	实际得分
	工作态度	15	
	沟通水平	15	
	训练项目完成情况	70	
	合计	100	

注：考评满分为100分，60分以下为不及格，60~69分为及格，70~79分为中，80~89分为良，90分以上为优。

任务三　货物运输合同签订

教学要点

1. 掌握货物运输合同的基本理论知识。
2. 熟悉货物运输合同订立的原则。
3. 熟悉货物运输合同内容及有关方的权利与义务。
4. 能够签订货物运输合同。

教学方法

一般采用讲授、情境教学、案例教学和分组讨论等方法。

教学内容

一、货物运输合同概述

（一）货物运输合同的概念

货物运输合同，即通常所说的货运合同，是委托人将需要运送的货物交给承运人，由承运人按委托人的要求将货物运送到指定地点交付给委托人或者收货人，并由委托人或收货人支付运费的合同。

委托人与承运人签订货运合同，应当按照合同法及相关规定办理。

（1）委托人应当向承运人准确表明收货人的名称、住址、收货人，以及所交付运输的货物的名称、性质、重量、数量、送达地点等有关货物运输的相关情况。

（2）委托人交运的货物，如果需要办理审批、检验等手续，则委托人有义务提交有关审批、检验等手续。

（3）如果委托人托运的是易燃、易爆、有毒、有腐蚀性、放射性等危险物品，则应当按照国家有关危险物品运输的规定进行包装，并做出标志、标签，并向承运人提交名称、性质以及防范措施的书面材料。

（4）承运人对委托人委托托运的货物承担毁损、灭失的责任。

货物运输合同的主体是托运人和承运人。托运人是将货物委托承运人运输的人，包括自然人、法人和其他组织。托运人可以是货物的所有人，也可以不是。承运人是运送货物的人，多为法人，也可以是自然人、其他组织。另外，货物运输合同还会涉及收货人，收货人是接收货物的人。收货人与托运人可以是同一人，但一般情况下为第三人。当第三人为收货人时，收货人就是货物运输合同的关系人，此时货物运输合同就是为第三人利益的合同。

在货物运输合同中的运输物包括各种动产，不限于商品。不动产和无形财产不能作为货物运输合同中的货物。

（二）货物运输合同的分类

（1）按照货物运输对象进行区分，可分为普通货物运输合同和特殊货物运输合同。

（2）按照货物运输合同形式进行区分，可分为书面合同、契约合同和口头合同。书面合同是指签订正式书面协议书的合同。契约合同是指托运人按照规定填写货运托运单或货单，这些单证具有契约性质，承运人必须按照托运单证的要求承担义务，履行责任。口头合同是指托运人与承运人以口头交谈形式达成协议而成立的合同。

（3）按照货物运输合同组织方式进行区分，可分为单一运输合同和多式联合运输合同。

（4）按照承运方式的不同，可分为公路运输合同、铁路运输合同、水路运输合同、航空运输合同、管道运输合同和多式联运合同。

（5）按照货物数量的不同，可分为批量合同和运次合同。批量合同是指一次托运货物较多的大宗货物运输合同；运次合同是指托运货物较少，一次即可完成的货物运输合同。

（6）按照合同期限的长短不同，可分为长期合同和短期合同。长期合同一般是指期限在一年以上的合同；短期合同是指期限在一年以下的合同，如季节合同、月度合同等。

（三）货物运输合同的基本特征

1. 运输合同一般为格式合同

在货物运输中，承运人面对的是无数的、不特定的服务对象，如果每一份合同都要与托运人按照合同的一般程序，通过协商谈判方式签订，那么将成倍增加承运人的工作量，延长合同订立时间，增加承运人的经营成本，同时也会由于对合同内容的理解的差异，增加很多的经营纠纷，无法保障所签订合同的履行。为体现货物运输合同的公正和效率，交通主管部门依照规章来规范主要内容和条款，以维护双方当事人的合法权益，杜绝承运人利用其控制运输工具的有利条件制定有利于自身的条款或免除或降低自身应负的责任。对于大宗或承运人长期运输货物等特殊要求的运输，也可以不采用格式合同，由双方当事人按照合同法制定的原则和程序另行协商约定。

货物运输合同的主要内容和条款都是由交通运输主管部门依照法规统一规定的，双方当事人和任何机构均无权变更，如《公路货物运输合同实施细则》《铁路货物运输合同实施细则》《水上货物运输合同实施细则》等。

2. 货物运输合同是双务合同

在货物运输合同中，双方当事人都享有权利和承担义务，承运人在拥有收取运输费用权利的同时，负有将运输服务对象按照约定运送到指定目的地的义务；托运人在享有运输服务的同时，负有支付相应运输费用的义务。即使是免费运输，各方也应承担相应的义务。

3. 货物运输合同是诺成合同

货物运输合同是不依赖标的物的交付，只须当事人意思表达一致即可成立的合同，即"一诺即成"的合同。

4. 货物运输合同是有偿合同

在货物运输合同中，托运人是以支付票款或运输服务费用为代价，以获得承运人提供的物流服务。因此，货物运输合同是有偿的合同，相应地这些运输活动的书面证明文件，如车票、机票、承运单、提单等就是有价单据。

5. 货物运输合同可以采取留置的方式担保

留置是指债权人按照约定占有债务人的动产、当债务人不能按照约定期限履行还款义务时，债权人有权依法留置债务人的财产，以财产拍卖、变卖的价款优先得到偿付。我国法律对留置权有明文规定，运输合同中的债权人就享有留置权。

（四）货物运输合同的特殊性

1. 合同主体的特殊性

（1）承运人：提供运输服务，其基本条件是应当具备相应的运输工具。

（2）托运人：可以是货物的所有人，也可以是货物所有人委托的运输代理人或者货物保管人。

（3）收货人：虽未参与货物运输合同的订立，但也是货物运输合同的收益人，享有接收货物的权利的同时，依法应当承担相应的法律义务，如及时提货、支付运费、及时检验义务等。

2. 合同形式的特殊性

货物运输合同通常是标准合同，基本形式有托运单或者货物运单，当事人也可以通过签订具体的书面合同明确各自的权利、义务。

3. 合同变更、解除条件的特殊性

托运人享有法定的单方的合同变更、解除权，但对变更、解除合同造成的损失及费用，应当予以赔偿。

4. 货物运输合同的不得拒绝性

从事公共运输的承运人（指具有独占地位以及其提供的服务具有公用事业性质的承运人）不得拒绝托运人通常、合理的运输要求。

5. 法律适用的特殊性

由于运输行业的特殊风险，法律对承运人的某些权益予以特殊保护。除《中华人民共和国合同法》外,当事人的基本权利和责任有专门的法律、法规和规章调整的,应当遵循普通法律和特别法律的适用原则。

二、货物运输合同订立的原则及程序

(一) 订立的原则

根据《中华人民共和国合同法》的规定,货物运输合同由双方当事人协商签订,在订立合同时,承运人和托运人双方必须遵循以下原则。

1. 平等互利、协商一致的原则

货物运输合同当事人双方不论企业规模大小、实力强弱、所有制性质差异,在签订合同时的法律地位都一律平等,合同应该是双方当事人经过协商达成一致的结果。任何一方不能强加自己的意志来签订合同。在合同的内容上,双方应当遵循公平和对等的原则确定各自的权利和义务。

2. 合法规范的原则

除个别情况可以即时结清费用外,双方当事人应当采用书面形式,在货物运输合同的内容和程序方面必须符合法律的规范和要求。在货物运输过程中,有关运输计划表、货物运单和货票本身就是书面形式的合同;当事人协商好的一些合同的文书、图表和传真,也属于合同的组成部分。

3. 不得违反国家利益和社会公众利益的原则

当事人双方违反此原则而签订的货物运输合同属于无效合同。

4. 等价有偿的原则

货物运输合同双方当事人享有同等的权利和义务,并应当依法承担相应的责任。每一方从对方得到利益时,都要付出相应的代价,不能只享受权利而不承担义务。

除了遵循上述合同的一般原则外,结合货物运输的特点,根据《中华人民共和国合同法》的有关规定,合同双方还必须遵守以下规定:一是对国家下达的指令性计划运输的物资,承运、托运双方必须根据国家下达的指标签订货物运输合同,保证优先运输;二是对抢险、救灾、战备等紧急运输的货物和国家规定的其他优先运输的货物,应该优先签订货物运输合同、优先运输;对其他物资,由承运、托运双方自由协商签订货物运输合同,并自行安排运输。

(二) 订立程序

货物运输合同一般由托运人提出运输货物的要约,承运人同意运输的承诺而成立。《中华人民共和国合同法》中规定,从事公共运输的承运人不得拒绝托运人通常提出合理的运输要求。

要约是指合同一方当事人向另一方当事人提出订立合同的建议。要约中要明确货物运输合同的主要条款,不仅要求对方答复的期限,而且在约定的对方答复期限内要约人要受其要约内容的约束。要约一般由托运人提出。

承诺是指受要约人同意要约的意思表示。即承运人接受或受理托运人的提议,对托运人提出的全部内容和条款表示同意。受理的过程包括双方协商一致的过程。承诺一旦生效,货物运输合同即成立。

货物运输合同签订后，即具有法律的约束力，合同当事人必须按照货物运输合同规定的条款认真履行各自的义务。

（三）货物运输合同的变更和解除

《中华人民共和国合同法》规定："在承运人将货物交付收货人之前，托运人可以要求承运人中止运输、返还货物、变更到达或者将货物交给其他收货人。"但是，如果因为单方变更或解除货物运输合同给承运人造成损失的，那么托运人或者提货凭证持有人"应当赔偿承运人因此受到的损失"，并且还要承担因变更或解除合同而产生的各种费用。

凡发生下列情况之一，可以允许变更和解除货物运输合同：

（1）由于不可抗力使货物运输合同无法履行；

（2）由于合同当事人一方的原因，在合同约定的期限内确实无法履行货物运输合同；

（3）合同当事人违约，使货物运输合同的履行成为不可能或不必要；

（4）经货物运输合同当事人双方协商同意解除或变更合同，如承运人提出解除物流运输合同的，应该退还已经收取的运输费用。

（四）货物运输合同的成立、效力

货物运输合同法定化和专门化的性质，决定了当事人自由意志法律化、承运人资格特定化、合同内容确定化和合同形式格式化（标准化），使货物运输合同与一般的民事合同、其他合同之间出现巨大差异，在货物运输合同的订立、效力和履行中有许多值得注意的地方。

1. 货物运输合同的成立

（1）要约是一方当事人向特定对方当事人所做出的订立合同的意思表示。要约须具备一定的条件才能生效：

①必须是特定的合同当事人所为的意思表示。

②必须具有缔结合同的主观目的。

③必须表明一经对方承诺即受拘束的意旨。

④内容必须具有足以使合同成立的主要条件。

⑤必须向希望与之缔结合同的相对人发出。

要约的一般规则是否完全适用于运输合同，应进行具体分析。

第一，从合同行为主体方面分析，根据标准合同（附合合同）的传统规则，附合合同的要约人应为制定和公布标准合同条件的一方，主要是公用企业和大企业，这些企业以法律上的独占地位，制作并发布标准合同，其相对人是社会中不特定的大众。标准合同本身被视为要约。任何人均可对标准合同承诺，从而确立合同关系。但是，运输领域内供求关系所造成的运力与运量的矛盾总是存在的。在运力大于运量的情况下，承运人以格式合同发出的要约，任何人做出承诺均成立合同关系，承运人不得拒绝。但在运力小于运量的情况下，格式合同的要约性质便受经济条件的强制性限制，即只有在运力许可的范围内，标准格式合同才具有要约性。在实践中，也没有任何一种标准合同中明示相对方一经承诺，承运人即受约束。相反，承运人方（如班轮运输中承运人）在营业地或报纸上公告航次和舱位数量，承运人仅在此运力量的范围内才受拘束。

第二，从标准合同的内容上分析，承运人所制作公布的货票、运单、价目表以及班次时刻表等，直接或间接地构成合同内容。但是否构成合同内容，是以合同是否成立为界限。填签运单等行为之前，即合同成立之前，这些内容的性质仅在说明承运人的运输能力、运输安排、价格等实际情况，是对承运人法定资格、经营范围、经营行为能力的公示，以便相对人详加了解并从中选择，此时上述内容还不能构成具体货物运输合同的内容。因此，如果以此判定其具有要约的性质，则与要约的规则要求不符。即托运人不可能全部利用承运人的条件，而只是从中选择符合自己目的的项目与承运人订立合同；承运人也不承担将某部分运力必然给予某个托运人或者顾客的责任。换言之，标准合同所列的是一般运输条件，而要约的内容必须是具体运输条件。因此，标准合同的要约性质实难成立。

第三，从合同行为上来看，承运人必须在其权利能力范围内以其行为能力发出要约，超出该能力范围，其行为无效。而承运人经营范围、运输工具、运力和线路等均属其能力内容。因此，即使确认格式合同属于要约，对运力以外的相对方的承诺，承运人也有权拒绝。这种状况导致传统民商法理论一般要约规则的失灵。

第四，从合同相对方来看，社会公众是不特定的概念。从理论上来说，公众在合同关系中可以成为承诺方，但在实践中，承诺者却不是抽象的社会公众而是特定的、具体的个人或组织，即使其人数众多，仍然如此。抽象的"人""公众"不可能实施任何行为，只有具体的"人"才能实施行为、建立合同关系。因此，在货物运输合同订立过程中，就会出现这一矛盾：要约人是特定的、具体的，而承诺人是一般的、抽象的。

总之，标准格式合同不具有要约的性质，其仅为要约邀请，是承运人对自身条件的说明和公示，目的是邀请不特定的人向自己发出要约，但是承运人在运力范围内不得拒绝要约，即承运人有依其能力承诺的法定义务。认定标准格式合同是要约邀请的意义在于，可以避免产生上述各种矛盾，更符合经济社会生活的性质要求。

(2) 承诺是指受要约人同意接受要约的全部条件的缔结合同的意思表示。承诺的条件包括：

①必须由受约人做出；
②必须向要约人做出；
③承诺的内容与要约内容一致；
④应在要约有效期内做出。

承诺的这些规则适用于货物运输合同的成立。但需注意的是，承运人在运力限制范围内不得拒绝承诺，即承运人有法定承诺的义务。在货物运输合同中，承诺情况较为复杂。在国内货运承运人承诺表现为其签署货运单，在国际运输中承诺表现为双方订立书面合同或仅签发提单（海运单）。

2. 货物运输合同的效力

在某些货物（主要是大宗货物、长期运输的货物）运输中，运输法规允许或要求当事人签订书面合同，这些合同与一般合同并无显著区别。但在一般情况下，货物运输合同凭据即运单取代了书面合同，承运人签署运单的时间就是货物运输合同成立的时间。托运人填写运单后，承运人签署运单的时间，是承运人承诺的表示，即货物运输合同成立的时间。

(1) 货物运输合同成立的地点，以承诺发生地即承运人营业所在地为成立地点。货物运输合同成立的要件方面没有特殊性，即只需要有双方当事人、双方以订立货物运输合同为目的、意思表示一致，货物运输合同即可成立。

(2) 货物运输合同的生效。民法理论将合同成立的要件与合同生效的要件相区别，认为合同生效是指合同成立后，还须具备一定的条件才能产生法律效力，才可受到法律的保护。这些条件是法律规定的合同必须具备的条件，或者说是法律规定的合同发生法律效力的条件。换言之，成立后的合同分为合法合同和不合法合同。

民法理论要求的合法合同要件：当事人缔约时具有相应的缔结合同的行为能力，意思表示真实，合同不违反法律或社会公共利益，合同的内容必须确定和可能。根据合同生效的要件，要件完备的合同为合法合同，受法律的保护；欠缺某种要件的合同则成为无效合同、可撤销的合同和效力未定的合同，其各有不同的法律后果。

货物运输合同中区分成立要件和生效要件没有显著的意义。一般来说，货物运输合同、《运输合同法》对合同的主体、客体、内容和形式的要求均不同于其他合同，凡经成立的合同，大多数是有效的、合法的，无效、可撤销和效力未定的货物运输合同在实践中是十分罕见的。但是，这并不等于说一切货物运输合同都是合法合同，都会产生同等的法律后果。在实践中，不法货物运输合同行为比比皆是，如公路货运中的合同欺诈，铁路货运中违禁违限运输等。但是，在《运输合同法》中，一般均不以此作为确认合同无效、可撤销或效力未定，而是以损害赔偿和行政制裁两种方式予以处理，实质上是成立和生效的竞合。

三、货物运输合同的内容

订立货物运输合同宜采用书面形式，有利于保护双方的权益。货物运输合同主要条款如下：

（1）货物的名称、性质、体积、数量以及包装标准。
（2）货物起运和到达地点、运距、收发货人名称以及详细地址。
（3）运输质量及安全要求。
（4）货物装卸责任和方法。
（5）货物交接手续。
（6）批量货物运转起止时间。
（7）年、季、月度合同运转计划（文书、表格、电报）提前期限和运转计划的最大限量。
（8）运杂费计算标准及结算方式。
（9）变更解除合同的期限。
（10）违约责任。
（11）双方商定的其他条款。

虽然每一份货物运输合同未必都具备上述各条，但是主要的合同条款是必不可少的。当然，还可以在以上范围内增加相应的条款。

四、货物运输合同中各方的权利与义务

（一）托运人的权利与义务

1. 托运人的主要权利

（1）请求承运人按照合同约定的地点和时间将货物运达目的地。
（2）在承运人交付货物给收货人之前，托运人可以要求承运人中止运输、返还货物、变更到达地或者将货物交给其他收货人。

2. 托运人的主要义务

（1）托运人应按合同的约定提供托运的货物。

（2）托运人应提交相关的文件。

（3）托运人应按照约定的方式包装货物。

（4）托运人应按照合同的约定及时支付运输费用和其他有关费用。

（5）承担因变更、中止运输造成的承运人损失的赔偿义务。

（二）承运人的权利与义务

1. 承运人的主要权利

（1）承运人有权收取运输费用及其他有关费用。

（2）承运人有权要求托运人提供货物运输的必要情况。

（3）承运人有权留置运到目的地的货物。

（4）承运人有权处置无人认领的货物。

2. 承运人的主要义务

（1）按照合同约定的要求配发运输工具，接收托运人依约定托运的货物。

（2）按照合同约定的时间、地点将运输的货物安全送达目的地。

（3）货物运达目的地后，应及时通知收货人。

（4）承运人对运输过程中货物的毁损、灭失承担损害赔偿责任。如果不是自身原因造成的，则还负有举证责任加以证明。

（三）收货人的权利和义务

1. 收货人的主要权利

（1）承运人将货物运到指定地点后，持凭证领取货物的权利。

（2）在发现货物短少或灭失时，有请求承运人赔偿的权利。

2. 收货人的主要义务

（1）检验货物的义务。

（2）及时提货的义务。

（3）支付托运人少交或未交的运输费用或其他有关费用的义务。

五、货物运输合同的履行

货物运输合同自签订之日起即具有法律的约束力，合同当事人双方必须按照合同约定的条款认真履行各自的义务。

（1）托运人应该按照约定的时间和要求提供托运货物；按照合同约定的方法包装货物，并做好托运标志；办理货物运输的相关手续，如填写托运单；将有关审批、检验的文件提交给承运人；及时发货、收货，并提供装卸条件。

（2）承运人应该按照合同约定配备交通运输工具；按照合同约定的运输期限、货物数量、起止地点组织运输，保质保量完成运输任务。在货物装卸和运输过程中，承托双方应该办理货物交接手续，做到责任分明，并分别在发货单和运费结算凭证上签字。

（3）收货人收到提货通知后，应该及时提货并清点验收。收货人请求交付货物时，应该将提单或其他提货凭证交还承运人，逾期提货应该向承运人交付保管费用。收货验收时，如果发现货物有毁损、灭失、变质等现象，收货人应当在接收货物之日起 15 日内通知承运人，以便明晰事故责任。

六、货物运输合同文本格式

货物运输合同文本格式如下：

货 物 运 输 合 同

订立合同双方：
托运方：_____；承运方：_____；
托运方详细地址：_____；收货方详细地址：_____。
根据国家有关运输规定，经过双方充分协商，特订立本合同，以便双方共同遵守。
第一条　货物名称、规格、数量、价款。

货物编号	品名	规格	单位	单价	数量	金额（元）

　　第二条　包装要求　托运方必须按照国家主管机关规定的标准包装；没有统一规定包装标准的，应根据保证货物运输安全的原则进行包装，否则承运方有权拒绝承运。
　　第三条　货物起运地点_____
　　　　　　货物到达地点_____
　　第四条　货物承运日期_____
　　　　　　货物运输期限_____
　　第五条　运输质量及安全要求_____
　　第六条　货物装卸责任和方法_____
　　第七条　收货人领取货物及验收办法_____
　　第八条　运输费用、结算方式_____
　　第九条　权利义务。

一、托运方的权利和义务

1. 托运方的权利：要求承运方按照合同规定的时间、地点，把货物运输到目的地。货物托运后，托运方需要变更到货地点或收货人，或者取消托运时，有权向承运方提出变更合同的内容或解除合同的要求。但必须在货物未运到目的地之前通知承运方，并应按有关规定付给承运方所需费用。

2. 托运方的义务：按约定向承运方交付运杂费。否则，承运方有权停止运输，并要求对方支付违约金。托运方对托运的货物，应按照规定的标准进行包装，遵守有关危险品运输的规定，按照合同中规定的时间和数量交付托运货物。

二、承运方的权利和义务

1. 承运方的权利：向托运方、收货方收取运杂费用。如果收货方不交或不按时交纳规定的各种运杂费用，则承运方对其货物有扣压权。查不到收货人或收货人拒绝提取货物，承运方应及时与托运方联系，在规定期限内负责保管并有权收取保管费用，对超过规定期限仍无法交付的货物，承运方有权按有关规定予以处理。

2. 承运方的义务：在合同规定的期限内，将货物运到指定的地点，按时向收货人发出货物到达的通知。对托运的货物要负责安全，保证货物无短缺、无损坏、无人为的变质，如有上述问题，应承担赔偿义务。在货物到达以后，按规定的期限，负责保管。

三、收货人的权利和义务

1. 收货人的权利：在货物运到指定地点后有以凭证领取货物的权利。必要时，收货人有权向到站或中途货物所在站提出变更到站或变更收货人的要求，签订变更协议。

2. 收货人的义务：在接到提货通知后，按时提取货物，缴清应付费用。超过规定提货时，应向承运人交付保管费。

第十条　违约责任

一、托运方的违约责任

1. 未按合同规定的时间和要求提供托运的货物，托运方应按其价值的_____%偿付给承运方违约金。

2. 由于在普通货物中夹带、匿报危险货物，错报笨重货物重量等而导致吊具断裂、货物摔损、吊机倾翻、爆炸、腐蚀等事故，托运方应承担赔偿责任。

3. 由于货物包装缺陷产生破损，致使其他货物或运输工具、机械设备被污染腐蚀、损坏，造成人身伤亡的，托运方应承担赔偿责任。

4. 在托运方专用线或在港、站公用线、专用铁道自装的货物，在到站卸货时，发现货物损坏、缺少，在车辆施封完好或无异状的情况下，托运方应赔偿收货人的损失。

5. 罐车发运货物，因未随车附带规格质量证明或化验报告，造成收货方无法卸货时，托运方应偿付承运方卸车等费用及违约金。

二、承运方的违约责任

1. 不按合同规定的时间和要求配车（船）发运的，承运方应偿付托运方违约金_____元。

2. 承运方如将货物错运到货地点或接货人，应无偿运至合同规定的到货地点或接货人。如果货物逾期达到，承运方应偿付逾期交货的违约金。

3. 运输过程中货物灭失、短少、变质、污染、损坏，承运方应按货物的实际损失（包括包装费、运杂费）赔偿托运方。

4. 联运的货物发生灭失、短少、变质、污染、损坏，应由承运方承担赔偿责任的，由终点阶段的承运方向负有责任的其他承运方追偿。

5. 在符合法律和合同规定条件下的运输，由于下列原因造成货物灭失、短缺、变质、污染、损坏的，承运方不承担违约责任：

①不可抗力。
②货物本身的自然属性。
③货物的合理损耗。
④托运方或收货方本身的过错。

本合同正本一式两份，合同双方各执一份；合同副本一式____份，送____等单位各留一份。

托运方：_____　　　承运方：_____
代表人：_____　　　代表人：_____
地址：_____　　　地址：_____
电话：_____　　　电话：_____
开户银行：_____　　　开户银行：_____
账号：_____　　　账号：_____
签订日期：____年__月____日　　签订日期：____年__月____日

七、技能训练

1. 训练目标

通过实践训练，能够签订常规货物运输合同。

2. 训练准备
（1）根据任务二的谈判结果签订货物运输合同。
（2）要求学生2学时内完成货物运输合同的签订。
3. 训练项目
在实训室，模拟工作环境，完成货物运输合同的签订。

工作评价的方式有教师评价、小组内部成员评价和第三方评分组成员评价三种。建议教师评价占60%的权重，小组内部成员评价占20%的权重，第三方评分组成员评价占20%的权重，将三者综合得分作为该学生在该项目的评价分。训练评价表见表1-8。

表1-8 训练评价表

考评人		被考评人	
考评地点			
考评内容	货物运输合同的签订		
考评标准	具体内容	分值	实际得分
	工作态度	15	
	沟通水平	15	
	运输合同完成情况	70	
	合计	100	

注：考评满分为100分，60分以下为不及格，60~69分为及格，70~79分为中，80~89分为良，90分以上为优。

思考练习

一、简述题
1. 货源调查的程序分哪几个阶段？每个阶段的内容是什么？
2. 运输商务谈判的内容具体包括什么？
3. 运输商务谈判从开始到结束划分为哪些阶段？
4. 货物运输合同订立的原则是什么？
5. 在货物运输合同中，承、托双方各有哪些权利与义务？

二、案例分析题

货物托运单上的漏洞

李女士委托湖北武昌某物流公司托运两部电子产品（每部价值270元）到湖北荆门市沙洋县，托运费为20元。几天后，李女士得知她托运的电子产品在一次车祸中被烧毁。

李女士赶到武昌某物流公司后，该公司拿出托运单称，承运合同说明中的第3条："承运人对保价的货物承担赔偿责任，未参加保价运输的按运价的5倍赔偿。"而李女士的货物由于没有保价，所以只能赔她100元。

多次交涉无果后，李女士向某报社寻求帮助。她告诉记者，办理托运时，某物流公司并没有告诉她货物要保价，也没有告知、提醒她托运单上的"说明"。"如今，公司这样赔付，怎么能证明我托运的电子产品是被他们'黑'了还是烧毁了呢?"

无独有偶。湖北武昌的张先生在一个托运部托运10部手机到湖北十堰市,托运费为60元。一个多星期后,收货人来电称没有收到货物。又过了10多天,仍是音讯全无。

无奈之下,张先生找到托运部。托运部却称,手机丢失了,可按照运费的10倍赔偿张先生600元。

接到张先生的求助后,记者在其提供的货物托运单上看到,注意事项的第三条写着:"请如实申报货物价值,并办理保险,否则,货物丢失、损坏后赔偿额不超过运费的10倍,且最高不超过一万元人民币。"

张先生说,他当时只想着办托运很简单,根本没注意到托运单上的注意事项,也没人向他提及。同时,这项规定是托运部单方面做出的,他认为非常不合理。"如果不管丢了什么货物都按照他们那个条款,只赔偿托运费用的10倍,那托运部就可以随便变卖客户的货物从中牟利了。"

针对这两起投诉,记者先后走访了两家当事公司。两家当事公司的说法基本一致:货物托运单就是托运合同。按照合同规定,货物丢失后,赔偿途径有两种,一是按保价金额赔偿;二是没有保价的,按合同约定赔偿。

物流公司负责人还表示,托运单上如果没有这项"免责声明",那么货物丢失后,货主往往狮子大开口,最后吃亏的肯定是托运部。

请问:物流公司的做法是否合适?托运人最好应该怎样做?

项目二

货物运输安全管理

内容简介

运输向社会提供的直接产品为运输对象的位移,而货物运输质量是货物运输企业或运输人员必须保证所运输的货物能安全送达目的地,否则运输活动毫无意义,即安全地将货物或旅客送达目的地是运输的第一要求。因此,安全运输或者运输活动的安全管理,可以说它是关系到整个国民经济能否健康稳定发展的大事。要搞好货物运输安全管理工作,首先必须树立风险及风险防范意识,做好预防工作;其次借助先进的技术,增加安全保险系数;然后正确处理货运事故,有效避免一些来自企业内外的负面影响。

教学目标

知识目标
1. 了解货物运输风险的概念和特征。
2. 了解3G技术在货物运输中应用情况。
3. 熟悉货物运输风险的类型。
4. 掌握货运事故处理的法律法规等规定。

技能目标
1. 能够从货物运输企业的角度进行运输风险防范。
2. 能够按照货运事故处理程序解决一些运输纠纷。

案例导入

一起可以避免的货物运输纠纷

刘某委托××物流公司将一批货物由河北省石家庄运往山东省威海港。2018年5月12

日，××物流公司与刘某签订了书面货物运输合同，由物流公司所有的两辆货车承运，司机罗某在承运人处签字，约定运费为7 500元，货到后付款。2018年6月3日，罗某将货物运抵威海市华夏工业园，因刘某要求将货物运到山东威海港，而合同约定的目的地为山东威海，双方在运费问题上发生争执。罗某遂将货物从山东威海运回山东无棣，并未将货物交付刘某。刘某遂将司机罗某起诉到法院。

引导思路

1. 双方争执的焦点问题是什么？
2. 这类运输纠纷事前避免的可能性是什么？

任务一　货物运输风险防范

教学要点

1. 了解货物运输风险的概念和特征。
2. 掌握货物运输风险的类型。
3. 掌握货物运输风险的防范措施。

教学方法

一般采用讲授、情境教学、案例教学和分组讨论等方法。

教学内容

一、货物运输风险概述

风险是绝对存在的，任何一个单位和个人都是不可能完全避免的。所谓风险是指自然界和社会所发生的自然灾害和意外事故两种，即动态风险和静态风险。所谓动态风险可以用数来计算和评估，即通常人们所说的一项投资可能赔钱，也可能赚钱的风险；而静态风险只会对人们造成损害，不可能有利，主要有政治、经济、自然灾害等原因。对于货物运输企业来说，最突出的表现是交通事故风险、货运事故风险、管理风险、履约风险。

（一）货物运输风险的概念

货物运输风险是指在货物运输过程中，某种情况下，发生某种货物损失、人身伤亡以及其他损失的可能性。货物运输风险由货物运输风险因素、货物运输风险事故和货物运输风险损失等要素组成。

货物运输风险因素是指增加货物运输风险事故发生的频率或严重程度的任何事件。例如，开快车、疲劳驾驶、车辆带病行驶、酒后开车、货运诈骗等，构成风险因素的条件越多，发生损失的可能性越大，损失会越严重。

货物运输风险事故是指货物运输风险的可能变成现实，以致造成货物损失、人身伤亡或其他财产损害的偶发事件。例如，火灾、地震、洪水、龙卷风、雷电、爆炸、盗窃、抢劫、疾病、死亡等都可能导致运输风险事故发生。货物运输风险事故发生的根源主要有以下三种：

（1）自然现象，如地震、台风、洪水等。

（2）社会政治、经济的变动，如社会动乱、汇率的变动等。

（3）人或物本身内在属性、缺陷，如疾病、设备故障等。

货物运输风险损失是指在货物运输过程中，非故意的、非预期的和非计划的货物经济价值的减少和灭失，包括直接损失和间接损失。

（二）货物运输风险的特征

在货物运输过程中，有时运距比较长，往往需要使用多种运输工具，通过多次装卸搬运、采用不同的运输方式，经由不同的地区才能到达目的地，中间环节很多。这时货物运输情况复杂多变，容易受到经济形势、自然条件和工作人员的影响，运输情况十分复杂。

在现代社会中，货物运输风险可以说几乎无处不在，每天都会出现货物运输事故。仅在中国每年因货物运输事故造成的损失就达几百亿元。但货物运输风险具有明显的不同于其他风险的特征。

1. 客观性

由于自然灾害、意外事故存在以及人们为了某些利益进行的欺诈，造成货物运输风险的客观存在。

2. 偶然性

货物运输风险是不确定的，不是每次都必然出现的，它的出现需要一定的条件。如果采取适当的措施，就会使破坏或损失的概率降低。

3. 损害性

货物运输风险轻则使企业发生经济损失，重则使企业破产倒闭。一次事故，企业可能赔偿几万元甚至几千万元。

4. 结果的不确定性

货物运输风险具有未来结果不确定性的特点，会不会造成损失，什么时间造成损失，损失多少，谁也无法预测。每一次事故损失都是不同的。

二、货物运输风险的类型

一般而言，现代货物运输风险主要包括以下三类。

（一）与托运人之间可能产生的风险

1. 货物灭损带来的赔偿风险

货物灭损包括货物的灭失和损害。其可能发生的环节主要有包装、运输、仓储、装卸搬运、流通加工和配送环节。发生的原因可能有客观因素，也可能有主观因素。客观因素主要有不可抗力、火灾、运输工具出险等；主观因素主要有装卸人员野蛮装卸、配载不合理、丢失、偷盗和操作人员失误或技术不足等。在货物运输活动过程中，装卸搬运活动是最容易产生货物灭损的，因而货物运输企业要努力减少装卸搬运活动。

2. 延时配送带来的责任风险

货物延时到达发生的原因主要在于承运人没有按照约定时间发运货物，运输路线选择欠妥或是中途发生事故导致运输时间延长等。在JIT（准时制）原则的要求下，货物运输企业延时配送可能会导致托运人索赔。从实践中来看，托运人索赔的依据大多数是运输服务协议。也就是说，货物运输企业面临的是违约赔偿责任风险。

3. 错发错运带来的责任风险

货物运输企业因种种原因导致分拨路径发生错误，致使货物错发、错运，由此给客户带来损失。一般而言，错发、错运往往是由于手工制单字迹模糊、信息系统程序出错、操作人员马虎等原因造成的。企业与客户的运输服务协议中往往约定有"准确送达条款"，因此客户也可以依据该条款的约定提出索赔。

4. 价格波动带来的损失风险

一些货物运输企业在合同签署时，没有根据全年价格综合情况确定服务价格，而是依据签署时的低位价格签订了全年统一的价格合同，忽略了全年价格波动因素，从而引起高位价格执行时的收益缺失。

货物运输行业存在淡季、旺季的需求波动。许多地方的货运市场，4~7月份为淡季，8~9月份为平季，10月份开始转旺季，一直持续到第二年春节前后。一般情况下，淡季车辆运输价格偏低，旺季车辆运输价格偏高。在签订货物运输合同时要充分考虑这些因素的存在。

货物运输企业在执行某个项目操作时，应充分考虑到必要的毛利率，从而计算出毛利金额。在签署项目合同时的市场价格低就会导致合同价格偏低，根据市场价格变动情况，衡量全年综合均价，并加以说明，在适当的时机予以调整，避免价格损失，也可考虑根据淡旺季制定变动价格，降低价格风险程度。

5. 资金结算异常带来的损失风险

一些货物运输企业和客户之间运输费用采用月结方式，平时收取回单，这样就有可能出现因回单丢失、到货延时以及其他事件导致不能正常结算运费的风险。

月结客户一般结算运费时要求具备：托运方托运单；承运方运单；收货方收货确认后，需返回的回单。托运方托运单及承运方运单一般不易丢失，收货方收货确认回单有在途时间，尤其跨省跨区域运输，回单很容易丢失，因此回单管理是一项非常重要的管理内容。

（1）建立回单统计台账。具体管理内容包括：回单发出日期；回单要求返回日期；承运单位回单联系人及电话；回单签署要求等。

（2）确立专人进行回单管理，明确责任，制定制度，对人为回单管理不善要进行处罚。

（3）定期跟踪。对指定日期内未返回的回单要查明原因，出具异常情况报告书。

（4）对回单严格要求。涉及托运方货款结算的回单，要在回单签收后的第一时间内用传真回传一份。

（二）与分包商之间可能产生的风险

1. 传递性风险

传递性风险是指运输企业通过分包协议把全部风险有效传递给分包商的风险。分包商如果没有实力，则可能造成的损失就要由自己承担。例如，运输企业与客户签订的协议规定赔偿责任限额为每件500元，但分包商没有实力，只能签订规定赔偿责任限额为每件100元的协议，差额部分则由运输企业买单。值得注意的是，运输企业对分包环节造成的货损并没有过错，但依据合同不得不承担差额部分的赔偿责任。由于货物运输公用企业对赔偿责任限额普遍规定较低，因此运输企业选择由公用企业部门分包时将面临不能有效传递的风险。

2. 诈骗风险

资质差的分包商，尤其是一些缺乏诚实信用的运输个体户配载货物后，有时会发生因诈骗而致货物失踪的风险。例如，有的运输个体户可能会将运输公司的货物装车后部分或全部私自拉走，隐匿占为己有。

为杜绝诈骗事件发生，要做好以下几个方面的外协车辆管理工作：

（1）对外协车辆严格查验。

（2）尽量使用新车。破旧车辆诈骗的可能性较高。

（3）证照齐全，真实有效。诈骗的车辆行驶证和驾驶员的驾驶证通常都是假的，通过各种合理手段判别车辆和驾驶员的真实性，包括网上查询、电话询问核对等。

（4）核对驾驶员住宅固定电话不低于两部。应在驾驶员报出后立即核对，核实双方关系、外部特征等，不厌其细。

（5）对所使用车辆的完全资料档案加以管理，包括车辆型号、购置时间、行驶证复印件、驾驶员本人驾驶执照、车辆正侧面照片各一张、驾驶员全身近照、家庭和亲属的电话号码、挂靠单位证明、联系电话和联系人等，要形成独立的档案管理系统。

（三）与社会公众之间可能产生的责任风险

1. 环境污染风险

在运输活动中的环境污染主要表现为交通拥堵、机动车排放尾气、噪声等。根据环境保护的有关规定，污染者需要对不特定的社会公众承担相应的法律责任。

2. 交通肇事风险

驾驶人员在运输货物过程中发生交通肇事，如碰撞、翻车、火灾等，都会引起货物损坏，甚至整车货物损毁。因其属于履行职务的行为，其民事责任由其所属的货物运输企业承担。为防止车辆事故的发生，要经常性地对车辆驾驶人员进行安全行驶教育，督促驾驶人员对车辆进行保养、维护和安全检查，尤其是车辆制动系统、转向系统、注意观察轮胎的磨损程度和耐受力，杜绝超载、超高、超宽负载行驶。

3. 危险品泄漏风险

危险品货物运输有泄漏的风险，随时给社会公众的生命、财产安全带来威胁。因此，从事危险品运输企业要予以警惕，应对员工进行危险品运输知识培训，考核合格后上岗。无危险品运输资质的企业不能承接承运此类货物业务。

三、货物运输风险防范措施

（一）风险转移

1. 保险

货物运输是机遇和风险并存的。当货物运输企业无法自我承担某些经营风险时，就要购买相应的保险，从而将风险转嫁给保险公司。货物运输企业如担心火灾或意外会导致运输货物损失，可以选择购买货物运输保险，通过保险公司的保障来减少自身的经济损失；货物运输企业如担心货物出海后，海上风险难以预测，可以购买一份海洋货物运输险，确保自身收入与利润的"安全性"。

随着货物运输量的增长，运输风险的进一步增加，越来越多的货物运输企业选择购买货物运输保险，从而造成一个良性的循环：投保的人越多，总体货运险保费就越低。外资保险公司的进入也加剧了货物运输保险市场的竞争，进一步促使货物运输保险的费率下降。例如，我国著名的货运险平台保运通的费率就低至万分之五左右。因此，在目前的货物运输保险整体费用偏低的情况下，保险成本已不再是问题，所缺乏的只是企业本身的风险防范意识和投保意识。

2. 押金

通过对固定的承运商收取一定数额的押金，货物发生意外时可抵扣押金。这也是降低风险的一种重要方法。

3. 月结

对业务相对固定的线路实行按月结算的方式，出现货损、货差后，在结算额中抵减。

（二）风险的预防

1. 提高员工基本素质

员工的基本素质对风险的控制有非常重要的作用，尤其是工作责任心和工作态度，具体操作人员要有高度的责任心和认真细致的工作态度和敏锐的才智。员工素质与风险控制程度关系非常紧密，许多风险都可以通过员工素质的提高得到控制，诸如货损货差、飞货等人为因素多的风险，都可通过员工高度的工作责任心防患于未然。

2. 提高员工的操作技能和技术水平

员工的操作技能和技术水平，如对证件真伪的识别能力、装卸车操作技能、车辆驾驶技术等，对于风险控制也是非常重要的。

货物运输企业要经常性地对员工的技能技术组织定期培训。对于技术要求严格的岗位要配有专人指导，使全体员工在技术技能上都能胜任工作要求。

3. 关怀员工能降低风险程度

货物运输企业关怀员工的程度决定着员工对企业的责任心和负责态度，给予员工足够的关怀，使员工以企业为家，事事细心，高质量地完成工作，对风险的预见性就会明显提高，能够极大地降低风险发生的概率。

4. 严格管理制度

货物运输企业在营运过程中，通过严格的制度管理可以避免大部分的风险。因此，货物运输企业要有严格的规章制度，将工作中出现的责任落实到个人，并结合相关的奖惩机制，将人为原因造成的损失降到最低。对于可能出现问题的地方，应制定专门的审核制度，将操作流程进行标准化处理，对整个运输服务进行制度化管理，保证运输系统的顺畅营运。一方面，要对信息系统和硬件设备进行专门的检修和保养，避免硬件的故障造成运输服务环节中的差错；另一方面，服务流程尽量标准化，有章可循，减少人为原因造成的风险。

5. 设立风险预防岗位

货物运输企业要设立风险预防岗位，积极引进运输风险管理人才，从事运输风险预防工作。风险预防岗位的设立，可从源头上控制运输风险，降低风险发生率。如果一时难以引进，则要派人去相关高校学习、培训。运输风险管理对理论性与实践性要求都很高，货物运输企业应派有优秀实践经验的人才去高校学习，高校与企业可以通过项目合作来培养人才和解决实践问题。

6. 建立稳定的合作伙伴关系

货物运输企业在经营过程中，可以考虑与有丰富管理经验的大型货物运输企业或相关行业的大型企业合作，这样既可以降低经营风险，又能够在合作中学习大型货物运输企业先进的管理经验。首先货物运输企业应将原有的简单运输服务进行重组，形成一个有机整体，然后在稳定原有业务的基础上发展新的业务。根据企业自身实力对目标客户进行定位，积极寻找运输服务需求企业，经过与合作企业不断沟通，了解客户所需运输服务的具体内容，以及对运输设施的要求，考察该企业的运输服务需求是否在项目的服务能力内，如果符合要求，结合实际为客户企业进行货物运输流程的设计，并与企业进一步切磋。最后制定标准的服务流程，签订长期运输服务合同，发展为稳定的合作伙伴关系，定期进行沟通，不断改进工作中存在的不足，提高运输服务质量，以巩固合作模式的稳定性。同时，可以考虑采取与合作伙伴利益一体化的方式保证客户的稳定性，密切关注客户的资信状况，对于资信状况好、发展能力强的客户，可考虑通过合资、相互控股的方式将货物运输项目的发展与生产企业紧密联系起来，两者相互依存，共同发展。

四、技能训练

1. 训练目标

通过实践训练，能够对货物运输可能存在的风险进行分析，从而能够增强货物运输风险防范的意识。

2. 训练准备

（1）熟悉货物运输风险的特性和类型。

（2）对《中华人民共和国合同法》进行学习和应用。

（3）对货物特性的认识和把握。

（4）将学生分成三方：申请方、被申请方、仲裁委员会，模拟工作环境，在2小时内完成。

3. 训练项目

4月21日，某麻纺厂从某站托运麻布30 t到另一站。4月22日19点30分，货车到达车站货场集结待编，于4月23日21点20分，运载麻布的货车起火，烧毁麻布，损失达15万元。火灾发生后，某麻纺厂多次要求承运人车站赔偿损失，车站以麻布自燃为由，不予赔偿。双方多次协商不成，某麻纺厂于7月5日依据仲裁协议向仲裁机关申请仲裁。被申请人答辩称，即使要承担赔偿责任，也应按照《中华人民共和国铁路法》第17条规定的未保价运输的货物按限额赔偿的原则，最多赔偿申请人损失3万元。仲裁委员会审理认为：麻布不属于易燃物品，按普通货物装运符合铁路货物运输规章的规定。经鉴定，被申请人依据"黄麻遇湿能够自燃"的记载，认定麻布与黄麻化学成分相类似因而容易引起自燃失火的理由不能成立，故不予认定。经仲裁庭主持双方当事人调解，未达成协议。

4. 训练评价

训练评价的方式有教师评价、小组内部成员评价和第三方评分组成员评价三种。建议教师评价占60%的权重，小组内部成员评价占20%的权重，第三方评分组成员评价占20%的权重，将三者综合得分作为学生在该项目的评价分。训练评价表见表2-1。

表2-1 训练评价表

考评人		被考评人	
考评地点			
考评内容	货物运输风险防范		
考评标准	具体内容	分值	实际得分
	工作态度	15	
	沟通水平	15	
	资料准备	20	
	现场模拟	25	
	书面风险防范报告	25	
	合计	100	

注：考评满分为100分，60分以下为不及格，60~69分为及格，70~79分为中，80~89分为良，90

分以上为优。

任务二　先进信息技术在货物运输中的应用

教学要点

1. 了解先进信息技术的范畴。
2. 掌握先进信息技术在货物运输中的应用。

教学方法

一般可采用讲授、案例教学和分组讨论等方法。

教学内容

一、卫星导航技术在货物运输中的应用

（一）卫星导航技术的原理

卫星导航技术起始于全球定位系统（Global Positioning System），简称GPS。这种技术是美国军方于20世纪70年代初在"子午仪卫星导航定位"技术上发展而起的具有全球性、全能性（陆地、海洋、航空与航天）、全天候性优势的导航定位、定时、测速系统。GPS系统由空间卫星系统、地面监控系统和用户接收系统三大子系统构成，如图2–1所示。

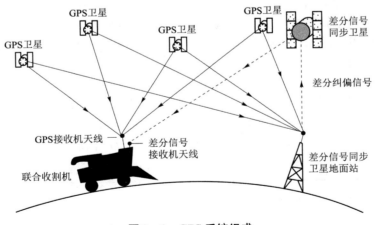

图2–1　GPS系统组成

目前，我国已拥有独立的卫星导航系统，即中国北斗卫星导航系统（BeiDou Navigation Satellite System，BDS）。它是我国自行研制的全球卫星导航系统，是继美国全球定位系统（GPS）、俄罗斯格洛纳斯卫星导航系统（GLONASS）之后第三个成熟的卫星导航系统。中国BDS和美国GPS、俄罗斯GLONASS、欧盟GALILEO，是联合国卫星导航委员会已认定的供应商。

北斗卫星导航系统由空面段、地面段和用户段三部分组成，可以在全球范围内全天候、全天时为各类用户提供高精度、高可靠定位、导航、授时服务，并具短报文通信能

力,已经初步具备区域导航、定位和授时能力,定位精度为 10 m,测速精度为 0.2 m/s,授时精度为 10 ns。

空间定位原理:在空间中若已经确定 A、B、C 三点的空间位置,且第四点 D 到上述三点的距离皆已知的情况下,即可以确定 D 的空间位置。A 点位置和 AD 间距离已知,可以推算出 D 点一定位于以 A 为圆心、AD 为半径的圆球表面,按照此方法又可以得到以 B、C 为圆心的另两个圆球,即 D 点一定在这三个圆球的交汇点上,即三球交汇定位。BDS 的试验系统和正式系统的定位都依靠此原理。

北斗卫星导航系统

GPS 信号接收机接收原理

（二）北斗卫星导航系统的功能

1. 基本功能

（1）短报文通信：北斗卫星导航系统用户终端具有双向报文通信功能,用户可以一次传送 40~60 个汉字的短报文信息,甚至可以达到一次传送达 120 个汉字的信息。这在远洋航行中有重要的应用价值。

（2）精密授时：北斗卫星导航系统具有精密授时功能,可向用户提供 20~100 ns 时间同步精度。

（3）定位精度：水平精度为 100 m（1σ）,设立标校站之后为 20m（类似差分状态）。工作频率为 2 491.75 MHz。

（4）系统容纳的最大用户数：5.4×10^5 户/小时。

2. 民用功能

（1）个人位置服务。当进入不熟悉的地方时,人们可以使用装有北斗卫星导航接收芯片的手机或车载卫星导航装置找到所要走的路线。

（2）气象应用。北斗卫星导航气象应用的开展,可以促进我国天气分析和数值天气预报、气候变化监测和预测,也可以提高空间天气预警业务水平,提升我国气象防灾、减灾的能力。

（3）道路交通管理。北斗卫星导航系统将有利于减缓交通阻塞,提升道路交通管理水平。通过在车辆上安装卫星导航接收机和数据发射机,车辆的位置信息就能在几秒钟内自动转发到中心站。这些位置信息可用于道路交通管理。

（4）铁路智能交通。北斗卫星导航系统将促进传统运输方式实现升级与转型。例如,在铁路运输领域,通过安装卫星导航终端设备,极大地缩短列车行驶间隔时间,降低运输成本,有效提高运输效率。未来,北斗卫星导航系统将提供高可靠、高精度的定位、测速、授时服务,促进铁路交通的现代化,实现传统调度向智能交通管理的转型。

（5）海运和水运。海运和水运是全世界最广泛的运输方式之一,也是卫星导航最早应用的领域之一。在世界各大洋和江河湖泊行驶的各类船舶大多安装了卫星导航终端设备,使海上和水路运输更为高效、安全。北斗卫星导航系统将在任何天气条件下,为水上航行船舶提供导航定位和安全保障。同时,北斗卫星导航系统特有的短报文通信功能将支持各种新型服务的开发。

（6）航空运输。当飞机在机场跑道着陆时,最基本的要求是确保飞机相互间的安全距离。利用卫星导航精确定位与测速的优势,可实时确定飞机的瞬时位置,有效确保飞机之间的安全距离,甚至在大雾天气情况下,可以实现自动盲降,极大提高飞行安全和机场运营效率。通过将北斗卫星导航系统与其他系统的有效结合，将为航空运输提供更多的安全保障。

（7）应急救援。卫星导航已广泛用于沙漠、山区、海洋等人烟稀少地区的搜索救援工作。在发生地震、洪灾等重大灾害时，救援成功的关键在于及时了解灾情并迅速到达救援地点。北斗卫星导航系统可利用导航定位、短报文通信等功能，通过卫星导航终端设备可及时报告所处位置和受灾情况，有效缩短救援搜寻时间，提高抢险救灾时效，大大减少人民生命财产损失。

（8）指导放牧。2014年10月，北斗卫星导航系统开始在青海省牧区试点建设北斗卫星放牧信息化指导系统，主要依靠牧区放牧智能指导系统管理平台、牧民专用北斗智能终端和牧场数据采集自动站，实现数据信息传输，并通过北斗地面站及北斗星群中转、中继处理，实现草场牧草、牛羊的动态监控。2015年夏季，试点牧区的牧民开始使用专用北斗智能终端设备来指导放牧。

北斗卫星导航定位系统与电子地图、无线电通信网络及计算机车辆管理信息系统相结合，可以实现车辆跟踪和交通管理等许多功能。例如，车辆跟踪、提供出行路线的规划和导航、信息查询、话务指挥等。

卫星导航定位系统是近年来开发的具有开创意义的高新技术之一，必然会在诸多领域中得到越来越广泛的应用。随着我国经济的发展，以及高等级公路的快速修建和卫星导航定位系统技术应用研究的逐步深入，其在道路工程和交通运输中的应用也会更加广泛和深入，并发挥出更大的作用。

（三）基于网络的北斗卫星定位系统

通过在互联网上构建公共北斗卫星导航定位监控平台，可以免除运输企业自身设置监控中心所投入的大量费用，包括各种硬件配置、管理软件等。这种定位监控平台主要特点包括：

（1）功能多、精度高、覆盖面广，在全球任何位置均可进行车辆的位置监控工作，能充分满足网络卫星导航定位所有用户的要求。

（2）定位速度快，有力地保障了货物运输企业的快速业务动作要求，满足客户的需要。

（3）信息传输具有保密性高、系统容量大、抗干扰能力强、漫游性能好、移动业务数据可靠等优点。

（4）构筑在互联网公共平台上，具有开放度高、资源共享程度高等优点。

网络北斗卫星导航定位可实现投资费用降低和无地域性限制的信息获取的目的，提高了北斗卫星导航定位的普及率，从而增加了运输企业的利润。

二、地理信息技术在货物运输中的应用

（一）地理信息技术的组成

地理信息技术主要是指地理信息系统（Geographic Information System，GIS），它是一门综合性学科，结合地理学与地图学以及遥感和计算机科学，已经广泛应用于不同的领域，主要用于输入、存储、查询、分析和显示地理数据的计算机系统。随着GIS的发展，也有人称GIS为"地理信息科学"（Geographic Information Science）。近年来，也有人称GIS为"地理

信息服务"（Geographic Information Service）。GIS 是一种基于计算机的工具，它可以对空间信息进行分析和处理（简而言之，GIS 是对地球上存在的现象和发生的事件进行成图和分析）。GIS 技术把地图这种独特的视觉化效果和地理分析功能与一般的数据库操作（如查询和统计分析等）集成在一起。GIS 与其他信息系统最大的区别是对空间信息的存储管理分析，从而使其在广泛的公众和个人、企事业单位中解释事件、预测结果、规划战略等方面具有实用价值。

GIS 可以分为以下五部分：

（1）人员：GIS 中最重要的组成部分。开发人员必须定义 GIS 中被执行的各种任务，开发处理程序。熟练的操作人员通常可以克服 GIS 软件功能的不足，但是相反的情况就不成立。最好的软件也无法弥补操作人员对 GIS 的一无所知所带来的副作用。

（2）数据：精确的可用的数据可以影响到查询和分析的结果。

（3）硬件：硬件的性能影响到软件对数据的处理速度、使用是否方便及可能的输出方式。

（4）软件：不仅包含 GIS 软件，还包括各种数据库、绘图、统计、影像处理及其他程序。

（5）过程：GIS 要求明确定义，一致的方法来生成正确的可验证的结果。

GIS 属于信息系统的一类，不同在于它能运作和处理地理参照数据。地理参照数据描述地球表面（包括大气层和较浅的地表下空间）空间要素的位置和属性，在 GIS 中的两种地理数据成分：空间数据，与空间要素几何特性有关；属性数据，提供空间要素的信息。

地理信息系统是一种具有信息系统空间专业形式的数据管理系统。从严格的意义上，这是一个具有集中、存储、操作和显示地理参考信息的计算机系统。例如，根据在数据库中的位置对数据进行识别。

（二）GIS 的应用

运输地理环境不仅决定着运输活动地域的不同和范围的大小，而且决定着不同地域、不同范围的天然条件对其运输产生不同的影响。能动地研究运输地理环境所提供的客观条件及其对运输所造成的影响，对正确地组织、筹划和使用汽车运输运力，并采取相应有效的运输方法，圆满完成运输保障任务具有重要的意义。

1. 实时监控

经过全球移动通信系统（GSM）网络的数字通道，将信号输送到车辆监控中心，监控中心通过差分技术换算位置信息，然后通过 GIS 将位置信号用地图语言显示出来，货主、运输企业可以随时了解车辆的运行状况、任务执行和安排情况，使得不同地方的流动运输设备变得透明而且可控。另外，还可以通过远程操作，如断电锁车、超速报警对车辆行驶进行实时限速监管、偏移路线预警、疲劳驾驶预警、危险路段提示、紧急情况报警、求助信息发送等安全管理，保障驾驶员、货物、车辆以及客户财产安全。

2. 指挥调度

客户经常会因突发性的变故而在车队出发后要求改变原定计划；有时公司在集中回程期间临时得到了新的货源信息；有时几个不同的运输项目要交叉调车。在上述情况下，监控中心借助于 GIS 就可以根据车辆信息、位置、道路交通状况向车辆发出实时调度指令，用系统的观念运作企业业务，达到充分调度货物及车辆的目的，降低车辆空载率，提高车辆运作效率。

3. 规划车辆路径

目前主流的 GIS 应用开发平台大多集成了路径分析模块，货物运输企业可以根据送货车辆的装载量、客户分布、配送订单、送货线路交通状况等因素设定计算条件，利用该模块的功能，结合真实环境中所采集到的空间数据，分析客、货流量的变化情况，对货物运输企业的运输线路进行优化处理，可以便利地实现以费用最小或路径最短等目标为出发点的运输路径规划。

货物跟踪系统

4. 定位跟踪

对于货物运输的高效率管理来说，结合 GPS 技术实现实时快速定位是非常核心的关键。在主控中心的电子地图上选定跟踪车辆，将其运行位置在地图画面上保存，精确定位车辆的具体位置、行驶方向、瞬间时速，形成直观的运行轨迹。GPS 技术可对地图画面任意放大、缩小、还原、换图，可以随目标移动，使目标始终保持在屏幕上，利用该功能对车辆和货物进行实时定位、跟踪，满足掌握车辆基本信息、对车辆进行远程管理的需要。另外，轨迹回放功能是 GIS 和 GPS 相结合的产物，也可以作为车辆跟踪功能的一个重要补充。

5. 信息查询

货物发出以后，受控车辆所有的移动信息均被存储在控制中心计算机中，有序存档、方便查询。客户可以通过网络实时查询车辆运输途中的运行情况和所处的位置，了解货物在途中是否安全，是否能快速有效地到达。收货方只需要通过发货方提供的相关资料和权限，就可以通过网络实时查看车辆和货物的相关信息，掌握货物在途中的情况以及预计到达时间，并以此来提前安排货物的接收、存放以及销售等环节，使货物的销售链可以提前完成。

6. 辅助决策分析

在货物运输管理中，GIS 会提供历史的、现在的、空间的、属性的等全方位信息，并集成各种信息进行销售分析、市场分析、选址分析以及潜在客户分析等空间分析。另外，GIS 与 GPS 的有效结合，再辅以车辆路线模型、最短路径模型、网络物流模型、分配集合模型和设施定位模型等，可以构建高度自动化、实时化和智能化的物流管理信息系统。这种系统不仅能够分析和运用数据，而且能为各种应用提供科学的决策依据，使物流变得实时，且成本最优。

三、移动通信技术在货物运输中的应用

（一）移动通信技术的特点

移动通信技术已成为现代综合业务通信网中不可缺少的一个环节。移动通信技术与卫星通信、光纤通信一起被列为三大新兴通信手段。移动通信已从模拟技术发展到了数字技术阶段，正朝着个人通信更高阶段发展。目前，移动通信技术已进入第五代（5G）。

5G 标准由"关键指标"和"一组关键技术"共同定义。关键指标是指用户体验速率，一组 5G 的关键技术包括大规模天线、超密集组网、新型多址技术、全频谱接入及新型网络架构。大规模天线阵列是提升系统频谱效率的重要技术手段之一，对满足 5G 系统容量和速

率需求将起到重要的支撑作用；超密集组网通过增加基站部署密度，可实现百倍量级的容量提升，是满足 5G 千倍容量增长需求的主要手段之一；新型多址技术通过发送信号的叠加传输来提升系统的接入能力，可有效支撑 5G 网络千亿设备连接需求；全频谱接入技术通过有效利用各类频谱资源，可有效缓解 5G 网络对频谱资源的巨大需求；新型网络架构基于 SDN（软件定义网络）、NFV（网络功能虚拟化）和云计算等先进技术可实现以用户为中心的更灵活、智能、高效和开放的 5G 新型网络。

我国 5G 网络商用时间表已正式出炉。根据工信部、中国 IMT－2020（5G）推进组的工作部署以及三大运营商的 5G 商用计划，我国已于 2017 年展开 5G 网络第二阶段测试，2018 年已进行了大规模试验组网，在此基础上将于 2019 年启动 5G 网络建设，最快 2020 年正式商用 5G 网络。5G 将带来最高 20Gb/s 的传输速率。

5G 主要特点如下：

（1）从用户体验来看，5G 具有更高的速率、更宽的带宽。预计 5G 网速将比 4G 提高 10 倍左右，只需要几秒即可下载一部高清电影，能够满足消费者对虚拟现实、超高清视频等更高的网络体验需求。

（2）从行业应用来看，5G 具有更高的可靠性，更低的时延，能够满足智能制造、自动驾驶等行业应用的特定需求，拓宽融合产业的发展空间，支撑经济社会创新发展。

（3）从发展态势来看，当前 5G 试验网已全面启动，于 2019 年进入预商用阶段；综合来看，2020 年有望成为 5G 规模商用元年。

（二）移动通信技术在货物运输中的应用

铁路综合数字移动通信系统（GSM－R）是专门为铁路通信设计的综合专用数字移动通信系统。GSM－R 是在 GSM 蜂窝系统上增加了调度通信功能和适合高速环境下使用要素的系统，能满足国际铁路联盟（UIC）提出的铁路专用调度通信的要求。

GSM－R 通信技术起源于欧洲，目前在德国、瑞士、荷兰、意大利等国家均已进入商业运用。由于 GSM－R 具有适应铁路运输特点的功能优势，以及更符合通信信号一体化技术发展的需要，因此原铁道部 2000 年年底正式确定将 GSM－R 作为我国铁路专用通信的发展方向。

GSM－R 在 GSM 公众移动通信系统平台上增加了铁路运输专用调度通信功能。GSM－R 通信系统由交换机、基站、机车综合通信设备、手机等设备组成。以青藏铁路为例：青藏铁路是世界上海拔最高的铁路线，青藏线北起青海省格尔木市，途经纳赤台、五道梁、沱沱河、雁石坪、翻越唐古拉山进入西藏自治区境内后，经安多、那曲、当雄至西藏自治区拉萨市，全长约 1 142 km。绝大部分线路在高原缺氧的无人区。为了满足铁路运输通信、信号以及调度指挥的需要，采用了 GSM－R 移动通信系统。青藏线 GSM－R 通信系统实现了如下功能。

1. 调度通信功能

调度通信系统业务包括列车调度通信、货运调度通信、牵引变电调度通信、其他调度及专用通信、站场通信、应急通信、施工养护通信和道口通信等。

2. 车次号传输与列车停稳信息的传送功能

车次号传输与列车停稳信息对铁路运输管理和行车安全具有重要的意义。它可以通过基于 GSM-R 电路交换技术的数据采集传输应用系统来实现数据传输,也可以采用 GPRS(通用分组无线服务技术)方式来实现。

3. 调度命令传送功能

铁路调度命令是调度所里的调度员向司机下达的书面命令,它是列车行车安全的重要保障。采用 GSM-R 系统传输通道传输调度命令无疑将加速调度命令的传递过程,提高了工作效率。

4. 列车尾部装置信息传送功能

将尾部风压数据反馈传输通道纳入 GSM-R 通信系统,可以方便地解决尾部风压数据传输问题。

5. 调车机车信号和监控信息系统传输功能

提供调车机车信号和监控信息传输通道,实现地面设备和多台车载设备间的数据传输,并能够存储进入和退出调车模式的有关信息。

6. 列车控制数据传输功能

采用 GSM-R 通信系统实现车地间双向无线数据传输,提供车地之间双向安全数据传输通道。

7. 区间移动公务通信

在区间作业的水电、工务、信号、通信、供电、桥梁守护等部门内部的通信,均可以使用 GSM-R 作业手持台,作业人员在需要时可以与车站值班员、各部门调度员或自动电话用户联系。在紧急情况下,作业人员还可以呼叫司机,与司机建立通话联络。

8. 应急指挥通信话音和数据业务

应急通信系统是指当发生自然灾害或突发事件等影响铁路运输的紧急情况时,在突发事件现场与救援中心之间,以及现场内部采用 GSM-R 通信系统,建立语音、图像、数据通信系统。

四、技能训练

1. 训练目标

通过实践训练,能够对现代信息技术在货物运输方面的应用建立起感性认识,为现代信息技术在货物运输风险防范的推广应用打下基础。

2. 训练准备

(1)将全班学生分成若干组,每组 4~6 人,选组长 1 人。

(2)准备好若干 GPS 接收机(每组一台)、装有 GIS 软件的电脑(每组一台)。

(3)要求学生熟悉现代信息技术的相关资料。

3. 训练项目

(1)利用 GPS 对自己进行定位。

(2)利用 GIS 进行物流园区规划选址。首先由学生合作在 GIS 软件上的区域轮廓底图上标出物流园区选址大致位置,然后利用 GIS 的分析功能,依照选址的各种条件,筛选最佳、最合理的物流园区地址。由于 GIS 的电子地图具有可重复使用的特点,可以方便学生进行修改。

(3)利用 GPS,结合手机进行车辆模拟调度。

4. 训练评价

训练评价的方式有教师评价、小组内部成员评价和第三方评分组成员评价三种。建议教师评价占60%的权重，小组内部成员评价占20%的权重，第三方评分组成员评价占20%的权重，将三者综合得分为该生在该项目的评价分。训练评价表见表2-2。

表 2-2 训练评价表

考评人		被考评人	
考评地点			
考评内容	GPS、GIS、GMS 应用报告		
考评标准	具体内容	分值	实际得分
	实习态度	15	
	沟通水平	15	
	完成项目（1）情况	20	
	完成项目（2）情况	30	
	完成项目（3）情况	20	
	合计	100	

注：考评满分为100分，60分以下为不及格，60~69分为及格，70~79分为中，80~89分为良，90分以上为优。

任务三　货运事故处理

教学要点

1. 了解货运事故的概念。
2. 掌握法律法规中关于货运事故处理的规定。
3. 掌握货运事故处理程序和运输纠纷的解决方法。

教学方法

一般采用讲授、情境教学、案例教学和分组讨论等方法。

教学内容

一、货运事故和违约处理

（一）货运事故的概念

货运事故是指在各种不同运输方式下，承运人在交付货物时发生的货物质量变差，数量减少的事件。

狭义上的货运事故是指运输中发生的货损货差事故；广义的货运事故还包括运输单证差错、迟延支付货物、无单放货等情况，如零担货运中的误受付、多件、有单无货、无单货件、欠件、误积、误卸、不明货件等都属货运事故范畴。

(二) 货运事故发生的原因

造成货运事故的因素很多，大体可分为主观因素和客观因素两大类。

1. 主观因素

(1) 管理上没有形成完善的货物运输安全保障体系，规章制度不健全，职责不清，管理不严。

(2) 职工业务素质低，规章不熟悉，责任心不强，违章作业。

(3) 设备维修养护不善（如仓库漏雨，篷布及装卸机具维修、保养质量不良等）。

2. 客观因素

(1) 不可抗力的自然灾害（如洪水、地震、海啸、特大风暴等）。

(2) 科技知识水平和认识上的局限。

(3) 货运设备不足（如冷藏车、棚车不足，以敞车代用，影响怕湿、易腐货物运输质量；雨棚、仓库不够，怕湿货物露天堆放等）。

(4) 托运人、收货人、押运人的责任（如匿报、错报货物品名、少报重量，包装不良，押运人措施不当，运单填记错误等）。

(5) 运输途中盗窃、诈骗分子蓄意犯罪。

(6) 货物本身性质所造成（如货物自然减量、自燃、放射性物品衰变等）。

事故的发生虽然有其偶然性，但是偶然性中蕴含着必然性。例如，有关技术设备不正常，人员操作技能低下，不懂或不接受规章制度的约束，以及由于人员认识上的局限，规章制度有错漏不能有效保障货物运输安全等。其中，任何一项都可能成为事故的必然条件，导致事故的发生。而对这些必然条件起主导作用的是人，只要通过严格管理，加强培训，遵章守纪，正确维护和运用运输设备，绝大多数事故是可以避免的。

货运事故和违约行为发生后，承托双方及有关方应编制货运事故记录。承运人应先行向托运人赔偿，再由其向肇事的责任方追偿。

(三) 货运事故处理具体规定

在货运事故处理过程中，收货人不得扣留车辆，承运人不得扣留货物。因扣留车、货而造成的损失，由扣留方负责赔偿。

由托运人直接委托站场经营人装卸货物造成货物损坏的，由站场经营人负责赔偿；由承运人委托站场经营人组织装卸的，承运人应先向托运人提出赔偿，再向站场经营人追偿。

货运事故赔偿数额按以下规定办理：

(1) 货运事故赔偿分限额赔偿和实际损失赔偿两种。法律、行政法规对赔偿责任限额有规定的，依照其规定，如《中华人民共和国铁路法》《中华人民共和国民用航空法》针对具体运输方式的赔偿限额和计算方法有特别规定的，按其特别规定执行。但由于承运人的故意或者重大过失造成的事故损失，不适用赔偿限额的规定。尚未规定赔偿责任限额的，按货物的实际损失赔偿。

(2) 在保价运输中，货物全部灭失，按货物保价声明价格赔偿；货物部分毁损或灭失，按实际损失赔偿；货物实际损失高于声明价格的，按声明价格赔偿；货物能修复的，按修理费加维修取送费赔偿。保险运输按投保人与保险公司商定的协议办理。

（3）未办理保价或保险运输的，且在货物运输合同中未约定赔偿责任的，按上述（1）中的规定赔偿。

（4）货物损失赔偿费包括货物价格、运费和其他杂费。货物价格中未包括运杂费、包装费以及已付的税费时，应按承运货物的全部或短少部分的比例加算各项费用。

（5）货物毁损或灭失的赔偿额，当事人有约定的，按照其约定；没有约定或约定不明确的，可以补充协议；不能达到补充协议的，按照合同有关条款或者交易习惯确认；依照上述方式仍不能确定的，按照交付或应当交付时货物到达地的市场价格计算。

（6）由于承运人责任造成货物灭失或损失，以实物赔偿的，运费和杂费照收；按价赔偿的，退还已收的运费和杂费；被损货物尚能使用的，运费照收。

（7）丢失货物赔偿后，又被找回，应送还原主，收回赔偿金或实物；原主不愿接受失物或无法找到原主的，由承运人自行处理。

（8）承、托双方对货物逾期到达、车辆延滞、装货落空都负有责任时，按各自责任所造成的损失相互赔偿。

（9）承运人制订的有关赔偿金额的格式条款被认定为无效的，按照交付或者应当交付时货物到达地的市场价格计算。

（四）货运事故处理程序

（1）货运事故发生后，承运人应及时通知收货人或托运人。收货人、托运人知道发生货运事故后，应在约定的时间内，与承运人签注货运事故记录。收货人、托运人在约定的时间内不与承运人签注货运事故记录的，或者无法找到收货人、托运人的，承运人可邀请两名以上无利害关系的人签注货运事故记录。货物赔偿时效从收货人、托运人得知货运事故信息或签注货运事故记录的次日起计算。在约定运达时间的 30 日后未收到货物，视为灭失，自 31 日起计算货物赔偿时效。

未按约定的或规定的运输期限内运达交付的货物，为迟延交付。

（2）当事人要求另一方当事人赔偿时，须提交赔偿要求书，并附运单、货运事故记录和货物价格证明等文件。当事人要求退还运费的，还应附运杂费收据。另一方当事人应在收到赔偿要求书的次日起，60 日内做出答复。

（3）承运人或托运人发生违约行为，应向对方支付违约金。违约金的数额由承托双方约定。

（4）对承运人非故意行为造成货物迟延交付的赔偿金额，不得超过所迟延交付的货物全程运费数额。货物赔偿费一律以人民币支付。

二、运输纠纷及其解决方法

许多货物运输企业在货运质量管理上下了很大的功夫，以防止运输纠纷的发生，但由于运输途中存在的情况千变万化，货运事故、运输纠纷的发生难以完全避免。

（一）运输纠纷的类型

运输纠纷既可能是由承运人因货损等各种原因造成货方的损失所引起的，也可能是因货方的原因造成对承运人的损害所引起的,但总的可归纳为以下几种情况。

1. 货物灭失纠纷

造成货物灭失的原因很多。例如,因承运人的运输工具发生事故如船舶沉没、触礁,飞机失事,车辆发生交通事故,火灾等;因政府法令禁运和没收、战争行为、盗窃等;因承运人的过失,如绑扎不牢导致货物落海等;当然也不排除承运人的故意,如恶意毁坏运输工具以骗取保险,或明知运输工具的安全性能不符合要求仍继续行驶而导致货物灭失等。

2. 货损、货差纠纷

货损包括货物破损、水湿、汗湿、污染、锈蚀、腐烂变质、混票和虫蛀鼠咬等;货差即货物数量的短缺。货损、货差可能是由于托运方自身的过失造成的,如货物本身标志不清、包装不良,货物自身的性质和货物在交付承运人之前的质量、数量与运输凭证不符等;也可能是由于承运人的过失造成的,如装载不当,装卸操作不当,未按要求控制货物运输过程中的温度,载货舱室不符合载货要求,混票等。

3. 货物延迟交付纠纷

因承运货物的交通工具发生事故;或因承运人在接受托运时未达到本班次的载货能力而必须延误到下一班期才能发运;或在货物中转时因承运人的过失使货物在中转地滞留;或因承运人为自身的利益绕航而导致货物延迟交付。

4. 单证纠纷

承运人应托运人的要求倒签、预借提单,从而影响到收货人的利益,收货人在得知后向承运人提出索赔,继而承运人又与托运人之间发生纠纷;或因承运人(或其代理人)在单证签发时的失误引起承托双方的纠纷。另外,也有因货物托运过程中的某一方伪造单证引起的单证纠纷。

5. 运费、租金等纠纷

因承租人或货方的过失或故意,未能及时或全额交付运费或租金;因双方在履行合同过程中对其他费用,如滞期费、装卸费等发生纠纷。

6. 船舶、集装箱、汽车、火车以及航空器等损害纠纷

因托运人的过失,造成对承运人的运输工具损害的纠纷。

(二) 运输纠纷的解决方法

承运人、托运人、收货人以及有关方在履行货物运输合同或处理货运事故时,发生运输纠纷、争议,应及时协商解决或向县级以上人民政府交通主管部门申请调解;当事人不愿和解、调解或者和解、调解不成的,可依仲裁协议向仲裁机构申请仲裁;当事人没有订立仲裁协议或仲裁协议无效的,可以向人民法院起诉。

三、索赔时效

索赔时效是指合同双方彼此之间依据法律规定要求赔偿损失的时间范围。

规定时效是为了促进当事人及时行使自己的权利,早日消除不确定的法律关系,而由法律规定的一段特定的时间。如果一方当事人超过时效才行使自己的诉讼请求和索赔要求,则通常会丧失胜诉权。

1. 公路运输的索赔时效

在公路运输纠纷中，承、托双方彼此之间要求赔偿的时效，从货物运抵到达地点的次日起算，不超过 180 日。赔偿要求应以书面形式提出，对方应在收到书面赔偿要求的次日起 60 日内处理。

违约金、赔偿金应在明确责任后 10 日内偿付，否则按逾期付款处理；任何一方不得自行用扣压货物或扣付运费来充抵。

2. 铁路运输的索赔时效

在铁路运输纠纷中，承运人与托运人或收货人相互间要求赔偿或退补费用的时效期限为 180 日（要求铁路支付运到期限违约金为 60 日）。托运人或收货人向承运人要求赔偿或退还运输费用的时效期限，按下列日期起算：

（1）货物灭失、短少、变质、污染、损坏，为车站交给货运记录的次日。

（2）货物全部灭失未编有货运记录的，为运到期限满期的第 16 日，但鲜活货物为运到期限满期的次日。

（3）要求支付货物运到期限违约金，为交付货物的次日。

（4）多收运输费用，为核收该项费用的次日。

（5）承运人向托运人或收货人要求赔偿或补收运输费用的时效期限，由发生该项损失或少收运输费用的次日起算。

（6）承运人与托运人或收货人相互提出的赔偿要求，应自收到书面赔偿要求的次日起 30 日内（跨及两个铁路局以上运输的货物为 60 日内）进行处理，答复赔偿要求人。索赔的一方收到对方的答复后，如有不同意见，应在接到答复的次日起 60 日内提出。

3. 水路运输的索赔时效

在水路运输纠纷中，承运人与托运人或收货人彼此之间要求赔偿的时效，从货运记录交给托运人或收货人的次日起算不超过 180 日。赔偿要求应以书面形式提出，对方应在收到书面赔偿要求的次日起 60 日内处理。但在海上运输纠纷中，我国《海商法》规定，就海上货物运输向承运人要求赔偿的请求权，时效期间为 1 年，自承运人交付或者应当交付货物之日起计算；在时效期间内或者时效期间届满后，被认为负有责任的人向第三人提起追偿请求的，时效期间为 90 日，自追偿请求人解决原赔偿请求之日起计算。有关航次租船合同的请求权，时效期间为 2 年，自知道或者应当知道权利被侵害之日起计算。

承、托运双方相互索取各项违约金、滞纳金、速遣奖金或滞期费的索赔时效，按有关具体规定办理。

4. 航空运输的索赔时效

在航空运输纠纷中，托运人或收货人要求赔偿时，应在填写货运事故记录的次日起 180 日内，以书面形式向承运人提出，并随附有关证明文件。承运人对托运人或收货人提出的赔偿要求，应在收到书面赔偿要求的次日起 60 日内处理。

对于航空运输的索赔时效，《华沙公约》将其分成货物损害和货物延迟的情况区别对待。前者索赔时效为 7 天，后者索赔时效为 14 天。但《海牙议定书》对此做了全面的修改，将货物损害索赔时效延长至 14 天，将货物延迟的索赔时效延长至 21 天。

四、减少运输纠纷的方法——实施合同运输

在运输组织中推行合同运输，要抓好以下几方面工作：

（1）建立健全货运合同管理制度，实现货运合同管理制度化。有关合同管理制度的内容主要包括：合同审核制度、归档保管制度、履行检查制度、总结报告制度等。

（2）加强合同运输的推广工作。对于适宜签订合同进行运输的货物，原则上均应采用合同运输。运输市场放开后，许多货源单位与运输单位之间建立了承托关系，但是往往只是口头协议，没有纳入合同运输范畴，由此而引出的经济纠纷也很多，影响整个货运业的形象和货运市场的秩序。运输行政管理部门应加强合同运输实施工作，把货运行为引向法制的轨道。

（3）运输行政管理部门须依据国家有关经济法规，对合同运输进行监督检查，防止假运输合同等现象以及各类危害社会经济运行的违法行为的发生。

（4）运输行政管理部门应将合同履行情况的检查作为建立和完善运输市场机制的重要工作来抓，形成定期检查货运合同的工作体系，针对有关问题，及时做好协调工作，使货运业管理逐步走向法制化轨道。

五、技能训练

1. 训练目标

通过实践训练，能够对货运事故处理进行较全面的认识，并依据有关规定处理一些货运事故的纠纷。

道路运输安全用品的配置与使用

2. 训练准备

（1）熟悉货物托运和货物托运合同的细节。

（2）对《中华人民共和国合同法》的学习和应用。

（3）将学生分成三方：托运方、承运方、法院工作人员，模拟工作环境，辩论必须在2小时内完成。

交通事故应急处理

3. 训练项目

陈先生在南宁投资创办了一家运输服务经营部，从事货物运输生意，聘有近20名员工。

3月，××公司急需赶运一批酒品到广州交给客户。经营部业务员介绍了收费标准和相关情况后，××公司代表遂在经营部出示的一份托运合同（格式托运单，共5联）上签字，随后通知公司派人将货物拉来经营部验收后托运。

合同约定，经营部负责将××公司的货物（酒品共50件，每件12瓶）从南宁运送到广州，运费为每件50元，共计2 500元，货物到广州后由收货人自提。

次日，这批货物顺利运达广州市，并通知提货人前来提取，结果发现少了1件酒品，估计这件酒品是在运输途中，意外滚落丢失的。

××公司出示了购买这批酒品的发票，表明每瓶酒的单价为253元，1件12瓶共计损失为3 036元。经营部认为，托运的这件酒品不保价，按规定最多只能赔偿运费的5倍。这件酒品的运费为50元，可以赔偿××公司的损失250元。××公司认为难以接受，双方多次协商未果，××公司遂向南宁市西乡塘区人民法院提起诉讼，请求法院判令运输服务经营

部的陈先生赔偿损失 3 036 元。

请撰写货运事故处理报告。

4. 训练评价

训练评价的方式有教师评价、小组内部成员评价和第三方评分组成员评价三种。建议教师评价占 60% 的权重，小组内部成员评价占 20% 的权重，第三方评分组成员评价占 20% 的权重，将三者综合得分作为学生在该项目的评价分。训练评价表，见表 2-3。

表 2-3 训练评价表

考评人		被考评人	
考评地点			
考评内容		货运事故处理	
考评标准	具体内容	分值	实际得分
	学习态度	15	
	沟通水平	15	
	资料准备情况	20	
	现场辩论情况	25	
	撰写货运事故处理报告情况	25	
	合计	100	

注：考评满分为 100 分，60 分以下为不及格，60~69 分为及格，70~79 分为中，80~89 分为良，90 分以上为优。

思考练习

一、简述题

1. 货物运输企业的工作流程方面面临的风险有哪些？
2. 货物运输风险防范的措施有哪些？
3. 目前卫星定位技术在运输方面的应用有哪些？
4. 目前地理信息技术在运输方面的应用有哪些？
5. 运输纠纷的类型有哪些？

二、案例分析题

货物运输合同是否已经生效

陈某、何某等 5 人共同要求卢某驾驶其双排车从新邵县陈家坊镇去邵阳市湘运市场进货时，将货物运抵各自家中，运输费共 80 元。其中，陈某负担 35 元，何某等 4 人共负担 45 元。到达湘运市场后，陈某将购得的香烟包装好后搬到车旁装车，经卢某同意后，放在驾驶室前排座位上。此时陈某嘱咐卢某，购进的都是贵重香烟，要将门窗锁好，卢某答应并锁好了门窗，陈某才离开再去进货。随后何某买来鸟蛋，由于担心放进货厢被压坏，经卢某同意也放进驾驶室里。在此过程中，何某看见前排已放了货，何某提出陈某的烟占位子影响坐人，卢某随将陈某的烟从前排移到后排。而后卢某去货厢帮助他人装货。当陈某拿着购到的酒再次到车边时,发现烟已不在驾驶室里,当即告诉了卢某,经查驾驶室门窗没有被毁损的痕迹,慌乱中,陈某将刚进好的酒忘记装车而导致丢失。事后,卢某承认只有他一人掌握车门钥匙,但驾驶室右边后门开关不正常,卢某没有将此缺陷告知陈某。经销售方证实原告陈某丢失的香烟价值合计1 532元。陈某认为自己的烟是在卢某的看管之下丢失的,卢某应承担自己的经济损失。卢某认为自己与陈某是一种雇佣的法律关系,无看管货物的义务,故不承担赔偿责任。陈某、卢某不能达成赔偿意见,陈某遂向县人民法院起诉,要求卢某赔偿自己的直接经济损失1 532元,间接经济损失700元。

  请问:案件涉及双方之间的货物运输合同是否已经生效?在此过程中造成的货物损失是否应由承运人全部承担?

项目三

货物运输生产计划的编制与执行

内容简介

货物运输生产计划是货物运输企业经营计划的组成部分,它直接关系到货物运输企业生产的正常有序进行。它是货物运输企业生产的目标,并贯穿于整个物流生产活动的始终。科学、合理地制订运输生产计划,不仅有利于生产的顺利进行,而且可以激励员工的生产积极性。

教学目标

知识目标

1. 了解货物运输生产计划的制订程序。
2. 掌握货物运输生产计划制订的方法。
3. 能够正确地执行货物运输生产计划。

技能目标

1. 会收集货物运输生产计划制订所需的材料。
2. 能够制订货物运输生产计划。
3. 能够组织实施货物运输生产计划。
4. 能够对货物运输生产计划进行分析和撰写报告。

案例导入

货物运输生产计划的制订

4月1日福州某货物运输企业收到A公司福州到南昌的服装300箱(每箱20 kg,体积为500 mm×400 mm×400 mm);B公司福州到九江的显示器200台(每箱40 kg,体积为

700 mm×350 mm×400 mm）；C 公司福州到武汉的电子仪器 100 台（每箱 25 kg，体积为 500 mm×400 mm×300 mm），三批货物均要求 3 天内到达。D 公司的海鲜重为 8 t，约 8 m³，从福州到南昌。另外，该货物运输企业每日可收到福州到南昌的普通货物为 15 t。该货物运输企业有普通货车为 10 辆，货车核载为 27 t，100 m³，车厢尺寸为 14.7 m×2.5 m×2.7 m，该货物运输企业应如何安排运输生产？

引导思路

1. 车、货要相适应，货物运输企业要以最小的成本投入运输生产。
2. 如何满足客户的运输要求？

任务一　货物运输生产计划的编制

教学要点

1. 了解货物运输生产计划的作用、原则。
2. 掌握货物运输生产计划编制的步骤与方法。
3. 了解有关运输工具运用效率指标。

教学方法

一般采用讲授、情境教学、案例教学和分组讨论等方法。

教学内容

一、货物运输生产计划概述

货物运输生产计划是指货物运输企业对计划期内企业应完成的货物运输量、货物运输工具构成和运输工具利用程度等方面进行必要的部署和安排。

货物运输生产计划是货物运输企业经营计划的组成部分。货物运输生产计划由货物运输量计划、货物运输工具计划和运输工具运用计划三部分组成。其中，货物运输量计划和货物运输工具计划是货物运输生产计划的基础部分，运输工具运用计划是运输工具计划的补充计划。货物运输量计划表明社会对物流运输服务的需要，货物运输工具计划和运输工具运用计划则表明货物运输企业可能提供的运输生产能力。编制货物运输生产计划的目的，就是要在需要与可能之间建立起一种动态的平衡。

1. 货物运输生产计划的作用

（1）充分满足市场对运输服务的需要，保证工农业生产迅速的发展。
（2）促进各种运输方式的综合利用和合理分工。
（3）不断提高货物运输企业的经济效益、降低运输费用。

2. 货物运输生产计划的任务

（1）摸清货源情况，落实货源。
（2）科学分派各基层单位的运输任务。
（3）与其他运输方式密切配合，合理分流，组织好多式联运。

(4)最大限度地组织合理运输和直达运输。
(5)组织均衡生产,合理利用现有的运输能力。

二、货物运输生产计划编制的原则

(1)符合党和国家的各项方针、政策、法规。
(2)贯彻综合平衡的原则。要将单位内的各部门、各工作环节相互联系、相互协调起来,构成一个有机整体,齐心协力共同完成货物运输生产计划。
(3)注重市场研究。要了解运输服务地区的经济发展情况、客户的需求资料,掌握货物运输的发展变化规律,以便有针对性地安排货物运输生产计划。
(4)正确处理运输需要和运输能力的矛盾。要做好运输生产任务与运输设备能力、物资供应、劳动力之间的平衡,各项运输效率指标之间的平衡。
(5)考虑成本与时效性。尽量组织合理运输、均衡运输、直达运输,促进生产布局的改善和各种运输方式的协调。

三、货物运输生产计划编制的步骤与方法

货物运输生产计划由货物运输量计划、货物运输工具计划、运输工具运用计划三部分构成。通常,先编制货物运输量计划,明确任务,然后再编制货物运输工具计划、运输工具运用计划,以满足货物运输量计划的要求。

(一)货物运输量计划的编制

货物运输量计划以货运量和货物周转量为基本内容,主要内容包括:上年度货运量与货物周转量实绩、本年度及各季度的计划值以及计划与上年实绩比较等内容。

货物运输量计划值的确定需要掌握以下资料:
(1)上级的计划和长期计划中的有关指标。
(2)政治经济发展形势对交通运输的影响。
(3)服务区域各种运输方式的发展及运输市场的动态预测。
(4)运输网发展计划,辖区货运营运路线及班期开发计划与货运输量预测。
(5)运输工具增减计划。
(6)本期的物资单位托运计划,货物运输合同和运输量预测。
(7)有关历年统计调查资料。

根据上述资料,通过需要(运输量)与可能(运力)的平衡预测结果和上级下达的货物运输任务,使生产效率与经济效益平衡,在满足社会需要、有利国民经济发展和保证好的经济效益的前提下,合理确定物流运输量的计划值。

货物运输工具运输经常存在运力与运量的矛盾。当运力不能满足社会需要时,只能依靠对社会运输的经济调查,掌握货物运输的流量、流向以及运距,确定实载率和运输工具日行程等指标后,根据"确保重点、照顾一般"的原则,采取以运输工具定产的办法确定货物运输量计划值。

其测算方法如下:

计划运输量 = 计划期日历天数 × 运输工具平均数 × 运输工具工作率计划 × 计划运输工具平均吨位 × 运输工具日行程计划 × 实载率计划

$$货运量 = \frac{货物周转量}{计划货物平均运距}$$

当运力大于社会需要时,应根据已定的货物运输量计划,在保持一定的运输工具运用效率指标水平的基础上,预测需占用运输工具数,将剩余运力另行安排,防止为适应计划运输量而降低运输工具运输效益出现的偏差。其测算方法如下:

已定运输量计划需占用运输工具数 = 已定周转量计划值÷计划期日历天数÷运输工具工作率计划÷运输工具计划平均吨位÷运输工具日行程计划÷实载率计划

剩余运力计划 = 计划平均营运运输工具数 - 已定运输量计划需占用运输工具数

运距长短、实载率高低和装卸停歇时间的长短都会影响运输工具日行程,并连锁反应到周转量上。因此,实载率和运输工具日行程必须根据不同情况分别测算后综合确定,货物运输量计划还必须通过与运输工具运用计划平衡后确定。

常用的货物运输量计划表,见表3-1、表3-2。

表3-1　××物流公司货物运输量计划表

指标	计算单位	上年实绩	本期计划					本期计划为上期实绩/%	备注
			全年	一季度	二季度	三季度	四季度		
货物运量									
货物周转量									

表3-2　××物流公司货物运输调查及计划建议表

项目	运输量		货物分类													
	t	t·km	煤炭及制品	石油、天然气	金属矿石	钢铁	矿物性建材	水泥	木材	非金属矿石	机械及设备	化肥、农药	化工原料	盐	有色金属	轻工医药产品	粮食	农林牧渔产品	其他
上年实绩																			
当年预计																			
当年运输量为上年/%																			
明年计划																			
明年运输量为当年/%																			

(二) 货物运输工具计划的编制

货物运输工具计划即企业计划期内运输能力计划,主要反映企业在计划期内营运的运输工具类型及各类运输工具数量增减变化情况及其平均运力。

货物运输工具计划的主要内容包括:运输工具类型及区分年初、年末以及全年平均运输工具数、各季度运输工具增减数量、标记吨位等。某货物运输企业的车辆计划表,见表3-3。

表 3-3 某货物运输企业的车辆计划表

车辆类型	标记吨位	年初		增加车辆				减少车辆				年末		全年平均	
				一季度	二季度	三季度	四季度	一季度	二季度	三季度	四季度				
		车数	吨位	车数/吨位	车数/吨位	车数/吨位	车数/吨位	车数/吨位	车数/吨位	车数/吨位	车数/吨位	车数	吨位	车数	吨位

货物运输工具计划指标的编制与计算如下：

（1）年初运输工具数及吨位数，根据统计部门上年末实有数列入。

（2）运输工具增加，是指计划期企业自购新增的或由外单位调入的运输工具。运输工具减少，是指企业调拨给其他单位或计划报废、封存以及改为非营运的运输工具。运输工具增加和减少数量以实际增减后的实有数列入。

（3）标记吨位，应以相关证照（汽车的行车执照）上的数据为准。若运输工具有技术改装，按改装后的增减吨位数列入增减栏。

（4）年末运输工具数及吨位数，按计划期运输工具增减后的实有数列入。

（5）全年平均运输工具数及吨位数是编制运力计划的主要数据。

平均运输工具数，是指货物运输企业在计划时期内所平均拥有的运输工具数量。其计算公式为

$$平均运输工具数 = \frac{计划期每天营运运输工具日之和}{计划期日历天数}$$

平均总吨位数，是指货物运输企业在计划时期内平均每天拥有的吨位总数。其计算公式为

$$平均总吨位数 = \frac{计划期每天营运车（船）吨日之和}{计划期日历天数}$$

一辆营运车（船）列入计划内一天，即计算为一个营运车（船）日。如果这个营运车（船）日运输工具技术状况良好，随时可以参加运输，则该营运车（船）日为完好车（船）日。反之，如果这个营运车（船）日车辆技术状况不佳，处于修理或维护状态，不能参加运输，则该营运车日为非完好车（船）日。在完好车（船）日中，如果该日运输工具有出车工作（不论时间长短），则该日为运输工具工作日。如果没有出车工作，则该日为运输工具停驶日。车（船）日指标关系，见表 3-4。

表 3-4 车（船）日指标关系

总车（船）日		
完好车（船）日		非完好车（船）日
工作车（船）日	停驶车（船）日	

完好率，是指运输工具完好日在总运输工具日中所占的比重。其反映货物运输企业技术管理质量的一个指标。其计算公式为

$$完好率 = \frac{运输工具完好日}{总运输工具日} \times 100\%$$

工作率，是其指运输工具工作日在总运输工具日中所占的比重。其反映货物运输企业运输工具在时间方面的利用程度。其计算公式为

$$工作率 = \frac{运输工具工作日}{总运输工具日} \times 100\%$$

一个营运吨位列入计划内一天，即计算为一个营运吨日。其计算公式为

$$运输工具吨日 = 运输工具营运日 \times 标记吨位$$

或

$$运输工具吨日 = 运输工具数 \times 计划期日历天数 \times 标记吨位$$

【例3-1】 某货物运输企业A车队3月1日有80辆车，3月18日新增10辆车，3月20日报废4辆车，试求该月总车日是多少？平均车数是多少？

解： 总车日 = Σ每日在用的营运车辆数
= 80 × 17 + (80 + 10) × 2 + (90 - 4) × 12
= 2 572（车日）

平均车数 = 2 572 ÷ 31 = 82.97（辆）

【例3-2】 上题中，若报废4辆车本月都不能用，并另有15辆进行二级维护一天，则车队该月完好率是多少？

解： 完好车日 = 总车日 - 非完好车日
= 2 572 - (4 × 19 + 15)
= 2 481（车日）

完好率 = 2 481 ÷ 2 572 × 100% = 96.46%

（三）运输工具运用计划的编制

运输工具运用计划是计划期内全部营运运输工具生产能力利用程度的计划。它是由运输工具各项运用效率指标组成的，也是平衡运力与运量计划的主要依据之一。

运输工具运用计划的编制关键在于各项效率指标的确定。由于各项效率指标是相互联系、相互作用的，因此必须注意各项效率指标之间的相互协调。以汽车运输为例，运输工具运用计划的各项效率指标有：总车日、平均车辆数、平均总吨位、平均吨位、车辆完好率、车辆工作率、工作车日、营运速度、平均每日出车时间、平均车日行程、总行程、里程利用率、载重行程、载重行程周转量、吨位利用率、拖运率、平均运距、货运量、货物周转量、单车产量以及车吨产量，还有各项指标的上年度实绩、本年度及各季计划值、本年度计划与上年度实绩比较等。各项效率指标的相互关系，如图3-1所示。

平均车数为1时，称为单车产量；平均车数为1、平均吨位也为1时，称为车吨产量。里程利用率与吨位利用率的乘积，称为实载率。

运输工具运用计划的编制方法可分为顺编法和逆编法两种。

（1）顺编法是首先确定各项运输工具运用效率的质量指标计划值，然后逐项计算各项数量指标，最后计算出运输工作量的计划编制方法。它是以"可能性"为出发点，即根据各项效率指标可能达到的水平为依据来确定可能完成的运输工作量。当这样计算的运输工作量能满

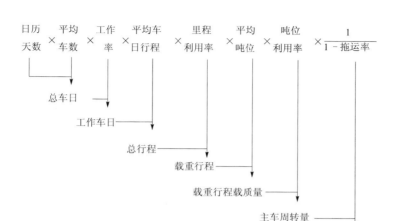

图 3-1 车辆运用计划各项效率指标相互关系

足运输量计划要求时,即可根据此编制运输工具运行作业计划。如果计算的运输工作量同运输量计划的相关指标有较大差异时,特别是在低于运输量计划时,则应调整好各项效率指标。若反复调整仍不能符合运输量计划的要求,就只能修改运输量计划,或修改运输工具计划。

（2）逆编法是根据运输量计划和运输工具计划的要求来确定运输工具各项运用效率质量指标的计划编制方法。它是以"需要"为出发点,通过确定运输工具各项运用效率质量指标来编制运输工具运用计划。这种方法体现了"以销定产"的原则。但要注意编制运输工具运用计划时,确定运输工具各项运用效率指标要反复测算。

四、技能训练

1. 训练目标

通过实践训练,能够进行货物运输有关生产指标的计算,能够为企业的货物运输生产计划的制订提供依据,直至最终能够进行货物运输生产计划的制订。

2. 训练准备

（1）正确理解货物运输生产计划的意义,懂得货物运输生产计划有关指标的计算。
（2）将全班学生分成若干组,每组 10 人,选组长 1 人。
（3）具有有关货物运输企业的货物运输托运资料,车辆技术资料。
（4）模拟工作环境,需要使用学校的物流实训室。

3. 训练项目

（1）某车队 7 月 1 日有 20 辆车,7 月 10 日新增 2 辆车,7 月 20 日报废 3 辆车,完成本月车辆计划表,并计算该月总车日为多少？平均车数为多少？若报废 3 辆车本月都不能用,并另有 4 辆进行二级维护一天,则车队该月完好率为多少？

（2）某汽车运输公司计划某年 3 月初在册营运货车 150 辆,平均吨位为 5.2 t；当月 6 日增加 5 辆营运货车,额定吨位为 8 t；当月 20 日减少 7 辆额定吨位为 5 t 的营运货车。计算该汽车运输公司全月营运车日、平均车数、平均总吨位、平均吨位等运输生产指标。

（3）某汽车运输公司下半年有关车辆的运用指标如下：日历日数为 184 天,平均车数为 100 辆,车辆完好率为 92%,车辆工作率为 85%,平均车日行程为 300 km,行程利用率为65%，平均吨位为4 t，吨位利用率为98%，拖运率为5%。求：①计算该公司下半年营运车日及完成的运输周转量、单车期产量、单车日产量、车吨日产量、车里程产量。②分析该汽车运输公司提高车辆运输效率的途径。

（4）某汽车货运公司2017年年终统计，指标如下：日历日数为365天，平均车数为60辆，平均吨位为8 t，工作车日为17 520车日，平均车日行程为200 km，车辆完好率为85%，载重行程为2 102 400 km，完成周转量为16 819 200 t·km。若根据2018年已签订的货物运输合同及运输市场预测资料，全年有30万吨的运输任务，预计平均运距为60 km。

经过必要的计算，回答下列问题：①该汽车运输公司2017年单车年产量为多少t·km？②该汽车运输公司2017年实载率指标为多少？③要完成2018年的任务，应提高哪些指标？

4. 训练评价

训练评价的方式有教师评价、小组内部成员评价和第三方评分组成员评价三种。建议教师评价占60%的权重，小组内部成员评价占20%的权重，第三方评分组成员评价占20%的权重，将三者综合得分作为学生在该项目的评价分。训练评价表见表3-5。

表3-5 训练评价表

考评人		被考评人	
考评地点			
考评内容	货物运输有关生产指标的计算		
考评标准	具体内容	分值	实际得分
	工作态度	15	
	沟通水平	15	
	训练项目（1）、（2）完成情况	20	
	训练项目（3）完成情况	25	
	训练项目（4）完成情况	25	
	合计	100	

注：考评满分为100分，60分以下为不及格，60~69分为及格，70~79分为中，80~89分为良，90分以上为优。

任务二　货物运输车辆运行作业计划的编制与执行

教学要点

1. 了解货物运输车辆运行作业计划的任务和作用。
2. 熟悉货物运输车辆运行作业计划的类型。
3. 学会货物运输车辆运行作业计划的编制。
4. 了解货物运输车辆运行作业计划执行内容与要求。

教学方法

一般采用讲授、情境教学、案例教学和分组讨论等方法。

教学内容

一、货物运输车辆运行作业计划的任务和作用

货物运输生产计划虽然按年、季和月安排了生产任务,但是它只是纲领性的生产目标,不可能对货物运输生产的细节做出作业性的安排。因此,有必要制订货物运输车辆运行作业计划,以便实现具体的运输过程。

货物运输车辆运行作业计划的主要任务表现为两个方面:一方面是把企业基层车队、车站和车间以及有关职能科室有机地组织起来,协调一致地工作;另一方面是不断提高运输效率,保证企业按日、按期均衡地完成运输任务,全面完成生产计划中各项技术经济指标。

货物运输车辆运行作业计划的主要作用,是将运输生产计划中所规定的各项任务,按照月、旬、日甚至工作班,具体、合理地分配到各基层生产单位,保证企业生产计划能够按质、按量、按期完成。

二、货物运输车辆运行作业计划的类型

通常根据其执行时间的长短,将其分为以下几种:

(1) 长期运行作业计划。计划的使用时间为半个月以上。通常适用于经常性的运输任务,其运输线路、起讫地点、运输量以及货物类型等都比较固定。

(2) 短期运行作业计划。其形式适应性较广,通常适用于货运起讫地点较多、流向复杂、货种也比较繁多的货运任务,可对其编制周期为三日、五日、十日等的运行作业计划。

(3) 日运行作业计划。其主要在货源多变、货源情况难以早期确定和临时性任务较多的情况下采用。这种计划需要每天编制,即在前一天下午编制好第二天的运行作业计划。

(4) 运次运行作业计划。通常适用于临时性或季节性、起讫地点固定的短途大宗货运任务。根据货物性质、运距长短、道路情况、装卸条件等安排运输任务,确定车辆每日(班)应完成的运次和工作量。

三、货物运输车辆运行作业计划的编制

1. 货物运输车辆运行作业计划的编制依据

(1) 企业的月度运输任务及车辆运用效率指标。
(2) 货源调查资料、有关运输任务以及已被核准的运输合同。
(3) 车辆技术状况及保修作业计划。
(4) 装卸货地点的装卸能力及现场情况。
(5) 计划期间的气象情况。

2. 货物运输车辆运行作业计划的编制原则

(1) 工农业生产的、急需的、抢险救灾以及军事战备用物资优先安排运输。
(2) 保证重点物资、兼顾一般物资,综合平衡、全面安排。
(3) 运力与运量相平衡。
(4) 选择经济路线,组织合理运输,充分发挥车辆效率,注重经济效益。

3. 货物运输车辆运行作业计划的编制步骤

编制车辆运行作业计划一般要先根据已掌握的货源资料填写货源汇总分日运送计划表，示明货物的流量、流向和发运到达的时间要求。然后结合列有每辆车辆保养修理级别和进出场时间的车辆保养修理作业计划，给每辆车分配具体运输任务，编制车辆运行作业计划表，按车辆的编号及驾驶员姓名，分别列明逐日作业地点和路线、行驶（空车和重车）里程、完成的运输量，以及进场保养修理的时间等。每辆车的运行作业计划，通常以行车路单的形式制订。行车路单是根据总运行作业计划下达给驾驶员的运行作业指令，也是用来核算实际运输量、燃油消耗量、驾驶员行车津贴等的原始记录，在驾驶员执行运行任务时由调度员签发，完成任务后交回调度员结算。具体车辆运行作业计划编制的步骤如下：

（1）根据确定的货源资料、有关运输任务以及已被核准的运输合同，填写货源汇总分日运送计划表，见表3–6。

表3–6 货源汇总分日运送计划表

年　　月　　日至　　日

线别	托运单号	发货单位	起运点	收货单位	品名	包装	运距/km	托运吨数	分日达送计划										剩余物资	
									日		日		日		日		日		吨数	处理意见
									吨数	车号	吨数	车号	吨数	车号	吨数	车号	吨数	车号		
合　　计																				

（2）认真核对出车能力计划表，妥善安排车辆进保送修日期，见表3–7。应注意，车辆保修期间是不能安排运输任务的。

表3–7 出车能力计划表

年　　月　　日至　　日

班组	车号	吨位	保修日期		上次保修至（　　）已行驶里程数	完好车日	备注
			保修类别	起止日期			

（3）根据驾乘人员配备计划，妥善安排驾驶人员。妥善安排一般采用定人、定车方式。

（4）了解道路通阻情况及近期天气预报。台风、暴雨、浓雾、道路结冰等恶劣天气一般不安排运输任务。

（5）货物装卸现场及装卸能力的调查资料。车辆在货物装卸现场能顺利进行掉头、行驶。

（6）根据有关信息，分析研究前期运行作业计划存在的问题。

（7）着手编制车辆运行作业计划，根据有关资料，采用数学方法合理确定行驶路线，妥善安排运行周期、选配适宜车辆，见表3–8。

作业计划内容主要描述××车辆在某日的运输任务情况，如车场→A→B→C→D→车场。指标计算根据5日作业内容进行。

（8）报相关领导核准车辆运行作业计划。

表3-8 ××车辆5日运行作业计划

年 月 日至 日

日期	车辆运行作业计划内容					运量/t	周转量/t·km	执行情况检查
1								
2								
3								
4								
5								
指标 计划/实际	工作率/%	车日行程/km	里程利用率/%	实载率/%	运量/t	周转量/t·km	说明：	

四、货物运输车辆运行作业计划的执行

1. 车辆运行作业计划执行的内容

（1）物资单位应及时做好装卸车准备，并积极配合货物运输企业组织回程货源，提高实载率，降低运输成本。

（2）车队调度人员应及时掌握车辆动态，科学、合理调度车辆，提高运输效率，努力降低运输成本。

（3）驾驶人员应保证单车运行作业任务的具体完成。

（4）保修单位应及时完成车辆保修任务。

（5）调度部门要加强计划执行过程中的检查，发现问题应及时处理。

2. 变更运行作业计划与计划外运输的处理

通常，货主的货物运行作业计划经批准后，在执行过程中会遇到货主临时要求变更到站、发站或变更货物等情况。这些要求原则上应予以满足，但货物运输企业应注意变更运行作业计划时尽量利用剩余运力，不能打乱总体作业计划，最好只进行局部调整。调整原则：宁可打乱当日，也不打乱以后；宁可打乱短途运输计划，也不打乱长途运输计划；宁可打乱次要环节，也不打乱主要环节；宁可打乱缓期执行任务，也不打乱紧急任务；宁可企业内部工作受影响，也不使企业对外信誉受影响。

计划外运输的处理是指事先未列入作业计划，临时发生的货物运输需求。如果是抢险救灾、防汛、军事战备等特殊原因而产生的运输需求，此类事件的发生往往较为突然且关系到国计民生，则货物运输企业应不受运输作业计划的限制，尽最大能力予以满足。如果是货主单位的生产、供应和销售等情况发生变化所致，则货物运输企业在运力许可的情况下也应尽量满足。

五、技能训练

1. 训练目标

通过实践训练,能够进行货物运输车辆运行作业计划的编制,能够进行货物运输车辆运行作业计划变更与计划外运输的处理。

2. 训练准备

(1) 掌握货物运输车辆运行作业计划的编制方法。

(2) 确定的货源资料、有关运输任务以及已被核准的运输合同。

(3) 确定的车辆进保送修日期。

(4) 工作环境模拟,需要学校的仓库实训室、机房等资源配合。

3. 训练项目

(1) 4月1日,福州某货物运输企业分别收到A公司福州到南昌的服装200箱(每箱30 kg),B公司福州到九江的显示器200台(每箱40 kg),C公司福州到武汉的电子仪器100台(每箱25 kg),三批货物均要求3天内到达。另外,该货物运输企业每日可收到福州到南昌的普通货物为15 t。请完成货源汇总分日运送计划表。

(2) 4月1日,福州某货物运输企业有闽A10001~闽A10010等10辆8 t的运输车辆,本月闽A10005车计划4月2日做二级维护一天,闽A10008计划于4月20日做二级维护一天,请完成出车能力计划表。

(3) 根据第(1)题、第(2)题的资料,请编制福州某货物运输企业4月1日的车辆运行作业计划。

4. 训练评价

训练评价的方式有教师评价、小组内部成员评价和第三方评分组成员评价三种。建议教师评价占60%的权重,小组内部成员评价占20%的权重,第三方评分组成员评价占20%的权重,将三者综合得分作为学生在该项目的评价分。训练评价表见表3-9。

表3-9 训练评价表

考评人		被考评人	
考评地点			
考评内容	车辆运行作业计划的编制		
考评标准	具体内容	分值	实际得分
	工作态度	15	
	沟通水平	15	
	训练项目(1)完成情况	20	
	训练项目(2)完成情况	20	
	训练项目(3)完成情况	30	
	合计	100	

注:考评满分为100分,60分以下为不及格,60~69分为及格,70~79分为中,80~89分为良,90分以上为优。

思考练习

一、计算题

1. 4月1日，某货物运输企业有营运车为30辆，当月11日报废2辆，当月26日增加5辆，则4月份平均营运车数是多少？

2. 4月1日，某货物运输企业有5 t车20辆，8 t车10辆，4月11日又增加15 t车2辆，则4月份平均总吨位数是多少？

二、简述题

1. 货物运输生产计划由哪些计划构成？
2. 货物运输量计划应如何编制？
3. 货物运输车辆运行作业计划有哪些类型？
4. 货物运输车辆运行作业计划应如何编制？

项目四

货物运输设备与装卸设备的选型

内容简介

货物运输设备与装卸设备是货物运输活动中重要的硬件组成,货物运输经营者必须根据运输任务及货物的特点,选择正确的运输方式,并在此基础上合理地选择货物运输工具和装卸设备,安全、高效地完成货物运输任务,尽量不发生货损、货差。随着物流生产力的不断发展,货物运输设备与装卸设备也在不断更新换代,呈现出机械化程度高、能耗低、效率高、安全性高等特点。货物运输企业在选择物流设备时,应从自身作业需要出发,在市场调研的前提下,充分考虑其适用性、实用性和经济性,最终完成货物运输设备和装卸设备的选型。

教学目标

知识目标
1. 了解五种运输方式主要的运输设备。
2. 了解常用的货物装卸设备。
3. 掌握货物运输设备与装卸设备的选型。

技能目标
1. 能根据货运输任务选择合适的运输工具。
2. 能根据货物类型及特点,选择合适的装卸工具。
3. 能够进行货物运输设备与装卸设备技术及经济评估。
4. 能够组织进行货物运输设备与装卸设备的选型。

案例导入

集装箱超重发生失控

某集装箱码头,桥吊司机武某在卸箱过程中,作业到 15-17BAY 吊舱内的 20 个箱子时，询问控制员彭某是否可以两箱一吊。彭某回答："箱较重，暂时单箱吊。"武某单箱吊了4箱后，彭某告诉武某："我已与修理工沟通，据讲限位在上一班已经解除，可能还没有复位，你吊吊看。"武某即试着双箱吊，但吊不起。彭某决定仍旧先单箱吊，并由当班通知修理工上桥吊检查。近一小时后，武某对修理工讲述当时的情况，修理工一听说后面要进行双箱作业就解了限位。修理工走后，武某在16BAY双箱吊了6关，在12BAY第7关吊上码头等候集卡时，发现箱子有下移情况，即试图让箱子着地。但当他刚把指令推到"下降1-2"挡时，发生了失控，箱子快速下落到码头。事发后经称重得知，集装箱重分别为31.7 t和28 t，并经码头技术部检查发现：桥吊起升钢丝绳的断丝数已超过标准范围，刹车片有冒烟现象。

引导思路

1. 试分析该集装箱装卸机械发生失控的原因及整改措施。
2. 应如何保证装卸设备使用的安全性，防止意外的发生？

任务一　认识货物运输设备

教学要点

1. 了解各种货物运输设备的基本构成和用途。
2. 利用多媒体教学，展示各种货物运输工具。
3. 拟定货物类型，选择货物运输工具。

货物运输设备

教学方法

一般采用讲授、情境教学、案例教学和多媒体教学等方法。

教学内容

一、水路运输设备

水路运输设备主要包括船舶、驳、舟、伐等。船舶与驳是现代化水路运输工具的核心。船舶一般装有原动机、有动力驱动装置，而驳一般是没有动力驱动装置的。船舶按不同的使用要求具有不同的技术性能、装备和结构形式。这里主要从运载货物的角度来介绍船舶类型。

1. 散货船

如图4-1所示，散货船是专门用来运输不加包装的货物，如煤炭、矿石、木材、牲畜、谷物等。散装运输谷物、煤、矿砂、盐、水泥等大宗干散货物的船舶，都可以称为干散货船，或简称散货船。因为干散货船的货种单一，不需要包装成捆、成包、成箱的装载运输，不怕挤压，便于装卸，所以一般都是单甲板船。散货船总载重量在50 000 t以上的，一般不装起货设备。

2. 杂货船

如图4-2所示，杂货船是载运各种包装或成件货物的运输船舶。杂货船应用十分广泛，在世界商船队中吨位总数居首位。在内陆水域中航行的杂货船吨位有数百吨、上千吨,而在远洋运输中的杂货船可达 2 万 t 以上。船体以上设有 2~3 层甲板,并设置几个货舱,舱口以水密舱盖封盖住以免进水。在舱口两侧设有吊货扒杆,为装卸重大件,通常还装备有重型吊杆。为提高杂货船对各种货物运输的良好适应性,能载运大件货、集装箱、件杂货以及某些散货,现代新建杂货船常设计成多用途船。

图 4-1 散货船

图 4-2 杂货船

3. 冷藏船

冷藏船是使鱼、肉、水果、蔬菜等易腐食品处于冻结状态或某种低温条件下进行载运的专用运输船舶。根据货物所需温度,制冷装置一般可控制冷藏舱温度为 -25 ℃ ~ -15 ℃。因受货运批量限制,冷藏船吨位通常不大,如图 4-3 所示。

冷藏船的货舱为冷藏舱,常隔成若干个舱室。每个舱室是一个独立的、封闭的装货空间。舱壁、舱门均为气密,并覆盖有泡沫塑料、铝板聚合物等隔热材料,使相邻舱室互不导热,以满足不同货种对温度的不同要求。冷藏舱的上、下层甲板之间或甲板和舱底之间的高度较其他货船的高度小,这样可防止货物堆积过高而压坏下层货物。

4. 木材船

木材船是用来装运木材的运输船。木材比重轻、体积大,因此运木船的货舱宽大,货舱内没有梁、柱等船体构件。木材不怕风吹、雨淋,它既可装在货舱内,又可堆放在甲板上,为了拦挡和围护木材,木材船甲板舷侧部位设有木柱,以便多装木材,如图 4-4 所示。

图 4-3 冷藏船

图 4-4 木材船

5. 油船

通常所称的油船,多数是指运输原油的船。而装运成品油的船,称为成品油船。油轮的载重量越大,运输成本越低。石油货源充足,装卸速度快,并且可以通过铺设在海上的石油管道来装卸,因此大型原油船可以不用靠码头,而只需要系浮筒来进行装卸作业。因为没有对码头水深的要求,所以油船可以建造得很大,最大的油轮可达到 56 万 t。另外,油船机舱设在尾部,烟囱排烟时带出的火星向后吹走,不致落入油舱的通气管内而引起火灾。油船,如图 4-5 所示。

6. 集装箱船

如图 4-6 所示,集装箱船是专门用来装运集装箱的船舶。由于集装箱运输提高了运输效率,减轻了劳动强度,加速了车船周转,加快了货物送达,减少了营运费用,降低了运输成本,因此集装箱船在近几十年来发展很快。集装箱船具有瘦长型的外形,为了减少风浪影响,一般都采用球鼻首船型。上甲板平直,货舱口成双列或三列。集装箱的装卸通常是由岸上起重机进行,因此绝大多数集装箱船上不设起货设备。

图 4-5 油船

图 4-6 集装箱船

7. 滚装船

滚装船是在汽车轮渡的基础上发展起来的,主要用来运送汽车和集装箱,如图 4-7 所示。这种船本身无须装卸设备,一般在船侧或船的首、尾有开口斜坡连接码头,汽车或集装箱直接开进或开出船舱,将船舶垂直方向装卸改为水平方向装卸。滚装船具有多层甲板,甲板间舱高度较大,适用于装车;舱内设斜坡道或升降机,便于车辆在多层甲板间行使。这种船的优点是不依赖码头上的装卸设备,装卸速度快,可加速船舶周转;其缺点是造价高、货舱利用率低。

8. 液化气运输船

专门运输液化气体的船舶,所运输的液化气体主要有液化石油气、液化天然气、氨水、乙烯、液氯等。这些液体货物的沸点低,多为易燃、易爆危险品。根据液化气体的储存方式,可以分为常温加压方式运输的液化气体,装载于固定在船上的球形或圆筒形的耐压容器中,如图 4-8 所示;采用冷冻方式运输的液化气体,在大气压力下,将气体冷却至液态温度以下进行运输,液化气体装入耐低温的合金钢制成的薄膜式或球式容器中,外面包有绝热材料,船上设有温度和压力控制装置,适用于大量运输液化气体。

9. 载驳船

专门载运货驳的船舶,又称母子船。载驳船的运输方法是先将各种货物装载在统一规格的驳船里,再将驳船装运到载驳船上,到达中转港后,卸下驳船,然后用拖轮或推轮将驳船拖带或顶推到目的港。载驳船的主要优点是不受港口水深限制,不需要占用码头泊位,装卸货物均在锚地进行,装卸效率高;其主要缺点是船舶造价高、货驳的组织复杂。拉西式载驳货船,如图4-9所示。

图4-7 滚装船

图4-8 液化气运输船

图4-9 拉西式载驳货船

二、公路运输设备

汽车是公路运输的主要运载工具,是指由本身的动力驱动(不包括人力、畜力),装有驾驶装置的,在固定轨道以外的道路或自然地域上运输客、货或牵引其他车辆的车辆。汽车是物流领域完成道路运输任务的主要物流技术装备。

1. 普通栏板式货车

普通栏板式货车具有整车重心低、载重量适中的特点,适合装运百货和杂品。在装卸过程中,可以将其侧面栏板放下,方便装卸货。普通栏板式货车,如图4-10所示。

2. 厢式货车

在物流领域,由于厢式货车结构简单,利用率高,适应性强,因此它是应用前景最广泛的一种车型。如图4-11所示,厢式货车除具备普通车的一切力学性能外,还具备全封闭的厢式车身,以及便于装卸作业的车门。封闭式的车厢可使货物免受风吹、日晒、雨淋,将货物置于车厢内,能防止货物散失、丢失,安全性好。小型厢式载货汽车一般带有滑动式侧门和后开门,货物装卸作业非常方便。由于其小巧灵便,无论大街小巷可长驱直入,真正实现"门到门"的运输方式。

项目四　货物运输设备与装卸设备的选型

图 4-10　普通栏板式货车

图 4-11　厢式货车

3. 自卸车

自卸车俗称翻斗车,装有液压举升机构,能将车厢卸下或使车厢倾斜一定角度,货物依靠自重能自行卸下的专用运输车辆,如图 4-12 所示。在土木工程中,自卸车经常与挖掘机、装载机、带式输送机等工程机械联合作业,构成装、运、卸生产线,进行土方、砂石、散料等装卸运输工作。

4. 罐式车

罐式车装有罐状容器,密封性强。通常其带有工作泵,一般用于运输液体、气体或粉状物质,如图 4-13 所示。

图 4-12　自卸车

图 4-13　罐式车

5. 仓栅式车

仓栅式车具有仓笼式、栅栏式结构的车厢,用于运输散装颗粒食物、畜禽等货物的专用汽车,如图 4-14 所示。

图 4-14　仓栅式车

6. 汽车列车

汽车列车是由汽车或牵引车和挂车组成的车列。挂车有全挂车（图4-15）和半挂车（图4-16）两种。

采用汽车列车运输是提高经济效益最有效而简单的技术手段。它具有快速、机动灵活、安全等优势，可方便地实现区段运输、甩挂运输、滚装运输。

图4-15　全挂车

图4-16　半挂车

7. 冷藏保温车

如图4-17所示，冷藏保温车是运送鱼、肉、鲜果、蔬菜等易腐货物的专用车辆。这些货物在运送过程中需要保持一定的温度、湿度和通风条件，因此保温车的车体装有隔热材料。冷藏保温车内设有冷却装置、加温装置、测温装置和通风装置等，具有制冷、保温和加温三种功能。

8. 集装箱运输车

集装箱运输车专门用于集装箱运输，主要用于港口码头、铁路货场与集装箱堆场之间的运输；简化装卸作业、节省包装费用、减少货损货差、降低整个运输成本。集装箱运输车，如图4-18所示。

图4-17　冷藏保温车

图4-18　集装箱运输车

三、铁路运输设备

铁路运输设备主要是指沿着固定轨道行驶，由电力、内燃机和蒸汽作为动力的各种车辆。在铁路系统中，通常把有动力配置的车辆称为机车（动车）；没有动力配置的车辆称为车辆（挂车或拖车）。铁路车辆是运送旅客和货物的重要工具。车辆一般不具备动力装置，需要连挂成列车后由机车牵引运行。为了适应不同货物的运输要求，铁路车辆的种类很多，主要包括以下类型。

1. 平车

在物流运输中，平车是铁路运输主要应用的铁道车辆之一。铁路平车，是铁路运输中大量使用的通用车型，无车顶和车厢挡板，如图 4-19 所示。这种车体自重较小，装运吨位可相应提高，且无车厢挡板的制约，装卸较方便，必要时可装运超宽、超长的货物。平车主要用于装运大型机械、集装箱、钢材、大型建材等。

2. 棚车

棚车是铁路运输所用的主要封闭式车型，如图 4-20 所示。棚车是有侧墙、端墙、地板和车顶，在侧墙上开有滑门和通风窗的铁路货车。棚车用以装运贵重和怕日晒、雨淋的货物。

图 4-19　平车

图 4-20　棚车

3. 敞车

所谓敞车是指具有端壁、侧壁、地板而无车顶，向上敞开的货车，如图 4-21 所示。其主要供运送煤炭、矿石、矿建物资、木材、钢材等大宗货物用，也可用来运送重量不大的机械设备。若在所装运的货物上覆盖防水帆布或其他遮篷物后，可代替棚车承运怕雨淋的货物。因此，敞车具有很大的通用性，在货车组成中数量最多。目前全国共有敞车约 30 万辆，约占货车总数的 50% 以上。

4. 罐车

罐车是铁路运输中用于装运气、液、粉等货物的主要专用车型，其主要是横卧圆筒形（图 4-22），另外，还有立置筒形、槽形、漏斗形。铁路罐车可分为装载轻油罐车、黏油罐车、酸类罐车、水泥罐车、压缩气体罐车等多种。

图 4-21　敞车

图 4-22　横卧圆筒形罐车

5. 漏斗车

漏斗车主要用于粮食等散装货物的机械化装卸或用于铁路铺设新线及老线维修时铺设道砟。煤炭漏斗车,如图 4-23 所示。

6. 冷藏车

冷藏车是能保持一定温度调控及进行冷冻的车辆,适用于冬夏季节的生、鲜食品的运输。铁路冷藏车,如图 4-24 所示。

图 4-23　煤炭漏斗车

图 4-24　铁路冷藏车

7. 集装箱专用车辆

在集装箱铁路运输发展早期,由于集装箱数量少、类型多。在铁路运输中集装箱运输一般采用平车改造后进行装运。随着集装箱规格的大型化和标准化,普通铁路车辆已经不能满足铁路运输的需求,出现了铁路集装箱专用车辆,如今已经出现了双层集装箱专用车辆,如图 4-25 所示。

图 4-25　双层集装箱专用车辆

四、航空运输设备

航空货运是现代物流中的重要组成部分,可以提供安全、快捷、方便和优质的服务。在拥有高效率和提供综合性物流服务的机场在降低商品生产和经营成本、提高产品质量、保护生态环境、加速商品周转等方面发挥着重要的作用。

（一）航空货机

用于物流领域的航空运输运载工具主要是各种飞机。航空货机是在20世纪初出现的，也是技术发展最迅速的一种运输工具。图4-26为TNT公司载货飞机，图4-27为其装货状态。

图4-26　TNT公司载货飞机

图4-27　TNT公司载货飞机装货

大多数民用货机由旅客机改装而成。为了满足装货的需要，除了将客舱内的座椅、装饰和生活服务设施拆卸外，还要将地板加强，提高承压能力。在货舱前侧设置较大的货舱门，门的高度为2 m以上，宽度超过3 m。另外，货机还装设地板滚轮系统（图4-28）和起重机等，以便于装卸货物。

货机在必要时可以恢复成旅客机或客货混用机（图4-29），这样的飞机通常称为可转换飞机。目前，专门为货运而设计的民用飞机还比较少。

图4-28　货机装货轨道

图4-29　客货混用机

（二）航空货物集装及搬运设备

目前，航空运输中集装设备的应用十分广泛。我国四类以上的机场均配有集装设备。航空运输中的集装设备主要是指为提高飞机运输效率而采用的托盘、货网和集装箱等成组装载设备。为了使用这些设备，飞机的货舱和甲板都设置了与之配套的固定系统。

1. 航空集装设备的分类

国际航空运输协会（IATA）对航空运输中使用的集装箱采用了"成组器（ULD）"这一术语，表示它是成组用的一种工具。成组器可以分为航空用成组器和非航空用成组器两种，见表4-1。

表 4-1 航空集装箱分类

航空集装箱	航空用成组器	部件组合式	航空托盘
			航空用货网
			非固定结构圆顶
		整体结构式	主货舱用航空集装箱
			下部货舱用集装箱
			固定结构圆顶
	非航空用成组器	国际标准集装箱	国际航空运输协会标准尺寸集装箱
			航空运输专用集装箱
			陆空联运用集装箱
			海陆空联运用集装箱

（1）航空托盘，又称航空集装板，是一块铝制的平板，四周有用于固定网罩的网扣，中间略为凹入，货物摆放在上面后，用薄膜缠绕整齐并加盖网罩用于固定，并能方便地在机舱内进行固定。常用的载板型号有 PMC、P6P、PAJ 等。

（2）航空用货网，又称网套或网罩，是用编织带编织而成的，其主要用于固定托盘上的货物。在货网与托盘之间利用货物上金属环连接。根据托盘的尺寸，货网也有相应的规格尺寸。航空托盘与货网，如图 4-30 所示。

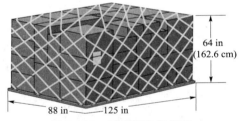

图 4-30 航空托盘与货网

（3）固定结构圆顶，是一种与航空用托盘连接的，不用货网就可以固定货物的罩壳。托盘固定在罩壳上，与罩壳连成一体。

（4）非固定结构圆顶，是一种用玻璃钢、金属制造的，设有箱底，能与航空用托盘和货网相连的罩壳。

（5）主货舱用航空集装箱，又称上部货舱用集装箱。由于飞机的机身是圆筒状的，其货舱分上部货舱和下部货舱，航空集装箱的形状要求与货舱形状相配。

（6）下部货舱用集装箱，是指装在飞机下部货舱的集装箱。航空集装箱及其装载状态，如图 4-31、图 4-32 所示。

图 4-31 航空集装箱

图 4-32 航空集装箱装载状态

2. 航空运输货物搬运与装卸设备

航空货物搬运与装卸设备主要有托盘拖车、集装箱拖车、升降平台、传送车等。

（1）拖车是机场经常使用的短距离的搬运车辆。一般情况下，采用蓄电池或电动机作为动力驱动，或采用内燃机牵引车牵引。航空拖车，如图 4-33 所示。

图 4-33 航空拖车

（2）升降平台是用于拖车及集装箱卡车的过渡设备，为货物快速输送、转移提供了保障，提升了物流工作的能力和效率。它可以使集装箱做横向、纵向、旋转及升降运动。升降平台，如图 4-34 所示。

（3）传送车，适用于飞机所运载的行李及散货的快速装卸。传送车，如图 4-35 所示。

图 4-34 升降平台

图 4-35 传送车

五、管道运输设施

（一）管道运输设施的组成

管道运输设施即管道运输设备是由管道线路设施、管道站库设施和管道附属设施三部分组成的。管道运输示意图，如图 4-36 所示。

1. 线路设施

管道的线路设施是管道运输的主体，主要包括石油管道和天然气管道。

（1）管道本体：由钢管及管阀件组焊连接而成。

（2）管道防腐保护设施：包括阴极保护站、阴极保护测试柱、阳极地床和杂散电流排流站。

（3）管道水工防护构筑物、抗震设施、管堤、管桥以及管道专用涵洞和隧道。

2. 管道站库设施

（1）首站：长输管道的起始点，主要任务是集油、输送。

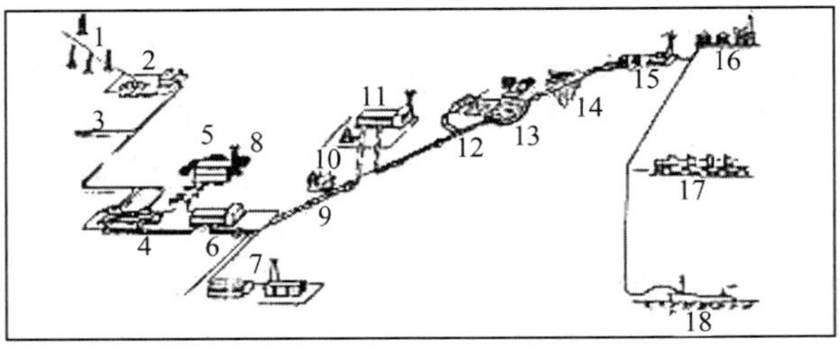

图 4-36 管道运输示意图

1—井场;2—输油站;3—来自油田的输油管;4—首站灌区和泵房;5—全线调度中心;6—清管器发放室;7—首站锅炉房;8—微波通信塔;9—线路阀室;10—维修人员住所;11—中间输油站;12—穿越铁路;13—穿越河流;14—穿越工程;15—车站;16—炼厂;17—火车装油线桥;18—油轮码头

(2) 中间站:为油流提供能量,即加压泵站和加热站。

(3) 末站:位于管道的终点,往往是受油单位的油库或转运油库。

3. 附属设施

附属设施主要包括管道沿线修建的通信线路工程、供电线路工程和道路工程以及管理机构、维修机构及生活基地等设施。

(二) 管道运输的特点

(1) 与其他运输方式相比,管道运输的运输工具与运输线路是合二为一的。
(2) 由于管道运输货物的特征,管道运输永远只是单向运输。
(3) 管道运输作业连续性强,运输量大。
(4) 能耗少,运费低,并且易于实现自动管理。
(5) 占地少,受地形、地貌限制小。
(6) 安全密闭,不受气候条件影响,能长期稳定运行。
(7) 基本不会产生废气、废物,不会对环境造成污染。

六、技能训练

1. 训练目标

通过实践训练,能够根据不同的货物种类,在各种运输方式下,选择恰当的运输工具,实现货物的运输活动。

2. 训练准备

(1) 正确理解各种运输方式下,不同运输工具的适装货物并进行选择。
(2) 将全班学生分成若干组,每组 10 人,选组长 1 人。
(3) 给定货物类型,进行货物运输工具的选择。
(4) 模拟工作环境,需要多媒体教室配合,向学生展示不同的货物及其包装状态。

3. 训练项目

(1) 某公司有一批纸箱装货物需要运输,其货物包装规格是按照物流基础模数设计的,作为货代员的您认为可以选择哪些运输方式进行运输?分别选用哪些类型的运输工具比较合理?

(2) 北京某公司每年需要燃煤约 3 000 t,每日耗煤均衡。煤从山西大同购入,现请帮助选择运输方式和运输工具，请提出合理建议。

（3）讨论能否利用铁路敞车装运集装箱，并分析利弊。

4. 训练评价

训练评价的方式有教师评价、小组内部成员评价和第三方评分组成员评价三种。建议教师评价占60%的权重，小组内部成员评价占20%的权重，第三方评分组成员评价占20%的权重，将三者综合得分作为学生在该项目的评价分。训练评价表见表4-2。

表4-2 训练评价表

考评人		被考评人	
考评地点			
考评内容	货物运输有关生产指标的计算		
考评标准	具体内容	分值	实际得分
	工作态度	15	
	沟通水平	15	
	训练项目（1）完成情况	20	
	训练项目（2）完成情况	25	
	训练项目（3）完成情况	25	
	合计	100	

注：考评满分为100分，60分以下为不及格，60~69分为及格，70~79分为中，80~89分为良，90分以上为优。

任务二　认识货物装卸搬运设备

教学要点

1. 了解各种货物装卸搬运设备的特点和用途。
2. 利用多媒体教学，展示各种货物装卸设备。
3. 拟定作业任务，选择配套的货物装卸设备。

教学方法

一般采用讲授、情境教学、案例教学和多媒体教学等方法。

货物装卸搬运设备

教学内容

在货物运输活动中，需要花费大量的人力、物力、时间和工作量来完成装卸工作，并且在装卸环节中，如果操作不当则很容易发生货损。为了高效、及时、安全地完成装卸工作，必须结合作业特点，合理地配备和选择装卸设备。

一、货物装卸搬运设备

货物装卸搬运设备是指用来搬移、升降、装卸和短距离输送物料的设备。它是物流机械设备的重要组成部分。从用途和结构特征来看,装卸搬运设备主要包括起重设备、连续运输设备、装卸搬运车辆、专用装卸搬运设备等。

装卸搬运设备是实现装卸搬运作业机械化的基础。合理配置和应用装卸搬运机械设备,充分发挥装卸搬运设备的效能,安全、迅速、优质地完成货物装卸、搬运、码垛等作业任务,是实现装卸搬运机械化,提高物流现代化的一项重要内容。

二、叉车

(一) 叉车的特点

叉车是指对成件托盘货物进行装卸、码垛和短距离运输、重物搬运作业的各种轮式搬运车辆,属于物料搬运机械。叉车广泛应用于车站、港口、机场、工厂、仓库等场所,它是机械化装卸、码垛和短距离运输的高效设备。

(二) 叉车的组成

如图 4-37 所示,叉车的主要组成部分有动力装置、传动装置、转向装置、工作装置、液压系统和制动装置。

(1) 动力装置:供叉车做动力装置的有内燃机和蓄电池-电动机两种。

(2) 传动装置:用以将原动力传递给驱动轮,有机械的、液力的和液压的三种。机械传动装置由离合器、变速箱和驱动桥组成;液力传动装置由液力变矩器、动力换挡变速箱和驱动桥组成;液压传动装置由液压泵、阀和液压马达等组成。

(3) 转向装置:用以控制叉车的行驶方向,一般由转向器、转向拉杆和转向轮等组成,1 t 以下的叉车一般采用机械转向器,1 t 以上的叉车大多采用动力转向器。叉车转向装置的特点是转向轮在车体的后部。

(4) 工作装置:提升货物的机构,又称为门架,如图 4-38 所示。其由内门架、外门架、货叉架、货叉、链轮、链条、起升油缸和倾斜油缸等组成。

(5) 液压系统:为货叉升降及门架倾斜提供动力的装置,其由油泵、多路换向阀和管路等组成。

(6) 制动装置:与汽车的制动装置相似,但叉车的制动器只布置在驱动轮上。

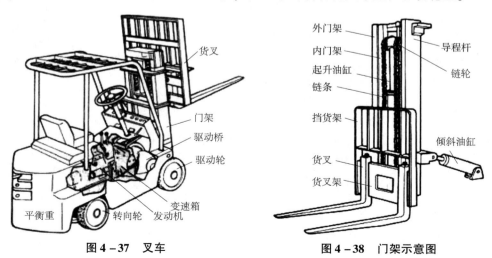

图 4-37 叉车   图 4-38 门架示意图

（三）叉车的分类

1. 按动力方式分类

（1）手动叉车：由于不产生火花和电磁场，特别适用于汽车装卸及车间、仓库、码头、车站、货场等场所的易燃、易爆和禁火物品的装卸运输。该产品具有人工动力，价格低，使用、维护方便等特点，但起重量小。手动叉车，如图 4-39 所示。

（2）电动叉车：蓄电池动力，操作简单，绿色环保，起重量 2~3 t。电动叉车，如图 4-40 所示。

（3）内燃叉车：包括汽油机、柴油机、天然气驱动等，操作方便，功率大，其中汽油机最常用，起重量较大，可达 55 t。内燃叉车，如图 4-41 所示。

图 4-39　手动叉车　　　　图 4-40　电动叉车　　　　图 4-41　内燃叉车

2. 按特性与功能分类

（1）平衡重式叉车。其货叉位于叉车的前部，为了平衡货物重量产生的倾翻力矩，保持叉车的纵向稳定性，在叉车后部装有平衡重，如图 4-42 所示。它是叉车中机动性最高的叉车，也是目前应用最广泛的叉车。

（2）前移式叉车。前移式叉车有两条前伸的支腿，与插腿式叉车比较，前轮较大，支腿较高，作业时支腿不能插入货物的底部，而门架可以带着整个起升机构沿着支腿内侧的轨道移动。这样货叉叉取货物后稍微升起一个高度，即可缩回，保证叉车运行时的稳定性。前移式叉车与插腿式叉车一样，都是货物的重心落到车辆的支撑平面内，因此稳定性较好，适于车间、仓库内作业。前移式叉车，如图 4-43 所示。

图 4-42　平衡重式叉车　　　　图 4-43　前移式叉车

（3）侧面式叉车。如图 4-44 所示，侧面式叉车门架和货插在车体的一侧。其主要作业特点：在出入库作业的过程中，车体进入通道，货叉面向货架或货垛，具体进行作业时不必先转个弯然后作业，适于窄通道作业；有利于装搬条形长尺寸货物，因为长尺寸货物与车体平行，所以不受通道宽度的限制。

（4）插腿式叉车。如图4-45所示，叉车的两条腿向前伸出，支撑在很小的车轮上。支腿的高度很小，可同时一起插入货物底部，由货叉托起货物。货物的重心落到车辆的支撑平面内，因此稳定性很好，不必再设平衡重。插腿式叉车一般由蓄电池供电驱动，它的作业特点是起重重量小，车速低、结构简单、外形小巧，适用于通道狭窄的仓库内作业。

图4-44　侧面式叉车　　　　图4-45　插腿式叉车

（5）集装箱叉车。它是专门用于集装箱的装卸搬运，分正面式和侧面式两类。集装箱叉车的主要特点是可搬运较大重量的货物，如图4-46所示。

（6）高货位拣选叉车。其主要作用是高位拣货。如图4-47所示，操作台上的操作者可以与装卸装置一起上下运动，并拣取储存在两侧货架内的货物，适用于多品种、少量货物库入出。

图4-46　集装箱叉车　　　　图4-47　高货位拣选叉车

三、输送机械

（一）输送机械的概念与特点

1. 输送机的概念

输送机是在一定的线路上连续输送物料的搬运机械，又称连续输送机。

输送机可进行水平、倾斜和垂直输送，也可组成空间输送线路，输送线路一般是固定的。输送机输送能力大、运距长，还可以在输送过程中同时完成若干工艺操作，因此其应用十分广泛。

2. 输送机械的特点

与输送机械比较，其他装卸搬运机械的工作有着明显的间歇性特点。输送机械不仅可以沿着固定的路线不间断地输送货物，而且被输送的散料均匀地分布于承载构件上，被输送的成件货物也同样按一定的次序以连续的方式移动。

（1）输送机械的优点。

①运行速度高且稳定，连续性好，能提供较高的生产率。

②工作时动作单一，有利于实现自动控制。

③实现同样的输送任务，所消耗的功率、成本比其他机械低。

④结构简单，制造和后期维护的成本低。

（2）输送机械的缺点。

①输送路线相对固定，灵活性差，无法输送重量大的货物。

②每种输送机只能传输特定的货物，通用性差。

③无法自动拣货，必须配备相应的装卸装置。

（二）常用输送机械的种类

根据作业场所和输送货物类型的不同，使用的输送机械有许多不同的类型，常用的输送机械种类有带式输送机、斗式提升机、螺旋输送机和气力输送机等。

1. 带式输送机

带式输送机是一种依靠摩擦驱动以连续方式运输物料的机械。使用带式输送机，可以将物料在一定的输送线上，从最初的供料点到最终的卸料点间形成物料的输送流程。带式输送机既可以进行碎散物料的输送，也可以进行成件物品的输送。除进行纯粹的物料输送外，它还可以与各工业企业生产流程中的工艺过程的要求相配合，形成有节奏的流水作业运输线。带式输送机已广泛应用于现代化的各种工业企业中。

在矿山的井下巷道、矿井地面运输系统、露天采矿场以及选矿厂中，已广泛应用带式输送机。它用于水平运输或倾斜运输，如图4-48所示。

2. 斗式提升机

斗式提升机，简称斗提机，是利用均匀固接于无端牵引构件上的一系列料斗，竖向提升物料的连续输送机械，如图4-49所示。它是一种能实现较大垂直方向颗粒状、粉状散体物料输送的机械输送设备。斗提机可用来输送粮食、饲料、水泥、矿石、煤等散状货物。

图4-48 带式输送机

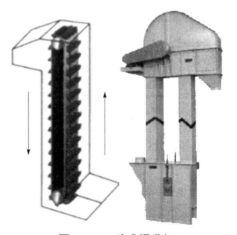

图4-49 斗式提升机

3. 螺旋输送机

如图 4-50 所示，螺旋输送机俗称绞龙，适用于颗粒或粉状物料（如煤粉、纯碱、小煤块等）的水平输送、倾斜输送、垂直输送等形式。输送距离根据物料不同而不同，一般距离为 2～70 m。

输送原理：旋转的螺旋叶片将物料推移而进行螺旋输送机输送，使物料不与螺旋输送机叶片一起旋转的力使物料自身重量和螺旋输送机机壳对物料的摩擦阻力。

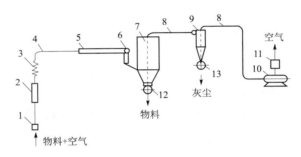

图 4-50 螺旋输送机

4. 气力输送机

气力输送机的工作原理是利用一定速度和压力的空气，带动粒状物料或相对密度较小的物料在密闭管路内进行输送，其方向可以是垂直或水平的。从 19 世纪末开始，气力输送机运用于港口船舶的卸粮作业。20 世纪 40 年代，气力输送机开始应用于粮食加工厂车间内部，并获得迅速的发展。

气力输送机按管内空气压力大小分为吸送式、压送式和混合式三种。吸送式气力输送机示意图，如图 4-51 所示。

图 4-51 吸送式气力输送机
1—吸嘴；2—垂直伸缩管；3—软管；4—弯管；5—水平伸缩管；6—铰接弯管；7—分离器；8—风管；9—除尘器；10—鼓风机；11—消声器；12—卸料器；13—卸灰器

5. 埋刮板式输送机

如图 4-52 所示，埋刮板式输送机是在牵引链条上相隔一定间距固定刮板，在封闭光滑的矩形或"U"槽内，借助于运动的刮板链条的推力，使物料随着刮板链条的连续运动而被输送。由于在输送过程中，刮板始终被埋在物料之中，因此它被称为"埋刮板式输送机"。

埋刮板式输送机既可用于水平或者小倾角方向物料的输送，也可以实现垂直方向的输送。它适用的物料类型多为粉状、粒状或小块状物料，如煤、沙子、粮食等，不适合于输送磨损性强、大块物以及腐蚀性大的物料，以避免对设备产生损害。

6. 磁垫带式输送机

磁垫带式输送机是利用磁铁的磁极同性相斥、异性相吸的原理，将胶带磁化成磁弹性体，则此磁性胶带与磁性支承之间产生斥力，使胶带悬浮，如图 4-53 所示。磁垫带式输送机的优点在于在整条带上能产生稳定的悬浮力，工作阻力小且无噪声，设备运动部件少，安装维修简单。

图 4-52 埋刮板式输送机

图 4-53 磁垫带式输送机

四、装载机

（一）装载机的用途

装载机是一种广泛用于公路、铁路、建筑、水电、港口、矿山等建设工程的土石方施工机械，适用于铲装土壤、砂石、石灰、煤炭等散状物料，也可对矿石、硬土等进行轻度铲挖作业。换装不同的辅助工作装置还可以进行推土、起重和其他物料，如木材的装卸作业。在道路施工中，特别是在高等级公路施工中，装载机用于路基工程的填挖、沥青混合料和水泥混凝土料场的集料与装料等作业。另外，装载机还可以进行推运土壤、刮平地面和牵引其他机械等作业。由于装载机具有作业速度快、效率高、机动性好、操作轻便等优点，因此它成为工程建设中土石方施工的主要机种之一。

（二）装载机的分类

常用的单斗装载机，可按传动形式、行走系结构和装载方式的不同进行分类。

1. 按传动形式分

（1）液力-机械传动装载机：冲击振动小，传动件寿命长，操纵方便，车速与外载间可自动调节，一般在中大型装载机上多采用。

（2）液力传动装载机：可无级调速、操纵方便，但启动性较差，一般仅在小型装载机上采用。

（3）电力传动装载机：无级调速、工作可靠、维修简单、费用较高，一般在大型装载机上采用。

2. 按行走结构分

（1）轮胎式装载机：质量轻、速度快、机动灵活、效率高、不易损坏路面、接地比压大、通过性差，但被广泛应用。轮胎式装载机，如图4-54所示。

（2）履带式装载机：接地比压小，通过性好、重心低、稳定性好、附着力强、牵引力大、比切入力大、速度低、灵活性相对差、成本高、行走时易损坏路面。履带式装载机，如图4-55所示。

3. 按装卸方式分

（1）前卸式装载机：结构简单、工作可靠、视野好，适合于各种作业场地，应用较广泛。

（2）回转式装载机：工作装置安装在可回转360°的转台上，侧面卸载不需要调头、作业效率高,但其结构复杂、质量大、成本高、侧面稳性较差,适用于较狭小的场地。

(3) 后卸式装载机:前端装、后端卸,作业效率高、作业的安全性欠佳。

图 4-54 轮胎式装载机　　　　图 4-55 履带式装载机

五、起重机械

(一) 起重机械的工作原理

起重机械是一种工作循环、间歇运动的机械。一个工作循环包括:取物装置从取物地把物品提起,然后水平移动到指定地点降下物品,然后进行反向运动,使取物装置返回原位,以便进行下一次循环。

通常,起重机械由起升机构(使物品上下运动)、运行机构(使起重机械移动)、变幅机构和回转机构(使物品水平移动),再加上金属机构、动力装置、操纵控制以及必要的辅助装置组合而成。

(二) 起重机械的类型

起重机械根据其构造和性能的不同,一般可分为轻小型起重机械、桥式类起重机械和臂架类起重机三大类。

1. 轻小型起重设备

轻小型起重设备主要包括千斤顶、葫芦(图 4-56)、卷扬机(图 4-57)、滑车等。这类设备大部分只有一个升降机构来实现货物垂直方向的升降,某些设备可以实现货物水平方向运输,如卷扬机。轻小型设备具有轻便、使用操作简单的特点,能够实现在不同场合的使用,灵活性高。手动的轻小型起重设备特别适用于无电源的场合使用。

图 4-56 葫芦　　　　图 4-57 卷扬机

2. 桥式类起重机

桥式类起重机是指由能运行的桥架结构和设置在桥架上能运行的起升机构组成的起重机

械。这类起重机多为固定式,工作范围是一个长方形空间,常用于车间、仓库和料场上空进行物料的吊运。常见的桥式类起重机有梁式起重机、龙门起重机等。

(1) 梁式起重机。梁式起重机属于轻型桥式类起重机,其工作速度慢,起重量也比较小,但是其制造方便、重量轻、成本低。根据操纵方式的不同,可分为手动梁式起重机和电动梁式起重机两类。根据梁的数量不同可分为单梁起重机和双梁起重机两类,其中,单梁起重机桥架的主梁多采用工字型钢或钢型与钢板的组合截面。起重小车常为手拉葫芦、电动葫芦或用葫芦作为起升机构部件装配而成的。双梁桥式起重机由直轨、起重机主梁、起重小车、送电系统和电器控制系统组成,特别适合于大悬挂和大起重量的平面范围物料输送。单梁起重机的起重量通常为 0.5~5 t,而双梁起重机起重量可达到 5~32 t。单梁起重机,如图 4-58 所示。

(2) 门式起重机。门式起重机又称为龙门起重机,主要用于室外的货场、料场货、散货的装卸作业。它的金属结构像门形框架,承载主梁下安装两条支脚,可以直接在地面的轨道上行走,主梁两端可以具有外伸悬臂梁。门式起重机具有场地利用率高、作业范围大、适应面广、通用性强等特点,在港口货场得到广泛的使用。

门式起重机按主梁结构形式分为单主梁门式起重机和双梁桥式起重机两种。

① 单主梁门式起重机。单主梁悬臂门式起重机结构简单,制造安装方便,自身质量小。与双主梁门式起重机相比,整体刚度要弱一些。因此,当起重量小于 50 t、跨度小于 35 m 时,可采用单主梁门式起重机。

② 双梁桥式起重机。双梁桥式起重机承载能力强、跨度大、整体稳定性好,品种多,但自身质量与相同起重量的单主梁门式起重机相比要大些,造价也较高。双梁无悬臂门式起重机,如图 4-59 所示。

图 4-58 单梁起重机

图 4-59 双梁无悬臂门式起重机

3. 臂架类起重机

臂架类起重机的主要特征是具有臂架结构,其臂架结构可以实现垂直方向的变幅,也可通过旋转实现圆柱形空间范围内货物的起重和搬运,部分臂架类起重机还可以通过机体的移动来实现短距离的带载运输。常见的臂架类起重机有门座式起重机、塔式起重机、汽车起重机、轮胎起重机、全地面起重机、履带起重机等。

(1) 门座式起重机。门座式起重机是可转动的起重装置装在门形座架上的一种全回转臂架型起重机。门形座架的 4 条腿构成 4 个"门洞",可供铁路车辆和其他车辆通过,如图 4-60 所示。门座式起重机大多沿地面或建筑物上的起重机轨道运行,进行起重装卸作业。它的工作地点比较固定，常用于货场和码头进行货物装卸，可以提高生产率。

（2）塔式起重机。塔式起重机是动臂装在高耸塔身上部的旋转起重机，如图4-61所示。塔式起重机作业空间大，主要用于房屋建筑施工中物料的垂直和水平输送及建筑构件的安装。塔式起重机由金属结构、工作机构和电气系统三部分组成。金属结构包括塔身、动臂和底座等；工作机构有起升、变幅、回转和行走四部分；电气系统包括电动机、控制器、配电柜、连接线路、信号以及照明装置等。

图4-60 门座式起重机

图4-61 塔式起重机

（3）汽车式起重机。汽车式起重机是装在普通汽车底盘或特制汽车底盘上的一种起重机，其行驶驾驶室与起重操纵室分开设置。汽车式起重机的底盘性能等同于同样整车总重的载重汽车，符合公路车辆的技术要求，因而可在各类公路上通行无阻。汽车起重机的优点是机动性好，转移迅速；其缺点是工作时须伸出支腿保持稳定，不能负荷行驶，也不适合在松软或泥泞的场地上工作。汽车式起重机，如图4-62所示。

（4）轮胎式起重机。轮胎式起重机是一种起重部分安装在特制的充气轮胎底盘上的起重机，如图4-63所示。上下车合用一台发动机，行驶速度一般不超过30 km/h，车辆较宽，因此不宜在公路上长距离行驶。其具有不用支腿吊重及吊重行驶的功能，适用于货场、码头、工地等移动距离有限的场所的吊重作业。

图4-62 汽车式起重机

图4-63 轮胎式起重机

（5）全地面起重机。全地面起重机是一种兼有汽车起重机和越野轮胎起重机特点的高性能产品。如图4-64所示，它既能像汽车起重机一样快速转移、长距离行驶，又可满足在狭小和崎岖不平或泥泞场地上作业的要求，即具备行驶速度快、多桥驱动、全轮转向、离地间隙大、爬坡能力高、可不用支腿吊重等功能。它是一种极有发展前途的产品。但全地面起重机价格较高，对使用和维护水平要求较高。

（6）履带式起重机。履带式起重机是将起重装置和设备装在履带式底盘上的全旋转动臂式起重机，如图4-65所示。与轮胎式起重机相比，履带式起重机行走时接地面积大，爬坡能力强，并且可以在泥泞的恶劣地面上行驶作业；其缺点是行驶速度及灵活性比轮胎式起重机差，并且对地面有破坏作业，只适合在野外或工地上使用。

图4-64 千吨级全地面起重机

图4-65 履带式起重机

六、集装箱专用装卸搬运机械

1. 集装箱龙门起重机

集装箱龙门起重机用于集装箱码头。当岸壁集装箱装卸桥从船上卸下集装箱并用拖挂车运到堆场或后方时，由集装箱龙门起重机堆码起来或直接装车运走，这样可加快集装箱装卸桥或其他起重机的周转。为适应港口码头的运输需要，这种起重机的工作级别较高，起升速度为 8~10 m/min；跨度根据需要跨越的集装箱排数来决定，最长为60m左右，相当于20 ft（1 ft = 3.048 × 10^{-1} m）、30 ft、40 ft 长的集装箱，起重量分别约为 20 t、25 t 和 30 t。

集装箱龙门起重机按行走部分的不同可分为轮胎式和轨道式两种，这两种类型各有优缺点。

（1）轮胎式龙门起重机的行走装置是由橡胶充气轮胎构成的，如图4-66所示，可实现在堆场上进行一定角度的移动，灵活性比轨道式龙门起重机好。其缺点是可能由于起重机两边胎压的不同而发生走偏或者蛇形现象，需要借助行走限位报警器进行人工纠偏，或者采用无线电感应轨迹自动控制装置进行纠偏，因此其维护成本较高。

（2）轨道式龙门起重机沿着固定轨道行走，如图4-67所示，与轮胎式龙门起重机相比，其跨度大，堆码层数多，可以充分利用堆场面积，并且坚固耐用，维护成本低。其缺点是工作范围受轨道限制，灵活性差。

图4-66 轮胎式龙门起重机

图4-67 轨道式龙门起重机

2. 集装箱装卸桥

在港口岸壁运行的集装箱装卸桥，是一种特殊结构的大型起重机，专用于船舶的集装箱装卸工作。如图4-68所示，它的两侧一般都是刚性支腿，形成坚固的门架，桥架支撑在与门架连成一体的上部构架上，带有集装箱吊具的小车在桥架上运行，桥架上设有平衡装置，以保证装卸桥的平衡与稳定。伸向海面的长悬臂通常是可俯仰的。非作业状态时，悬臂可吊起80°~85°仰角处，使装卸桥通过船舶上的最高点；作业时悬臂放平。另外，还有一些悬臂是固定的。

图4-68 集装箱装卸桥

3. 集装箱正面吊运机

集装箱正面吊运机是一种集装箱专用机械，如图4-69所示。它是随着集装箱码头、堆场、货运站对多用途流动性集装箱搬运机械的需求而开发的。集装箱正面吊运机可以完成集装箱装卸、堆码和水平运输作业，具有机动性高、作业效率高、稳定性好、可隔箱作业等优点。

4. 空箱堆高机

空箱堆高机仅有两个旋锁装置，如图4-70所示。因此，它仅对集装箱空箱进行作业，一般可堆码7层以上的空箱，最高可达10层。

图4-69 集装箱正面吊运机

图4-70 空箱堆高机

七、技能训练

1. 训练目标

通过实践训练，对货物装卸设备有一个全面的了解，并初步具备选择适当装卸设备组成装卸工艺系统的能力。

2. 训练准备

(1) 正确理解各种货物装卸设备及其适用场合。

(2) 将全班学生分成若干组,每组 10 人,选组长 1 人。

(3) 工作环境模拟,需要利用多媒体教室,向学生展示一些装卸作业场面。

3. 训练项目

(1) 集装箱码头往往不止一种集装箱装卸设备,请选择适当的集装箱装卸设备,组成一套码头集装箱装卸工艺系统,并说明各种机械之间是如何衔接的。

(2) 自卸车具有运货和卸货功能,但由于增加了装卸设备,导致运货量减少。如果某种货物既可用自卸车运输,也可用普通货车运输。请分析在什么情况下使用自卸车?在什么情况下使用普通货车?

(3) 散粮及煤炭的装卸使用什么机械最佳?为什么?

4. 训练评价

训练评价的方式有教师评价、小组内部成员评价和第三方评分组成员评价三种。建议教师评价占 60% 的权重,小组内部成员评价占 20% 的权重,第三方评分组成员评价占 20% 的权重,将三者综合得分作为学生在该项目的评价分。训练评价表见表 4-3。

表 4-3 训练评价表

考评人		被考评人	
考评地点			
考评内容	货物运输有关生产指标的计算		
考评标准	具体内容	分值	实际得分
	工作态度	15	
	沟通水平	15	
	训练项目 (1) 完成情况	30	
	训练项目 (2) 完成情况	20	
	训练项目 (3) 完成情况	20	
	合计	100	

注:考评满分为 100 分,60 分以下为不及格,60~69 分为及格,70~79 分为中,80~89 分为良,90 分以上为优。

任务三 货物运输设备与装卸设备选型的原则和步骤

教学要点

1. 利用网络,收集货物运输设备与装卸设备的供应信息。

2. 利用分组,讨论物流设备的购置过程。

3. 拟定作业任务,对某种设备的应用进行选型。

教学方法

一般采用讲授、情境教学、案例教学等方法。

教学内容

货物运输企业在成立和发展过程中，需要配置大量的物流设备。例如，需要有关货物运输、保管、包装、装卸、分拣、加工、信息管理等物流作业及物流信息管理的设备。由于物流设备在货物运输企业中有着举足轻重的地位，因此很多货物运输企业在选购这些设备时都非常重视，常常投入大量人力、物力进行市场调查、进行可行性分析，以求选购到质量好、价格合适的物流设备。正确地配置与选择货物运输设备与装卸设备，能够让企业以合理的成本支出实现既定的作业目标，也使企业有限的投资发挥最大的经济效益。

一、货物运输企业选择物流设备时存在的问题

目前，伴随着物流的发展与进步，物流设备的技术更新很快，但是很多货物运输企业在选购设备方面，思维比较陈旧、方法还很落后。因此，在选购常用设备时存在着很多问题。总结起来，主要表现在以下几个方面。

（1）货物运输企业只重视单一设备的质量与选型，没有通盘考虑整个系统如何达到最优化。各种设备之间没有良好的衔接，没有合理的配合。例如，有的设备主要是以周转箱为操作单元，而其上下业务环节却是以托盘为主要操作单元，各业务环节无法连续作业。再如，虽然各业务环节操作单元都一样，但是有的效率高，有的效率低，没有形成整体效率。

（2）绝大多数货物运输企业仍将价格作为选择物流设备的首要因素，而忽视了对内在品质与安全指标的考察。

（3）所选物流设备没有考虑物流标准化问题。这主要体现在托盘和叉车的选购上，很多货物运输企业只是考虑本企业的产品特点，选购托盘和叉车往往都不是标准化的，这在局部物流环节可能是便于操作，但在整个物流大环节上，常常会带来很多不便，特别是有进出口业务的，使物流效率大大降低。

（4）部分货物运输企业对物流设备的作用缺乏足够的认识。货物运输企业没有掌握物流设备的相关专业知识，也缺乏对该类设备使用特点的了解，导致在选购设备时带有盲目性，造成使用上的不便或资源的浪费。

（5）选购物流设备时没有科学的预算。预算目的不明确，导致资金浪费，也会造成计划进度的延迟，事后的费用追加也会造成资金的紧张和预算膨胀。

（6）缺乏对物流作业功能需求的充分描述，在选购设备时也带有盲目性，其结果是所选设备与作业需求不匹配。其中，最典型的是"大马拉小车"和好大喜功的做法。

（7）对物流设备选购方案没有科学的评估流程和评估方法。很多货物运输企业在选购设备时，往往是缺什么设备，马上购买什么设备，没有制订选购设备的具体方案和步骤，更没有对方案进行科学评估。

二、货物运输设备与装卸设备选型的原则

货物运输设备与装卸设备一般前期投资较大，使用期限较长，并且在使用过程中还需要

支付维护费用。结合以上所提的货物运输企业在设备选型时常出现的问题。在物流设备选型时，应该遵循以下原则。

1. 标准化原则

标准化原则要求货物运输企业在选购运输和装卸设备时，应该按照国际物流设备的各种标准进行。标准化对于货物运输企业和物流业来说，具有重要的意义和深远的影响。物流设备标准化可以使得企业内部各种设备之间衔接良好，有利于形成一套完整协调的物流工艺系统流程，并且在物流设备系统中某些设备进行更新换代时，也可以保持良好的兼容性。对于涉及进出口业务的企业来说，货物运输设备和装卸设备的标准化则显得尤为重要，如标准托盘的使用，可以使货物的运输及装卸活动变得更加高效。

2. 兼容性原则

兼容性原则要求企业内部的物流设备，能够实现机械与机械的兼容以及人与机械之间的平衡。在物流运输与装卸工艺系统中，实现不同工艺系统所需配套的机械设备也不尽相同，因此要求货物运输企业在选择物流设备时，要根据企业的业务特点和已有机械设备的情况，选择合适的设备加入机械系统中，使系统发挥最大的作用。

随着物流设备在技术上的不断发展，许多设备越来越先进，对操作人员的要求也越来越高。如果没有适合的人员操作，先进的设备不仅不会发挥优势，还有可能成为绊脚石。因此，在选择物流设备的同时，企业还要考虑员工的技能水平，必要时还要进行员工培训。

3. 适用性原则

适用性是货物运输设备与装卸设备满足使用要求的能力，它包括适应性和实用性。在配置与选择货物运输设备与装卸设备时，应充分注意到与物流作业的实际需要和发展规划相适应，应符合货物的特性，适应货运量的需要，适应不同的工作条件和多种作业性能要求，操作使用灵活方便。因此，首先应明确货物运输设备与装卸设备必要的功能是什么，这些作业活动都有相应的货物运输设备与装卸设备去完成。根据具体的作业任务来确定需要的货物运输设备与装卸设备，做到货物运输设备与装卸设备作业配套，发挥各设备的效能。这就是一个把握必要功能的问题，要考查什么样的设备具有什么样的功能，能完成什么样的作业。例如，叉车的功能就是拆码垛及短距离运输，它一般适用于普通货物装卸作业。因此，在配置与选择货物运输设备与装卸设备时应根据物流作业特点，找到必要功能，选择相应的货物运输设备与装卸设备。这样的货物运输设备与装卸设备才有针对性，才能充分发挥其功能。

4. 适当超前原则

货物运输企业在选购运输和装卸设备时，要对市场上物流设备的技术发展现状有清晰地认识，应该防止购置技术上已经落后或者即将被淘汰的机型。技术上适当超前原则要求所选择的货物运输设备与装卸设备能够反映当前科学技术先进成果。由于物流设备的采购投资较大，使用周期较长，"适当超前"就是在现有业务量、技术手段等基础上，适当扩大规模，采用有一定先进性的技术。这样是为了延长设备的使用周期，避免短时间内对设备进行升级改造。

5. 经济性原则

经济性原则是指所选购的物流设备应该是综合费用经济合理，并且能够满足企业使用需求的设备。货物运输设备与装卸设备的综合费用主要有购置费用和运行费用两大部分。购置费用包括设备购置价格、运输费、安装调试费、备品备件购置费、人员培训费等；运行费用是维持设备正常运转所发生的费用，包括服务与保养费用、能源消耗费用、维修费用等。在配置和选择设备时，需要同时考虑这两部分费用支出，并且这两部分费用往往是成反比关系。在实际操作中，许多货物运输企业往往只注意到设备的购置费用，而忽略了设备的运行费用，结果造成货物运输设备与装卸设备整个寿命周期费用高，投资增大。因此，全面考查货物运输设备与装卸设备的购置费用和运行费用，选择整个寿命周期费用低的设备，才能取得良好的经济效益。

6. 稳定性和安全性原则

稳定性是指货物运输设备与装卸设备能够稳定地在规定的环境和条件下，完成企业既定的作业目标。它是货物运输设备与装卸设备的一项基本性能指标，要求货物运输设备与装卸设备能够持续稳定地进行作业。如果设备的稳定性不高，在闲时则还能胜任运输及装卸作业，但在忙时就有可能暴露出巨大的问题，给货物运输企业带来损失。货物运输设备与装卸设备的稳定性同货物运输设备与装卸设备的经济性是密切相关的。从经济上看，货物运输设备与装卸设备的稳定性高就可减少或避免因发生故障而造成的停机损失与维修费用支出。但是不能为了追求稳定性而去选择最先进、最高级的设备，这些设备价格昂贵，就会需要在货物运输设备与装卸设备的购置中投入更多的资金。因此，在选择这些设备时，要从货物运输企业自身需要及经济情况出发，选择最适合货物运输企业的设备。

安全性是指货物运输设备与装卸设备在使用过程中保证人身和货物安全以及环境免遭危害的能力。它主要包括设备的自动控制性能、自我保护性能以及对误操作的防护和警示装置等。

随着运输装卸现代化水平的提高，稳定性和安全性日益成为衡量设备好坏的重要因素。在配置、选择货物运输设备与装卸设备时，应充分考虑货物运输设备与装卸设备的稳定性和安全性，以提高其利用率，防止发生人身事故，保证运输装卸作业顺利进行。

7. 多功能原则

现代运输业的发展要求货物运输设备与装卸设备必须具有多种功能，能适应多种作业的能力。单一功能的货物运输设备与装卸设备已经不能适应现代运输业发展的要求，并且使用起来既不方便也不利于管理。因此，应发展多功能型的货物运输设备与装卸设备。配置和选择多功能的货物运输设备与装卸设备，可以实现同时在多种作业环境下的连续作业，有利于减少作业环节，提高作业效率，并减少货物运输设备与装卸设备台数，便于货物运输设备与装卸设备管理。这样可以充分发挥货物运输设备与装卸设备的潜能，取得较高的投入产出比。例如，叉车具有装卸和搬运两种功能，正是因这一特点使其得到极为广泛的应用。再如，多用途门座起重机，可实现集装箱吊具、吊钩、抓斗多种取物装饰的作业，用途广泛，适用于装卸集装箱集装货物、钢材和超长超大重件等杂货、煤和沙石等散装货物。因此，在配置与选择货物运输设备与装卸设备时，要尽量优先考虑多功能型的设备。

三、货物运输设备与装卸设备选型的步骤

物流设备的选型，不仅要考虑物流运输作业的需要，还应结合货物运输企业各方面的因素进行综合考虑。例如，货物的种类、特性；货运量大小；运输车辆类型；运输组织方法；

货物储存方式以及各设备在物流系统中的作用等。另外，企业应考虑设备的长远适应性，并进行技术经济论证，从总体优化的角度把握物流设备选购。下面以物流中心选购物流设备为例，阐述一个合理的设备选择流程应该包括的几个步骤。

（一）准确描述物流作业需求

物流中心的作业需求决定了物流设备的选择结果。这就决定了物流设备选购最重要前提——最好的物流设备不见得最适合物流作业需求，但是最适合物流作业需求的物流设备就是最好的。

为了准确描述物流作业功能企业必须做好以下几项工作。

（1）货物运输企业必须对物流中心的作业、动作、流程以及在运行的系统有一个清晰的理解。对物流中心内的某个作业如何影响其他作业，从设备选择角度来看是极其重要的。例如，叉车搬运前，是否有必要选择规划可伸缩式输送系统以提高非单元化货品的卸货效率。

（2）确定好物流作业的范围。在物流中心的作业内容中，确定适用于人工处理的作业范围的条件下，明确手工作业和机械作业的范围。一方面要统一入库、补货、保管、拣货、出库等全部作业的机械化水平，另一方面要协调好前后作业物流量的处理效率。在这一原则下决定设备的作业范围和内容。

（3）做好物流设备的提出。研究伴随着进出库、保管、拣货、分拣等作业的处理方法，以商品形状和捆包形状为前提，考虑商品的自动化识别技术等，提出各个范围内进行到什么程度自动化水平的相关设备为适宜。

（4）确定信息管理的水平。选定针对物流变动所对应的灵活处理信息的系统，输入的手段能够自动进行。通过供货商的进货信息和物流中心的在库信息，能够快速反映到货日期、出库作业指示和在库检索等，从物流中心作业的全过程跟踪商品物流信息的状况。

（二）制订详细的设备备选方案

通过设备方案来满足已确定的作业要求，其中最重要的是确定设备的一般分类。例如，货架设备，首先要制订的设备方案是以托盘货架或者是悬臂式货架为分类依据，然后再制订更详细的规格形式，如镀锌还是表面喷塑工艺等。有些方案在制订之前，要通过详细的市场调查，对设备的性能和特点进行科学分析，才能做出初步方案。

（三）对备选设备方案进行评估

在对备选方案进行评估时，比较好的评估方法是把经济评估与技术评估相结合，进行综合评估。经济评估是依据统计数据建立数学模型，并用数学模型计算出备选方案的各项经济指标及其数值的一种方法。技术评估则是对备选方案的性质、特点、发展变化规律做出判断的一种方法。

1. 设备方案的经济评估

对设备方案的经济评估，主要包括两个方面：一是设备的费用；二是设备的收益问题。比较好用的设备方案的经济评估方法有以下几种。

（1）投资回收期法：通过计算各设备的投资回收期，选择回收期最短的设备。其计算公式如下：

$$设备投资回收期（年）=设备投资额/采用该设备后平均收益额$$

(2) 年费法：将设备的购置费（即最初一次投资费）依据设备的寿命周期，按复利利率计算，换算成相当于每年的费用支出，然后加上每年的使用费，得出不同设备的总费用，进行比较、分析，然后从中选择一个年投资费用最低的方案。其计算公式如下：

年投资费用 = 一次性购置费用 × 资金回收系数 + 年维护费用

$$资金回收系数 = i(1+i)^n / [(1+i)^n - 1]$$

式中　i——为年利率；

　　　n——为设备寿命周期。

(3) 净现值法：把设备投资方案在有效期间逐年发生的经费折算为现值，再将收入现值减去支出现值，得出净现值，最后选一个净现值大的方案。

净现值计算公式为

$$NPV = \sum_{t=0}^{n}(B_t - I_t - C_t)(P/E, i, t)$$

式中　C_t——第 t 年的经营费用；

　　　I_t——第 t 年的投资额；

　　　n——项目使用期限；

　　　$(P/E, i, t)$——未来值折现为现值的系数；$(P/E, i, t) = 1/(1+i)^t$；

　　　i——标准的折现率；

　　　NPV——净现值。

若 NPV > 0，表明投资项目的收益率不仅能达到标准折现率水平，而且有盈余；

若 NPV = 0，则项目收益率刚好等于标准折现率；

若 NPV < 0，则项目收益率达不到标准折现率水平。

(4) 费用效率比较法：费用效率是每一单位消耗所获得的设备效益。它将设备的生产效率视为设备的收益，用设备的效率除以设备的寿命周期费用，从而得出设备的费用效率，取大者为优。

2. 设备方案的技术评估

技术评估有以下两个关键环节：

(1) 要确定好方案的各项技术因素。这些因素很多，如灵活性、可靠性、维修性、安全性、节能性等。

(2) 将这些技术因素按照重要程度赋予权数。例如，物流设备的安全性比灵活性重要，而成本比安全性更加重要。然后针对不同方案进行打分，并计算出各方案的总得分，取得分高的方案。在具体评估过程中，还有一些技巧，如权重的讨论可以借助项目组成员的投票值加权。

（四）选择物流设备和供货商

该环节的工作，首先是确定所需设备的详细规格，在此基础上分析调查市场上提供设备的供应商，通常分析这些供应商的资质、供应商提供产品的质量、规格、单价、售后服务等内容，在此基础上选择最终的供应商。

（五）与供应商接触并签订货物购销合同

在选定货物运输设备与装卸设备供应商的情况下，与供应商接触并详细讨论设备购置的相关事宜，最后签订货物购销合同。

四、技能训练

1. 训练目标

通过实践调查，能够对特定企业进行业务分析，并对该企业配置相关的运输及装卸搬运设备提出备选方案，使选择的设备能够很好地适应企业的作业需求，并且充分考虑企业发展现状、员工情况、经济性等。

2. 训练准备

（1）明确各种货物运输设备与装卸设备的类型、特点、适用场合等，掌握货物运输设备与装卸设备选择的原则及步骤。

（2）将全班学生分成若干组，每组 10 人，选组长 1 人。

（3）调查时间安排为 4 学时。

（4）模拟工作环境，需要学校的物流设备实训室、机房等资源配合。

3. 训练项目

（1）某货物运输企业预购 5 辆 10 t 车，现有 A、B 两种品牌。A 品牌 30 万元/辆，B 品牌 50 万元/辆。购入后每年的净收益，见表 4-4。

表 4-4　净收益表　　　　　　　　　　　　　　　　　　　　　万元

年限	1	2	3	4	5	6	7	8	9	10
A 品牌	8	8	8	5	5	5	3	3	3	3
B 品牌	10	10	10	7	7	7	5	5	5	5

请用投资回收期法进行方案选择。

（2）利用上题资料，假设标准折现率为 10%，用净现值法进行方案选择。

（3）有三种能达到同一目标的运输工具 A、B、C，它们的系统效率可用"日产量"这一综合要素表示，其有关数据见表 4-5。

表 4-5　费用效率表

运输工具类型	日产量/(t·km)	寿命周期总费用/万元
A	3 500	300
B	3 000	315
C	3 150	280

请用费用效率比较法进行设备选择。

4. 训练评价

训练评价的方式有教师评价、小组内部成员评价和第三方评分组成员评价三种。建议教师评价占 60% 的权重，小组内部成员评价占 20% 的权重，第三方评分组成员评价占 20% 的权重，将三者综合得分作为学生在该项目的评价分。训练评价表见表 4-6。

表 4-6　训练评价表

考评人		被考评人	
考评地点			
考评内容	货物运输有关生产指标的计算		
考评标准	具体内容	分值	实际得分
	工作态度	15	
	沟通水平	15	
	训练项目（1）完成情况	30	
	训练项目（2）完成情况	20	
	训练项目（3）完成情况	20	
	合计	100	

注：考评满分为100分，60分以下为不及格，60~69分为及格，70~79分为中，80~89分为良，90分以上为优。

思考练习

一、简述题

1. 船舶的主要类型有哪些？分别适合装运何种类型的货物？
2. 什么是全挂车和半挂车？
3. 在航空货物运输中，集装设备主要有哪些？
4. 叉车的主要类型有哪些？分别适用于什么作业环境？
5. 常用的室内起重设备有哪些？
6. 集装箱专用的运输和装卸机械有哪些？
7. 货物运输企业在选择物流设备时，可能存在哪些问题？
8. 物流设备的选型，一般有哪些步骤？

二、案例分析题

QQCT 与泛亚结盟

2007年11月16日，由青岛前湾集装箱码头有限责任公司（以下简称"QQCT"）与泛亚国际航运有限公司（简称"泛亚"）共同投资建设青岛新前湾集装箱码头项目在青岛港国际会议中心隆重签约，双方将共同投资设立"青岛新前湾集装箱码头有限责任公司"（简称"QQCTN"），经营前湾南岸3 408 m集装箱码头岸线，该码头为全球最长顺岸码头。至此，青岛港加上其北岸3 400 m码头岸线，在前湾港区共拥有集装箱码头岸线达6 800余米，待全部建成后其整个集装箱吞吐能力将超越1 400万 TEU。世界航运巨头的再次强强联手，使青岛港的集装箱作业再次实现了历史性跨越。

据悉，自2003年三国四方（即青岛港集团、英国铁行集团、丹麦马士基集团、中远集团）合作QQCT以来的三年时间里，其经营业绩斐然，集装箱年吞吐量以超过22%的速度逐年递增。

此次港航企业三国五方（即青岛港集团、迪拜环球集团、中远集团、马士基集团与泛亚）再次强强联手的世界航运新合资公司 QQCTN，负责开发建设和经营管理青岛新前湾集装箱码头共 10 个泊位 3 408 m 岸线（包括前湾四期 4 个泊位，原青岛港迪拜环球码头有限公司的 4 个泊位和原青岛港泛亚码头经营有限公司的 2 个泊位），最大泊位水深达 –20 m。该项目总投资额约 10 亿美元，初始投资额 4.2 亿美元。在公司持股比例上，QQCT 占 80%，泛亚占 20%。前湾四期工程已于 2007 年 9 月 8 日正式开工建设，2008 年年底将建成 4 个泊位。这样一个岸线集中、水深条件优越、堆场纵深辽阔的顺岸式现代化集装箱码头，其硬件条件之优越在世界范围内都堪称一流。

该项目的成功签约是加快青岛口岸集装箱运输事业又好又快发展的有力举措，同时也是对前湾港区集装箱码头岸线资源的有效整合。三国五方战略联盟的形成，使青岛港的集装箱码头岸线、矿石码头岸线、油港码头岸线总长度可达 10 181 m，占整个前湾港区总岸线的 79%，龙头地位凸显，可大大提升青岛口岸集装箱运输的竞争实力，为更好、更快地引进货源、资金、管理、技术等搭建了新的、更广阔的发展平台。

（资料来源：摘编自《"三国五方"战略结盟 青岛新前湾集装箱码头项目签约》）

请问：

1. QQCT 为何结盟泛亚？
2. 对于初始投资 4.2 亿美元，如果你是港口负责人，那么将如何解决设备投资问题？

项目五

普通货物运输实务

内容简介

普通货物是指对车辆结构和运输组织无特殊要求的货物。普通货物在货物运输生产中占相当大的比例，人们日常生活中的家用电器、日用品、服装鞋帽、沙石、矿石等都属于普通货物。普通货物的运输包括货物托运和受理、货物验收和保管、制票和承运、装车作业、货物途中作业、货物到达作业和货运事故处理等内容。

教学目标

知识目标

1. 掌握整车货物运输作业内容及要求。
2. 掌握零担货物运输作业内容及要求。

技能目标

1. 能够制作托运单。
2. 能够计算运费。
3. 能够进行货物合理装卸。
4. 能对货物运输生产作业情况进行分析。

案例导入

托运物强制投保是否有效

2018年9月29日，王某所经营的华贸电讯经营部将客户刘某需要维修的一部小米某型号手机用盒子包装好交给张某经营的某汽车货运配载站从北京送到上海某电讯器材经营部，王某支付了运费20元。张某交给王某"货物签收单"第四联，在该"货物签收单"上，张某注明了"货物必须按实际价值保险，如遇意外损失本站按保价赔偿（无投保发生意外，本站按运价的三倍付赔）"的格式条款。张某在运输过程中将王某的该货物遗失，造成了王某赔偿客户刘某一部小米某型号新手机，王某多次向被告要求赔偿无果，向法院起诉。

引导思路

1. "货物签收单"上注明"货物必须按实际价值保险，如遇意外损失本站按保价赔偿（无投保发生意外，本站按运价的三倍付赔）"的格式条款是否有效？
2. 保价运输对托运方有何利弊？

任务一 认识普通货物

教学要点

1. 掌握普通货物的概念。
2. 了解普通货物的分类。
3. 了解常见普通货物运输操作事项。

普通货物

教学方法

一般采用讲授、情境教学、案例教学和分组讨论等方法。

教学内容

一、普通货物的概念

普通货物是指对运输、装卸、保管无特殊要求的货物。例如，沙石、土、非金属矿石、金属矿石、煤、棉花、糖、纸、水泥及其制品、钢材、家具、交电器材、烟酒、茶、饮料、文娱用品等。

二、普通货物的分类

普通货物按价值和运输的责任程度分一等普通货物、二等普通货物、三等普通货物，不同的货物分别执行不同的运价。

（1）一等普通货物：主要是价值低和运输的责任程度小的货物，主要有沙、石、非金属矿石、土、渣等5种。

（2）二等普通货物：价值中等和运输的责任程度中等的货物，主要有煤、粮食及其加工品、棉花、烟叶、肥料、塑料、木材、钢材、金属矿石等34种。

（3）三等普通货物：价值较高和运输的责任程度较大的货物，主要有蜂、蛋、化妆品、木材加工品、家具、交电器材、烟、酒、茶、饮料、文娱用品等27种。

三、常见普通货物运输操作注意事项

1. 粮食、白糖、食盐等货物运输

（1）在运输中无论运距长短、天气好坏，都应随车配备篷布等防雨工具。

(2) 在装车时应严格检查包装是否完好，缝口是否严密，若有破漏应包扎或缝补。同时，检查和消除四周栏板内侧和车身上的钉子、铁钩等，防止钩破包装，造成损失。装车时，必须把袋口朝里或朝上，以防袋口松散或包装破裂漏失。

(3) 禁止使用装运过化工危险品的车辆，禁止使用装运过不清洁物品的车辆必须经过严格消毒。

(4) 袋装的质量均有固定标准，每一辆车的装载件数必须认真清点，严格执行点收点交的制度。

2. 煤炭的运输

(1) 装运煤炭的车辆，必须有完整的、相应高度的栏板，以保证装载足量又不致因车辆振动而散失。

(2) 装运煤炭（或其他散装货物）的车辆，均应有计算载质量的画线标记，以便不经磅秤就能有所依据，不致超载或减载。

(3) 装运后，应认真打扫车辆，以防装运其他货物时污染货物。

3. 钢铁的运输

(1) 钢铁本身沉重，装运时车辆应备有垫木，并注意装运安全。

(2) 钢铁的规格品种很多，不许混淆，在装运时要注意分清钢种规格。

(3) 许多钢材、钢板，受到潮湿极易锈损，在装运时应采取防潮湿措施。

(4) 装运带钢和薄钢片时，应注意堆叠整齐，使之不跨出车身宽度之外。装运钢锭、铁块之类货物，应使货物均匀地分布在车身上并固定，以保持车辆载质负荷平均，防止车辆倾翻。

4. 建筑材料的运输

(1) 建筑材料主要有砖、瓦、沙、石块、石子、水泥等，大多属于散装货物。

(2) 运送到建筑工地的建筑材料，必须很好地配合施工单位，做好卸车工作。根据工地进度要求，将材料卸在指定地点，堆放整齐。

(3) 砖瓦等易碎货物，在装卸时不能图快、省力、任意摔扔，应注意保护其完好性。

(4) 不能让有裂缝或栏板不全的车辆去装载散装货物。在运输前，要把栏板安装妥当，以防沿途漏失。

(5) 水泥是怕潮货物，绝大多数用纸袋包装，容易破损。装运时应十分注意其包装状况，并事先做好防潮防破的准备工作；并忌与糖、化肥同装。

5. 日用工业品等货物运输

日用工业品包括纺织工业品、食用工业品、日用百货、家用电器、金属类轻工业品和其他轻工业产品、手工业产品等，货种、货名繁多，因此通常称之为"杂货"。

日用工业品多数货种怕潮、怕湿、易污、易损，少数货种还有易燃性。由于货种多、因而包装所用材料、外形、尺寸大小、单件质量很不一致，如果几种货物混装一车（拼装），则特别注意装卸和交接工作，以防发生货损、货差。

液体货物与固体货物不宜拼装，以防包装破损或液体渗出而将固定物资污染、受损。拼装时应将重的、耐压的放在下面；分点卸货的货物，要"后卸的先装，先卸的后装"，避免翻装、漏卸。

任务二　整车货物运输实务

教学要点

1. 了解整车货物运输作业的流程。
2. 熟悉各项整车运输作业的内容。
3. 学会操作整车运输的各项作业。

教学方法

一般采用讲授、情境教学、案例教学和分组讨论等方法。

教学内容

一、汽车整车货物运输作业

（一）汽车整车货物运输作业流程

汽车整车货物运输是指托运人一次托运的货物在 3 t（含 3 t）以上，或虽不足 3 t 但其性质、体积、形状需要一辆 3 t 以上的汽车运输。

汽车整车货物运输多点装卸时，按全程合计最大载重量计重，最大载重量不足车辆额定载重量时按车辆额定载重量计重。

汽车整车货物运输的装卸按合同约定进行，合同中未约定装卸人的，由承运人承担装卸。

汽车整车货物运输过程是从货物受理托运开始，到交付收货人为止的生产活动。汽车整车货物运输作业的流程，如图 5-1 所示。

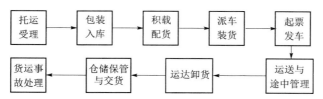

图 5-1　汽车整车货物运输作业的流程

（二）汽车整车运输作业的各项内容

1. 托运受理

（1）操作内容：托运人填写托运单。

（2）操作要求。一张托运单托运的货物必须是同一托运人；对拼装分卸的货物应将每一拼装或分卸情况在托运单记事栏内注明。每一个卸货地点或每一个收货人只能开一张托运单。

易腐、易碎、易溢漏的液体、危险货物与普通货物以及性质相抵触、运输条件不同的货物，不得用同一张运单托运。

一张托运单托运的件货，凡不是具备同品名、同规格、同包装的，以及搬家货物，应提交物品清单。交运物品清单表，见表 5-1。

运输操作流程

表 5-1 交运物品清单

起运地点：　　　　　　　起运日期：　　年　月　日　　　　　　运单号：_____

编号	货物名称及规格	包装形式	件数	新旧程度	长×宽×高	重量/kg	保险或保价金额

托运人签章：　　　　　　　承运人签章：　　　　　　　　　　年　月　日

托运集装箱时应注明箱号和铅封印文号码，接运港、站的集装箱，还应注明船名、航次或车站货箱位，并提交装箱清单。

轻泡货物（指每立方米重量不足 333 kg 的货物）按体积折算重量的货物，要准确填写货物的实际件数、重量、体积、折算标准、折算重量、包装形式以及其有关数据。

托运人要求自理装卸车的，经承运人确认后，在托运单内注明。

托运人委托承运人向收货人代递有关证明文件、化验报告或单据等，须在托运人记事栏内注明名称和份数。

托运人对所填写的内容及所提供的有关证明文件的真实性负责，并签字盖章；托运人或承运人改动运单时，也须签字盖章说明。

托运人托运货物时，应注意：

(1) 普通货物中不得夹带危险、易腐、易溢漏货物和贵重物品、货币、有价证券、重要票据。

(2) 托运超限货物，托运方应提供该货物的说明书；鲜活物品，托运方须向车站说明最长的允许运输期限；托运政府法令禁运、限运以及需要办理卫生检疫、公安监理等手续的货物，应随附有关证明。

(3) 托运货物的包装应符合国家标准或专业标准；没有包装标准规定的货物，应根据货物的重量、性质、运输距离等条件，按照运输的需要，做好包装，保证货物安全。

(4) 托运人还应根据货物性质和运输要求，按照国家有关规定，正确制作运输标志和包装储运图示标志。

(5) 货物运输保险采取自愿投保原则，由托运人自行确定。汽车货物运输实行自愿保价的办法，一张托运单托运的货物只能选择保价或不保价中一种。办理保价运输的货物，应在托运单"保险或保价"栏中填写。在汽车货物运输中，承运人一般按货物保价金额核收 4‰ 左右的保价费。

货物收取

2. 承运验货

(1) 操作内容：托运单审核员对托运单内容进行审核和认定；库管验货员验收货物。

(2) 操作要求：包括运单审核和认定以及验收货物。

① 托运单审核和认定。托运单的审核主要依据托运单填写的要求进行。具体包括：审核货物的详细情况（名称、件数、重量、体积、有关运输要求）；检查有关运输凭证；审核货物有无特殊要求，如运输期限、押运人数、托运方协定的相关事项。

托运单审核员对托运人提交的货物运单应逐项审核，填记承运人记载事项加盖承运章后，将其中一联交托运人存查。

承运有受理凭证运输的货物后，运单审核员要在证明文件的背后注明已托运货物的数量、运输日期，加盖承运章，准运证明文件可随货同行，以备查验。货物到达后，由货物交付员一并交收货人或退还托运人。

承运人对运输货物的全过程负安全责任，应适时检查、妥善保管，注意防火、防潮、防腐、防丢失。有特殊要求的货物，必须遵守约定的事项。

②验收货物。库管验货员验货主要依据托运单中填写的货物情况和运输要求进行。具体包括：托运单上的货物与实际货物的名称、件数、重量、体积是否属实、是否处于待运状态；装运的货物数量、发运日期有无变更；货物的包装是否符合运输要求；装货场地的机械设备是否完好、道路通行条件是否良好。

3. 计划配运与派车

（1）操作内容：调度员根据运输任务编制车辆运行作业计划和发布调度命令。

（2）操作要求：根据货物运输数量、时间要求，调度室的调度人员编制"货物分日运输计划表"，再根据"出车能力计划表"，最后编制出"车辆运行作业计划表"，下达车队执行。

值班调度员进行具体派车，填发派车单（表5-2），交驾驶员装货。同时，在托运单上做出已派车记录。

表5-2　　××物流公司派车单　　No：00001

车号	吨位	驾驶员	发车时间	任务	调度员	驾驶员签名

派车时应坚持三不派：未经检验合格的车辆不派；装载粮食，车辆上次装运毒品、污染品，未经清洗消毒者不派；挤装挤卸的地点，未改善前不派。

4. 装货

（1）操作内容：装货员负责装货物，装货班长填写装车记录。

（2）操作要求：货物装车作业前，装货员应对车辆进行必要的安全检查，装货员应向货主了解货物品名、性质、作业安全事项并准备好消防器材和安全防护用品。装货员作业时要轻拿轻放，大不压小，重不压轻，堆码整齐稳固，防止倒塌，严禁倒放、卧装（钢瓶等特殊容器除外）。装车作业要求如下：

①检查车辆。检查车种车型与规定装运货物相符，查看车厢是否干净整洁、无损坏，密封的厢车应进行透光检查，确认车辆检修是否过期。

②检查货物。检查货物品名、包装、件数与托运单填写是否一致，以及货物包装是否符合规定。装载货物（含国际联运换装）不得超过车辆（含集装箱）标记载重量，严禁增载。

③装车作业。应充分利用车辆吨位和容积，装载方法要牢固，装载重量要在车厢前后、左右均匀平衡，包装结实的、大的、重的货物要放在下面。当进行分卸时，要先装远距离的，后装近距离的。注意货物的混装限制。严禁危险货物与其他货物混装。作业时，要轻拿轻放，堆码整齐，标志向外，箭头向上，捆扎牢固，注意安全作业。同一票货物尽量装在车厢同一位置。

④装车后工作。装货班长要检查堆码及装载状态,核查所装货物与货物交接清单是否相符,重点核查运单号、货物名称、件数、重量、体积是否相符,查验门窗是否关闭良好,做好施封加锁及装车台账登记工作,填写"交运物品清单"(即货物交接清单),与驾驶员办理好交接手续。如有货损、货差则应填写装卸货物异常台账。工作人员下班后及时清扫装卸库区。

5. 起票发车

(1) 操作内容:开单录单员制作托运单并录入计算机;定价员计算运杂费;收款员填制货票与收费;调度员填写行车路单。

(2) 操作要求。

①开单录单员制作运单并录入计算机;定价员计算运杂费;收款员填制货票与收费。

车辆装货后,开单录单员把货物托运单及发货单位的发货清单或磅码单录入计算机,定价员根据货物性质、包装条件、数量、体积、运距、运输线路等情况确定收取运费金额。收款员根据定价员确定运费金额填制货票和收费。货票是一种财务性质的票据,也是货物运输企业向托运人核收运费的收据和结算运费、缴纳税款的依据。货票必须顺号使用,不许跳号、漏号,票面各栏要填写齐全,不能任意简略。金额不得涂改,涂改应作废无效。其他涂改,应在涂改处加盖填票人业务章,以明责任。

不同运输方式的运杂费计算有所不同,计价的基础也有所不同。

汽车整车货物运输费用由运价和杂费组成。运价按不同运输条件分别计价,并可按规定实行加、减成运价。汽车整车货物运输的杂费项目,主要有调车费、延滞费、装货落空损失费、排障费、车辆处置费、装卸费、通行费、保管费等,按《汽车运价规则》办理。

整车货物运费 = 吨次费 × 计费重量 + 整车货物运价 × 计费重量 × 计费里程 + 货物运输其他费用

汽车整车货物运输计费重量以 t 为单位,尾数不是 10 kg 时四舍五入。一般货物一律按实际重量(含货物本身包装,衬垫及运输需要的附属物品)计算,以过磅为准。轻泡货物按 333 kg/m³ 计算计费重量。

汽车货物运输计费里程以 km 为单位,不足 1 km 的,四舍五入。计费里程以省、自治区、直辖市交通主管部门核定的营运里程为准,未经核定的里程,由承运、托运双方商定。

同一运输区间有两条以上营运路线可供行驶时,应按最短的路线为计费里程;如因自然灾害、货物性质、道路阻塞、交通管理需要绕道行驶时,应以实际行驶里程为计费里程;拼装分卸从第一装货地点起至最后一个卸货点止的载重里程计算。

吨次费仅在短途中计收。

②调度员填写行车路单。行车路单是整车货物运输条件下车辆从事运输生产的凭证。它是企业调度机构代表企业签发给汽车驾驶员进行生产的指令。另外,行车路单还可作为公路货运企业之间结算费用、免费服务的凭证。同时,行车路单还是统计运输工作量的原始凭据。行车路单,见表5-3。

行车路单的管理与使用必须坚持做到:

a. 严格按顺序号使用,不许使用空白路单。

b. 每一次任务完成后,必须立即交回,不允许积压、拒交。

c. 行车路单各项记录必须填准、填全,车队调度员对交回的路单的各项记录要进行审核。

d. 企业建立的行车路单使用制度、保管制度要严格执行。

表 5-3　××物流有限公司行车路单

（　　）字 No：00011

车属单位：_____　车号：_____　吨位：_____　驾驶员：_____、_____

起点	发车时间	止点	到达时间	货物名称	件数	运量/t	行驶里程/km
备注							
路单有效日期	年　月　日至　年　月　日						

签发单位（章）：　　　　　签发人：　　　　　回收人：

备注：1. 本单一次有效。
　　　2. 本联随车携带，使用后按期交回签发单位。

6. 运送与途中管理

（1）操作内容：驾驶员对途中货物的运送与管理。

（2）操作要求：出车前，驾驶员应检验车辆技术状况，检查货物装载情况，与装车员办理交接手续，从调度员处领取行车路单，确保无误后发车。

发车后，安全驾驶车辆。做好途中行车检查，防止车门松动致使货物漏散，绳索松动致使货物丢失，油布松动产生漏水等事故。途中要注意防火、防盗。如发现问题，驾驶员应立即处理，处理不了的应立即联系货物运输企业和托运人，协商处理。

7. 到达卸货交付

（1）操作内容：装卸员卸货；驾驶员与收货员交接货物，填写交接记录；收货人收货。

（2）操作要求：整车货物运抵目的地，收货人应积极组织卸货员进行卸车。货物卸车作业前，卸货员应向驾驶员了解货物品名、性质、作业安全事项并准备好消防器材和安全防护用品。卸货员作业时，驾驶员、收货人要在旁点件交接。

货物到达——卸货作业

货物到达——货物交接

卸车作业要求如下：

①检查车辆。检查车辆状态及施封情况，核对票据与现车，确定卸车及堆码方法。

②卸车作业。卸货员卸货时，要轻拿轻放，严禁扔、抛、拖、翻滚等行为，堆码要整齐稳固，防止倒塌，严禁倒置。注意安全作业。

③卸车后工作。填记卸货登记簿，详细记录入库数量、货损货差等异常情况。对受到污染的车辆，应及时通知驾驶员去洗刷除污。清理车辆残存废弃物交由收货人负责处理。

卸车完毕，收货人应在托运单的第四联或客户指定的签收单签收，由驾驶员交回公司，作为与客户结算运费的凭证。

如卸货时发现货损、货差，收货人不得拒收，应及时通知托运单位、货物运输企业相关人员共同鉴定，做好现场记录，凭以处理。

收货人要检查货物是否与托运单上一致，是否有损坏、污染、变质等情况。

8. 客户服务

(1) 操作内容：客户服务人员进行在途车辆跟踪，重点客户跟踪，邮件反馈，与客户结返款、结算运费、外车结运费、货物查询等。

(2) 操作要求。

①在途车辆跟踪：根据发车时间区分当天所需跟踪车辆，一般间隔 24 小时跟踪一次。发车时间显示是当天凌晨的，不需要进行跟踪。跟踪车辆时必须打开"装车单号"，查看该车卸货站点及由该车自送货物。根据相对应的车号，以电话方式或 GPS 进行跟踪，咨询该车的在途位置、在途路况等，并且做好相关笔记。跟踪完车辆后在运输管理系统上进行维护，达到信息共享的作用。对每一部车都必须跟踪到卸完货为止才算跟踪完成。客户服务人员下班之前对当天到达终点的车辆电话询问卸货情况，并做好相关笔记。如果有异常，则必须登记到"差错统计表"上，并且后续还要继续跟踪，直到处理完毕为止；如果是大车司机自送收提付款的，则要提醒司机；如果遇到周末有大车自送的货物，则必须与司机交代提前跟客户联系，周末客户是否收货；如果车辆由于某种原因被扣等异常情况，则要了解一下处理完异常情况需要花多少时间，根据司机所预估的时间，向发货单位反馈异常情况。

②重点客户跟踪：先打开货物运输企业的重点客户表，大概了解一下重点客户的特性及注意事项。根据当天到达车辆及卸货情况进行跟踪，有些重点客户，每天都会打查询电话，一天不止一次。因此，先把这样的客户在途货物都跟踪一遍，变被动为主动。剩下的时间按照顺序把各个列在重点客户表中的客户进行跟踪，当天到的货物，需要中转的，尽量让到达站帮忙中转。家具类及易损的货物，必须每票都跟踪，如有破损的，必须在货物单票上做备注；如有拒收退回的，要备注上退回单号多少，便于后续跟踪。客户服务人员在下班之前，要把各个重点客户发货情况打印出来，领导审核签字后存档。

③邮件反馈：客户经常会发邮件询问发货情况、到货情况或咨询企业其他情况。客户服务人员必须把发货情况通过邮件及时告知客户，并且每天必须更新在途车辆情况，信息必须如实反馈。如果发现客户的货物有超过两天还没有发车的，则要单独把单号抄出来，询问配载人员是什么原因没有发车。

④与客户结返款、结算运费以及代收货款：付款方式是提付的，大部分都有返款和结算运费。返款和结算运费，就是待收货人付完运费提完货后，发货单位取返款或付运费。许多货物运输企业给发货单位返款时间都设定发完货后半个月以后，一般金额较大的需要提前通知，让财务有个准备。发货单位人员拿着托运单返款联过来取款，客户服务人员要把对应的单号录入计算机，查看回单是否收到或者系统已有签收人。如果有，则就在发货单位拿来的返款联上打"√"，并签字，通知发货单位人员拿着返款联到财务部领款。有些发货单位会等一个月过后统一结算，像这些单位单据比较多的，比较便捷的方法是看最早的日期在系统上把数据导出，这样就不必一票一票在系统上进行搜索。如果回单未回的，则用不同颜色做标记，并且把没有回单的单据单独折起。然后根据自己所做的标记进行电话查询客户货物是否已提，提走的就可以给客户结算。如果遇到客户没有去提的，在返款联上备注"客户至今未去提"，并且要把该票货物粘贴到"特殊货物表"，以便继续跟踪。重点客户会经常把托运单放在客服部，对完之后就直接给财务，并告知财务如有钱通知发货单位即可；如果是客户亲自过来并且在等待就要第一时间核对完；结代收货款的，则必须给各个到达站打电话询问货款是否有收，有时托运单有写代收货款，但是系统会漏录，或者托运单没有盖章等，

代收货款金额都比较大，每一票都必须打电话询问是否货款已收。代收货款达到一定金额的，客户有打电话过来询问能否结款的，必须先让客户直接打财务电话询问或者自己询问方可答应客户结款。有时货物运输企业资金会周转不开。

外车结运费，客服部需要审核。先打开"商务部事故表"及"差错统计表"，根据车品牌号进行筛选，找出相对应的车号，然后看装车总单备注的情况或者看卸货记录。如果无异常则可以写上"该车暂无扣款"；如果遇到车上有货物缺少或者货损已经赔款的，先进行排查责任，然后在外车结算单上备注，如家具、饲料、太阳能等易破损货物，赔款时尽量同司机协商让司机承担一部分。值得注意的是，若不是车上责任的，只是淋湿、大车自提自送的货物短少破损的，应另当别论。最后应在"商务事故表""处理结果"一栏做好相应记录，并用不同颜色表明处理情况。

⑤货物查询。

a. 客户来电查询货物，先询问发货时间，把对应的托运单号录入计算机，再核对发货日期，然后核对车牌号，并核对自己当天跟踪车辆的笔记本，可以告知客户该票货物的在途位置，预计到货时间。

b. 如果客户没有托运单号，则可以报发货单位的编号，根据客户编号也可以查出。如果客户不知道编号，则可以按照单位或者收货人进行查询，前提是最好有个大概发货时间，这样便于排除筛选。

c. 到达站有打电话反馈客户要求把货物搬上楼或者卸到指定位置的，托运单有备注需求的可以直接让到达站处理。当没有备注时，就需要向发货单位反馈现场情况，由发货单位帮忙协调或者传真联系到达站雇人操作，费用由发货单位支付，即使重点客户不出送货费的，也要把服务做好。

d. 到达站有反馈货物送货地址偏远的，操作方法同上述 c.。

e. 到达站反馈系统支付的中转费或者送货费没有按公司文件给足的，可以让到达站传真差异情况，到时候按单进行核对（一周传一次或者一个月传一次即可）。

f. 窜货现象。有时会因始发站标签错误或者装车错误，造成货物窜货。情况发生后必须第一时间与到达站联系，看另一票货物是否有送；如果已送，则联系收货人，由其帮忙核实一下，然后做进一步调整。

g. 如遇到达站反馈客户不提货等异常情况，第一时间需与发货人联系，如果当天未能处理完的，则必须粘贴到特殊货物表，后续必须跟踪。

h. 发货单位反馈当天所发货物着急等特殊情况，必须与配载员交接当天务必帮忙装走，并且做好笔记，跟踪送到客户为止。

i. 发货单位发传真更改收货人或者退货等情况，收到传真必须第一时间查看系统，确定该票货物的现在在途情况，给予及时处理。如果车辆未到达，则当天客户服务人员下班之前必须把该票货物情况粘贴在等通知放货表，大家共享，便于相互提醒。

j. 当天答应给客户办的事情，如果当天没有完成的，则第二天必须继续跟踪，并把跟踪结果反馈给发货单位或者收货人。

k. 客户服务人员每天所接到的电话查询，需要把主要查询事项记录在笔记本上，这样不会遗漏，避免事后客户问起，不知道怎么回事。

l. 如遇到到达站反馈货物短少或者货损的，应向相关人员反馈，并讨论如何处理。

9. 货运事故处理

（1）操作内容：客户服务人员处理商务事故等。

（2）操作要求：客服人员在平时接电话中，要把涉及破损、赔款的情况统计到"商务事故表"，并且要进一步跟踪。如果现场司机打电话反馈某单据客户要求赔款的，尽量现场沟通解决，现场赔付的需要应让客户提供赔款证明，并尽量盖上公章。如遇到赔付的，到达站不报案的，起始站要写商务事故报公司品质部。根据上报的情况定时跟踪一下，查看品质部什么时候能定责或者还缺什么凭据；如果凭据不够，则要以最快的速度安排客户提供并寄回品质部。

二、铁路整车货物运输作业

（一）铁路整车货物运输作业的流程

铁路整车货物运输是指托运人向铁路托运的货物，其重量、体积或形状需要以一辆及更多货车进行的运输。《铁路货物运输规程》规定，下列货物按整车办理：需要冷藏、保温或加温运输的货物；规定按整车办理的危险货物；易于污染其他货物的污秽品（如未经消毒处理或未使用密封不漏包装的牲骨、湿毛皮、粪便、炭黑等）；不易计算件数的货物，如蜜蜂；未装容器的活体动物（铁路局定有管内按零担运输的办法者除外）；一批货物重量超过 2 t、体积超过 3 m^3 或长度超过 9 m 的货物（经发站确认不致影响中转站和到站装卸车作业的货物除外）。

托运人托运同一到站的货物数量不足一车而又不能按零担办理时，要求将同一线路上两个或最多不超过三个到站的货物合装一车时，按整车分卸办理。

货车装车或卸车地点不在公共装卸场所，而在相邻的两个车站站界间的铁路沿线时称为途中作业。

装车和卸车地点不跨及两个车站或不越过装车地点车站的站界，这种运输称为站界内搬运。

整车分卸和途中作业只限按整车托运的货物。危险货物不办理站界内搬运和途中作业。托运人要求途中作业和站界内搬运时，须在月度要车计划（铁路运输服务订单）上注明，经铁路部门批准后方可办理。

铁路货车的装载量不能超过货车的容许载重量。货车的容许载量如下：

（1）货车的标记载重量。

（2）货物净重加上包装及防护物重量后或机械装载不易计件货物减吨困难时，多出的重量按货车标记载重量允许多装2%。

（3）部分货车允许增载量。标重为 50 t 的货车不分车种可增载 3 t（即 6%）；标重为60 t 的 C61、C62A 型的敞车，可增载 2 t；标重为 60 t 的平车，装载军运物资时可增载 6 t（即 10%）；装运化工产品的罐车 G3 型可增载 3 t，其他型罐车可增载 5 t，标重 30 t 以下的罐车可增载 10%；凡涂有"免增"字样的货车（包括上述车型车号的货车）均不允许增载。

铁路整车货物运输作业的流程，如图 5 – 2 所示。

（二）铁路整车货物运输作业的各项内容

1. 计划和受理

（1）操作内容：承运人受理托运人提出的铁路货物运输服务订单，并以此编制和执行要车计划；托运人填写铁路货运单，承运人审查货物运单；承运人安排进货和验货。

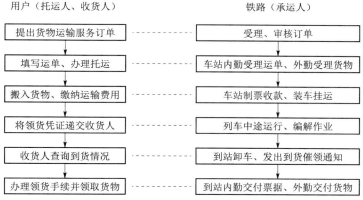

图 5-2　铁路整车货物运输作业的流程

(2) 操作要求。

①受理订单。

a. 托运人向承运人提出的铁路货物运输服务订单（简称"订单"，下同），一式两份。订单主要包括货物运输的时限、发站、到站、托运人、收货人、品名、车种、车数、吨数等以及相关的服务内容。"订单"填写项目必须齐全、正确，字迹清楚，不得涂改，不违反到站营业办理限制，货物名称符合规范，车种及吨位与货物相匹配。

b. 承运人审核订单的填记内容。

c. 审核后，按订单所提要求，计算各项收费并填写报价金额，盖章后交还托运人一份，承运人留存一份并上报铁路相关部门。

d. 接收铁路相关部门批准的货运计划，将批准的号码填记在订单上，当日或次日内将批准的计划通知托运人，未列入计划部分退还托运人。

e. 根据批准的货运计划填写月度运输计划完成情况统计表（简称货统1，下同）。

f. 按规定办理托运人提出的旬要车计划表（简称货统11，下同）。

②编制和执行日要车计划。

a. 根据批准的装车计划、托运人备货情况以及进货验收的货物运单，编制日要车计划。

b. 填制货运工作日况报告附表上报铁路局，办理次日请求车。

c. 接收铁路部门下达的次日承认车，并登记"运货5"，根据承认车，通知货区做好装车准备。

d. 统计和填制当日运货5和货统1。

③受理运单。

a. 审查货物运单（简称运单，含物品清单，下同）填记内容：整车有无批准的计划号；到站名及到站的办理限制，有无停限装令；托运人、收货人名称、地址；货物名称、件数、包装、重量；货物重量、体积、长度是否符合铁路办理条件；技术资料、证明文件；一批的条件；易腐货物运到的期限是否满足；急运物资（抢险救灾物资、农用物资、鲜活物资等）应优先安排。

b. 检查托运人应提出的有关证明文件、委托书以及证明委托的介绍信；在证明文件背面注明托运数量，加盖车站日期章后，退还托运人或按规定留存。

对需要随货同行的证明文件，以及受托运人委托代递的文件、单据，附在运单背面，必要时使用货运票据封套（简称封套，下同）。

c. 确认托运人付款方式。

d. 加盖“计划（受理）专用章”及有关戳记。

托运人向承运人交运货物，应向车站按批提出铁路货物运单（图 5－3）一份。使用冷藏车运输的货物，同一到站，同一收货人可以数批合提出一份货物运单。整车分卸货物，除提出一份基本货物运单外，每一分卸站应另增加分卸货物运单两份（分卸站、收货人各一份）。

铁路货物运单正面

货物指定于　月　日搬入　　××铁路局　　　　领货凭证

承运人/托运人装车
承运人/托运人施封

货位：　　　　　　　　　货 物 运 单　　　　　　　　车种及车号
计划号码或运输号码：　　　　　　　货票第　　号　　货票第　号
运到期限　日　　托运人→发站→到站→收货人　　　运到期限　日

托运人填写						承运人填写				
发站		到站(局)				车种车号		货车标重		
到站所属省(市)自治区						施封号码				
	名称					经　由	铁路货车篷布号码			
托运人	住址		电话				集装箱			
收货人	名称					运价里程	号码			
	住址		电话							
货物名称	件数	包装	货物价格	托运人确定重量/kg		承运人确定重量/kg	计费重量	运价号	运价率	运费
合　计										
托运人记载事项：	保险：					承运人记载事项：				

注：本单不作为收款凭证，托运人签约须知见背面。
规格：350mm×185mm

托运人盖章或签字　年　月　日　　到站交付日期戳　　发站承运日期戳

发站		
到站		
托运人		
收货人		
货物名称	件数	重量
托运人盖章或签字		
发站承运日期		

注：收货人领货须知见背面

图 5－3　铁路货物运单

货物运单格式由两部分组成，左侧为运单，右侧为领货凭证。运单和领货凭证背面分别印有“托运人须知”和“收货人领货须知”。每批货物填写一张货物运单，根据栏目要求分别由托运人和承运人填写，填写内容必须翔实正确，文字规范，字迹清楚，不得使用铅笔或红色墨水。托运人对货物及物品清单各栏填写内容的真实性负责。如填写内容有更改，应在更改处须加盖托运人或承运人印章证明。

一张货物运单上的货物必须是可按一批运输办理的。不能按一批办理的（如易腐货物与非易腐货物；危险货物与非危险货物；根据货物性质，不能混装运输的货物；保价运输货物与非保价运输货物；投保运输险与未投保运输险的货物；运输条件不同的货物），应分别填写托运单。

按一批托运的货物品名过多或托运搬家货物时，货物运单上的“货物名称”栏不够填写时，托运人须同时提出"物品清单"一式三份（一份发站存查、一份随运单交到站、一份退还收货人）。

托运人不得在托运的普通货物中夹带危险、易腐、易溢漏货物和贵重物品、货币、有价证券、重要票据。

托运人货物包装应符合国家包装标准或行业包装标准的规定。不符合包装标准时，应由托运人改善后承运。暂无包装标准的，经托运人要求与承运人在保证运输安全的基础上，可商定包装条件，并签订"试运包装协议"组织试运。对于不符合包装标准的货物，不得签注"免责特约"。

货物有缺陷，经发货站检查认为不致影响运输安全（货物自身安全和其他货物安全）。可在货物运单"托运记载事项"栏内，注明货物状况的具体情况。

托运人托运须凭证明文件运输的货物，应将证明文件与货物运单同时提出，并在货物运单托运人记载事项栏注明文件名称和号码，车站在证明文件背面注明托运数量，并加盖车站日期戳，退还托运人或按规定留发站存查。对办理海关、检疫手续及其他特殊情况的证明文件以及有关该批货物数量、质量、规格的单据可委托承运人代递至到站交给收货人。托运人对委托承运人代递的有关文件或单据，应牢固地附在货物运单上，并在货物运单托运人记载事项栏内记明名称和页数。

须凭证明文件运输的货物，托运人未按规定提出证明文件，承运人应拒绝受理。

托运人应对其提出的证明文件的真实性负责。

承运人对托运人委托代递的证明文件或单据，在代递过程中要注意保管，遇有遗失时，到站应编制遗失记录，予以证明。

整车货物重量由托运人确定。

铁路货物运输保险、保价均采取自愿投保原则，由托运人自行确定。托运人办理保价运输时，须在货物运单"托运人记载事项"栏内注明"保价运输"字样，在"货物价格"栏内注明全批货物的实际价格，在交纳运输费用的同时，交纳货物保价费。铁路承运人根据货物不同把保价费率分为五个基本级，两个特定级。一级为1‰，二级为2‰，三级为3‰，四级为4‰，五级为6‰，特六级为10‰，特七级为15‰。保价费的计算公式为

$$保价费 = 声明的货物实际价格 \times 适用的货物保价率$$

④安排进货。

a. 在运单上填写指定搬入日期。

b. 根据货物性质、包装、状态、品名、数量，合理安排进货货区、货位。

c. 将运单交给托运人，凭运单进货。

⑤验收货物。

a. 按运单上的指定货位安排进货，货物堆码要符合相关标准和防火安全的规定。

b. 检查品名、件数、包装、标记、标志。如托运人对发送货物未检斤的按规定检斤，已检斤的按规定抽查货物重量、体积，并登记"检斤验货登记簿"。

c. 检查加固材料、装置、货车装备物品和篷布绳网是否符合规定。

d. 货物进齐验收后，在运单上填记货位号码、验收日期，加盖验收货运员名章；登记有关台账并通知车站货调。

e. 进行班组、工序间的签证交接。

2. 发送货物保管

（1）操作内容：承运人对发送货物进行保管。

（2）操作要求。

①仓库进出货时按岗位责任开启库门，巡视、阻止非作业人员入库，作业完毕及时锁闭库门。

②保密、涉外、精密、贵重、高档物品建立专簿登记，交接签证。

③对所属责任区的消防器材、电源、火源检查交接，阻止吸烟及违章明火作业。

④对露天存放的怕湿货物，检查堆码、苫盖、铺垫情况。

⑤对交班货物逐批点件，以现货核对登记簿（卡），并在交接班簿办理签认。在交接和巡视中发现问题应及时向领导和有关部门报告并积极妥善处理。

3. 货物装车

（1）操作内容：装车员检查车辆和进行货物装车。

（2）操作要求。

①装（卸）车作业的责任范围。

a. 在车站公共装卸场所（货场）装卸车的货物，一般由承运人负责，其他场所（专用铁路和铁路专用线）装卸车的货，由托运人或收货人负责。

b. 特殊设备、工具或技术物，由托运人或收货人负责。罐运、冻腐货、未装容器活体动物、蜜蜂、鱼苗、一件超过1 t的放射性同位素、需要人力装卸的机械和车辆、气体放射性物品、高端保密物资、特贵重的工艺品、展览品，如托运人或收货人自己负责装卸车时，经承运人同意也可按其要求办理。

c. 专用铁道和专用线上由托运人负责装车的，托运人把装车开始时间和装车结束时间通知车站，如超过规定时间，须交延期费。

②装车前作业。

a. 接车对货位。

向货调报告待装货物的品名、到站、要求车种吨位以及送车顺序，说明重点以及积压货物。

接收下达的配车计划及送车通知。

检查线路安全距离。有作业车时通知装卸班组整理原作业车内货物，撤出人员，停止原有装卸作业，撤除防护信号。

现场会同调车组对货位。

抄录车种车型、车号、标重。

通知装卸派班员派班装车。

b. 装车前的检查。

监装货运员主持车前会，向装卸工组传达货物品名、性质、件数、重量、装载方法（方案）、装车时间要求以及注意事项等；提示装卸工组按规定安设防护信号，带齐工具备品。

需要手推调车对货位的，组织胜任人员进行。

检查车辆的车体、车门、车窗、盖、阀是否能关严，开启是否灵活，插销是否有效，囟盖及锁闭装置是否齐全有效，有无扣修通知、通行限制，清洁状况是否良好；货运员、装卸工组共同清点、检查待装货物。

检查重质散装货物的货车量尺划线情况。

按运单记载核对待装货物。

复查加固材料、装置、货车装备物品和篷布绳网是否符合规定。

填写"货车篷布到达、使用通知单"(铁运篷-5，下同)，领取货车篷布，须施封的，准备好施封锁和加固铁线。

检查篷布质量是否良好、腰边绳是否齐全，核对篷布号码是否正确。

③装车作业。

a. 及时向货调报告装车车号、货物品名、到站以及开始装车作业时间。

b. 按装载加固方案装车的，要边装车边检查，防磨、防火、防湿措施以及加固施封要有效。多车同时作业时，要巡回监装。重点货物按规定会同有关人员监装。

c. 要充分利用货车载重能力，无偏载、超载、集重、超限。

d. 车内货物堆码及加固要符合"装载方案"，票货要相符，无错装；破件不上车。

e. 掌握作业进度，向货调报告实际装完时间。

f. 按规定加固、施封或苫盖货车篷布，插放货车表示牌。

④装车后作业。

a. 装车后检查。

检查装载、加固以及篷布苫盖是否符合要求。

检查车辆门、窗、盖、阀关闭是否妥当，施封是否符合要求。

检查原货位是否漏装，相邻货位是否有异状。若有漏装、异状，应立即停止装车，处理问题。

检查附属作业。

有计量、检测设备的，则检查重量，处理超偏载情况。

进行装载质量签认。

提示装卸工组按规定撤除防护信号。

签证装卸工作单。

b. 剩余货物处理。

当有剩余货物时，要及时整理和清点货位剩余货物，通知托运人处理剩余货物。托运人应在装车次日起3日内处理完剩货，超过3日未处理完的，核收费用。

运单托运人填写栏目更改处由托运人签章证明。货物价格栏更改时，则要求托运人更换运单。

c. 运单处理。

在运单、领货凭证上填记承运人应记载的事项，如车种车号、标重、篷布或施封号码、标记、代号等，需要托运人更改运单内容时，通知托运人更改。

登记货物承运簿(铁运-10)。

登记货运票据移交簿，将运单送交内勤核算制票。

4. 制票和收款

(1) 操作内容：承运人进行货票制作和收款。

(2) 操作要求。

a. 核算制票。

签收运单后,制票员检查填记的有关事项。

根据运单填制货票(计算机制票),经办人签章。

计算装车费及杂费并开具专用收据。

有押运人的,发给押运人须知,并要求托运人在货票甲联上签收。

在运单、货票上加盖车站承运日期戳,并在运单与领货凭证上填记运到期限、货票号码、加盖骑缝章。

将货票丙联、专用收据和领货凭证移交收款核算员。

货票是铁路运输凭证,是一种财务性质的货运票据;也是铁路清算运费、确定运到期限、统计工作量、确定货运进款和运送里程以及计算货运工作指标的依据。

货票的制成意味着运输合同的生效,铁路开始对货物负责任。

货票制作时,必须进行铁路整车货物运输费用计算。

铁路货物运输费用包括车站费用、运行费用、服务费用和额外占用铁路设备等各项费用。铁路货物运输费用由铁路运输企业使用"货票"和"运费杂费收据"核收。计算运输费用的基本依据是《铁路货物运价规则》,其计算公式为

$$运输费用 = 整车货物每吨运价 \times 计费重量 + 其他费用$$

其中 整车货物每吨运价 = 发到基价 + 运行基价 × 运价里程

运价里程按铁路营运里程表中发站至到站的距离确定;从《铁路货物运输品名分类与代码表》(《铁路货物运价规则》附件一)和《铁路货物运输品名检查表》(《铁路货物运价规则》附件三)查出所运物品的适用运价号,从而确定发到基价、运行基价。

依《铁路货物运价规则》附录一、附录二、附录三的规定,分别计算货物的电气化附加费、新路新价均摊运费、建设基金等三项费用。其计算公式为

$$电气化附加费 = 电气化附加费率 \times 计费重量(箱数或轴数) \times 电化里程$$

$$新路新价均摊运费 = 新路均摊运价率 \times 计费重量(箱数或轴数) \times 运价里程$$

$$建设基金 = 建设基金费率 \times 计费重量(箱数或轴数) \times 运价里程$$

其他费用还有京九分流、加价运费,印花税(税率为0.5‰)、货物快运费、装卸费、分卸费、篷布使用费等,按《铁路货物运价规则》的规定核收。

整车电气化附加费率目前为0.012元/(t·km)。建设基金费率一般为0.033元/(t·km),但化肥、粮食、棉花、豆粕、豆饼、黄磷免征,农药、磷矿石减征。

整车货物计费重量以t为单位,1 t以下四舍五入。集装箱是以箱为单位。轻泡货物是指每立方米重量不足300 kg的货物。轻泡货物按300 kg/m³计算计费重量。

【例5-1】 由兰州西站某厂专用线装运40 t货物(家电),用60 t棚车一辆,按整车分卸办理。第一分卸站金昌卸10 t,第二分卸站酒泉卸25 t,最终到达柳园卸5 t,派押运人2名押运,计算运费。

解:兰州西至金昌站运价里程为366 km;兰州西至酒泉站运价里程为737 km;兰州西至柳园站运价里程为1 056 km。

运价里程1 056 km/基金里程 1 056 km/电化里程279 km

发到运费:14.6×60 = 876.06(元)

运行运费:0.072 4×1 056×60 = 4 587.26(元)

电化费：0.012×279×60=200.88（元）

建设基金：0.033×1 056×60=2 090.88（元）

印花税：(876.00+4 587.26+200.88+2 090.88)×0.5‰=3.88（元）

押运人费：3×1 056/100×2=66.0（元）（1 056/100 进整后再计算）

分卸作业：80×2=160.00（元）

合计：7 984.90 元

【例 5-2】 兰州西站发天回镇汽油一车 50 t，用铁路罐车装运，计算发站运杂费。

解：运价里程 1 171/基金里程　1 171/电化里程 1 171 km

发到运费：14.60×50=730.00（元）

运行运费：0.072 4×1 171×50=4 239.02（元）

电化费：0.012×1 171×50=702.60（元）

建设基金：0.033×1 171×50=1 932.15（元）

印花税：(730.00+4 239.02+702.6+1 932.15)×0.5‰=3.80（元）

合计：7 607.57 元

b. 收款。

根据票据记载的金额核收现金，当面点清，款额相符，检验有无假币。

核收转账支票（汇票）确认签发日期是否有效，根据票据记载核对支票（汇票）金额。

按章核收运杂费迟交金。

整理票据，填制票据整理报告。

5. 货物卸车

（1）操作内容：到达站卸货员接车、卸货和卸后车辆作业。

（2）操作要求。

①接车对货位。

a. 接收卸车计划，安排卸车货位。

b. 检查卸车票据（包括记录），确认是否到达本站、本线（区）卸车的货物，避免误卸。

c. 检查线路安全距离。有作业车时，通知装卸班组整理原作业车内货物，撤出人员，停止原有装卸作业，撤除防护信号。

d. 现场接车，会同调车组对准货位，停车位置便于卸车。

e. 通知装卸派班员派班卸车。

②卸车前作业。

a. 根据货位和货物有关尺寸、包装、重量以及其性质和安全的要求等，选择合理的货物堆码方法，堆码方法应符合相关标准。

b. 监卸货运员主持车前会，向装卸工组传达货物品名、性质、件数、重量、堆码方法、卸车时间要求以及注意事项；提示装卸工组按规定安设防护信号，带齐工具备品。

c. 须手推调车对货位的，组织胜任人员进行。

d. 按票据及封套记载核对待卸车的车种、车型、车号、标重，检查货车、货物装载、篷布以及施封状态，核对封印站名号码或篷布号码；发现问题及时通知有关人员会同检查和处理。

e. 检查卸车货位是否清扫干净。

f. 根据卸货需要，组织工作人员准备防湿篷布、铺垫物品以及卸货备品和工具。

③卸车作业。

a. 向货调报告货车送到时间及开始卸车时间。

b. 拆封或撤除货车篷布及加固材料。

c. 边卸车、边检查和指导作业，多车同时作业时，巡回监卸，按照货物运单清点件数，核对标记，检查货物状态。对重点货物要会同有关人员监卸。

d. 作业中发现问题及时处理（必要时，通知收货人到场）。对事故货物采取抢救和保护措施。

e. 掌握作业进度，向货调报告卸完时间。

f. 抽查货物。登记"检斤验收登记簿"，发现问题通知内勤补收费用并按规定通知相关人员。

④卸后作业。

a. 清扫车辆，检查车辆内和线路中有无残留货物，关闭车门、车窗、盖、阀、端侧板，撤除表示牌。

b. 检查货物安全距离，清理线路。

c. 按规定对货车洗刷除污（回送）。

d. 按规定折叠篷布，货车篷布号码与票据记载不符、腰边绳不全或篷布破损时，正确处理；填写"铁运篷－5"，交由工组连同货车篷布送往固定地点；自备篷布及加固材料、装备物品放在货垛旁。

e. 监卸货运员签认装卸工作单。

⑤票据处理与记录编制。

a. 监卸货运员逐批登记卸货簿（卡），在货票丁联记明卸车日期和时间。

b. 登记票据移交簿，将票据送内勤办理交接签证。

c. 当发现货损货差时应编制不带号码的货运（普通）记录。记录编制要及时准确，内容完整，实事求是，参加检查货物的有关人员应签名。

d. 记录、票据和应附材料送货运安全室，并在票据移交簿上办理交接。

6. 货物交付作业

（1）操作内容：到达站发催领通知，货物保管员交付货物。

（2）操作要求。

①催领通知。

a. 到达站应在不迟于货物卸车完毕的次日内发出催领通知，并在货票丁联上标明通知时间和通知方法，使用电话通知的，标明被通知人姓名。从催领通知次日起，2天内搬出，必要时可转仓，满30天仍无人领取货物，按无法交付处理。

b. 对未及时领取的，再次发出催领通知。

②内勤交付（窗口交付）。

a. 收货人提领货物时，货物交付员应查验领货凭证、委托书、证明文件、担保书、个人证件和领取人的居民身份证，确认正当收货人。

b. 货物交付员在货票丁联上记载领取人的身份证号码及姓名；将领货凭证或证明文件粘贴在经收货人签章（签名）的货票丁联背面备查。

c. 收清费用。
d. 对原车有需特价回送运输的物品的，填发"特价运输证明书"。
e. 在运单和货票上加盖交付日期戳和经办人名章，将运单（包括"特价运输证明书"及代递单据）交给收货人，并告知收货人领货地点。
f. 收货人查询，货物来到时，在领货凭证背面加盖车站日期戳证明；货物逾期未到时，按《铁路货物运输管理规则》规定应编制货运记录的，通知安全室编制货运记录交收货人，拍发电报依次从发站顺序查询。
g. 货物逾期到达，按规定支付违约金。
③外勤交付。
a. 根据运单核对卸货簿（卡）。
b. 在卸货簿（卡）上填记货物搬出时间。
c. 逾期搬出时，通知收货人交清费用。
d. 在现场向收货人点交货物和自备篷布、加固材料以及货车装备物品等，与运单（记录）记载相符后在运单上加盖"货物交讫"戳记，将运单、货运记录、《铁路货运事故赔偿指南》一并交给收货人，填发货物搬出证，在搬出证上签注搬出日期，经办人签章。
e. 交付中发生事故，按规定编制不带号码的货运记录，送货运安全室处理，告知收货人与安全室联系。

三、技能训练

1. 训练目标

通过实践训练，能够进行汽车整车货物运输组织、铁路整车货物运输组织，为货物运输企业提供高端技能型人才。

2. 训练准备

（1）分组。每组10人，设下列岗位：托运人1人，库管（兼验货员）岗位1人，定价岗位1人，开单录单岗位1人，运单审核岗位1人，收款（兼开发票）岗位1人，调度岗位1人，现场配载岗位1人，装卸工岗位1人，车辆驾驶员岗位（兼押运员、货物交付员）1人。一次操作完成后，轮流进行，直至所有岗位都能熟练操作。

（2）准备好下列单据。货物托运单、货票、行车路单、派车单、交运物品清单。

3. 训练项目

2018年4月5日，福州安全物流公司接到福州冠捷公司200台箱装显示器运输任务，货物每箱25 kg，目的地天津，双方商定汽车运输，总运费为7 000元，试进行托运单、派车单、行车路单、货票的填写。

4. 训练评价

训练评价的方式有教师评价、小组内部成员评价和第三方评分组成员评价三种。建议教师评价占60%的权重，小组内部成员评价占20%的权重，第三方评分组成员评价占20%的权重，将三者综合得分作为学生在该项目的评价分。训练评价表见表5-4。

表 5-4 训练评价表

考评人		被考评人	
考评地点			
考评内容	整车货物运输组织		
考评标准	具体内容	分值	实际得分
	工作态度	10	
	沟通水平	10	
	托运单完成情况	20	
	派车单完成情况	20	
	行车路单完成情况	20	
	货票完成情况	20	
	合计	100	

注：考评满分为100分，60分以下为不及格，60~69分为及格，70~79分为中，80~89分为良，90分以上为优。

任务三 零担货物运输实务

教学要点

1. 了解零担货物运输作业的流程。
2. 熟悉零担运输作业的内容。
3. 学会操作零担运输的各项作业。
4. 了解零担运输的组织形式。

教学方法

一般采用讲授、情境教学、案例教学和分组讨论等方法。

教学内容

一、汽车零担货物运输作业

（一）汽车零担货物运输作业的流程

汽车零担运输是货主需要运送的货不足一车（通常为 3 t），作为零星货物交运，承运部门将不同货主的货物按同一到站凑整一车后再发运的服务形式。零担运输需要等待凑整车，因而速度慢。为了克服这一缺点，现许多货物运输企业已发展出定路线、定时间的零担班车这种形式。

零担运输的组织形式有以下三种。

（1）直达式零担车：在起运站将不同发货人托运至同一到站、性质适宜配载的各种零担货物，同时装运，一站直达目的地的运输组织形式。

(2) 中转式零担车：指在起运站将不同发货人同一方向不同到站、性质适宜配载的各种零担货物，同时装运至规定的中转站，以便另行配送，继续零担货物运输过程的运输组织形式。

(3) 沿途式零担车：指在起运站将各个发货人托运同一线路、不同到站、性质适宜配装的各种零担货物，同车装运至沿途各计划作业点，卸下或装上零担货物后继续行驶，直至最后终到站的运输组织形式。

零担货物运输过程从货物受理托运开始，到交付收货人为止的生产活动。零担货物运输作业的流程，如图5-4所示。

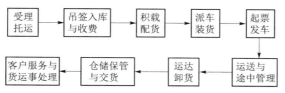

图5-4 零担货物运输作业的流程

零担货物运输受理条件

（二）汽车零担运输作业的各项内容

1. 受理托运

（1）操作内容：托运人填写托运单、运单审核制作员审核制作托运单，验货员验货。

零担运输托运单填写规范

（2）操作要求。

①托运受理是零担货运业务的首要环节。它是指零担货物承运人根据经营范围内的线路、站点、运距、中转车站、各车站的装卸能力、货物的性质以及运输限制等业务规则和有关规定接受托运零担货物、办理托运手续。

a. 随时受理制。对托运日期无具体规定，在营业时间内，发货人均可将货物送到托运站办理托运，为货主提供了方便。

b. 预先申请制。发货人事先向汽车货运站提出申请货物进站，车站再根据各个发货方向及站别的运量，并结合站内设备和作业能力加以平衡，分别指定日期进货集结，组成零担班车。

c. 日历承运制。货运站根据零担货物流量和流向规律编写承运日期表，事先公布，发货人则按规定日期来站办理托运手续。

托运受理操作要求：托运人填写零担货物托运单（表5-5）、货物交接清单（表5-6）、货物标签（图5-5）。填写要求同整车货物运输。

②运单审核制作员审核制作托运单，作业内容如下：

a. 检查运单货物填记：对托运人提出的货物运单逐项检查、填记是否齐全、更改处是否盖章；检查有无托运人签章。

b. 检查到站：检查到站站名填写是否正确；检查是否符合到站营业办理限制，有无停止受理命令；检查到站所属省、自治区、直辖市与收货人地址是否相符；检查是否符合卸车站起重能力。

c. 确认品名：检查货物品名填写是否明确具体，有无一批办理限制及政令限制；检查物品清单的内容是否详细具体；检查货物品名是否属于危险货物。

d. 审查凭证：检查凭证运输的证明文件是否符合规定；检查证明文件是否在货物运单内注明。

表 5-5　××物流公司汽车零担货物托运单

编号：××No.00001

起运站		到达站		经由			全程	km
托运人		地址				电话	邮编	
收货人		地址				电话	邮编	
货物名称及规格	包装形式	体积(长×宽×高)/(cm×cm×cm)	件数	实际质量/t	计费质量/t	计费里程/km	运价率/元·(kg·km)$^{-1}$	运费/元	站务费/元	装车费/元	中转费/元	其他费/元	保险保价费/元	货位
合计			元					运杂费合计			万 千 百 拾 元 角 分
保险、保价金额：											
货物运单签订地				起运日期： 年 月 日				托运人签章 年 月 日			
特约事项				承运人签章 年 月 日				货运站收货人签章 年 月 日			

说明：
1. 托运货物必须按规定包装完好，捆扎牢固。
2. 不得谎报货名，不得在托运货物中夹带危险、禁运等物品。否则，一切损失由托运人负责。
3. 本运单一式五联，第一联托运人存根，第二联托运人存查联，第三联提货联，第四联承运人存查联，第五联随货通行联。

表 5-6　××物流公司汽车零担货物交接清单

No. 00001

车属单位＿＿＿＿＿　车号（自编号）＿＿＿＿＿　驾驶员＿＿＿＿＿（随车理货员）

本次	起运站											
	到达站											
	里程/km											
序号	受理站	中转站	运单号	货票号	托运单位	收货单位	货物名称	货物类别	包装	件数	质量/kg	备注
											实际质量	计费质量	
1													
2													
3													
4													
5													
6													
7													
8													
9													
10													
合　计										件	票		

起运站发货人：　　　　　　　　　　制单：　　　　　年　月　日　　　　到达站收货人：　　　　　　年　月　日

说明：
1. 发运前由起运站仓库货员或发货员制单，按照一站一单，不同到达站不得合用一单的要求，分别逐项填写清楚。
2. 本单一式六联，第一联起运站存查；第二联报核，起运站财务结算核对依据；第三联随车同行，到达站签收后交随车理货员（驾驶员），作为车属单位制作结算汇总单的依据；第四联随车同行，到达站签收后交驾驶员，随行车路单作为车队统计的依据；第五联随车同行，到达站签收后凭以制作站务费用结算汇总单，并报公司运务统一结算；第六联到达站存查。

e. 检查其他内容：检查货物件数、包装重量；检查托运人、收货人的名称、地址、邮政编码、电话号码是否详细、具体、清晰；检查货物外形尺寸填记是否符合零担办理条件；加盖受理日期戳，对个人物品随到随批。

上述检查无误，完成运单所有内容填写，并录入计算机。

××物流公司行李、包裹、零担货物标签

车次	
发站	
到站	
收货人	
运单号	
品名	
总件数	
日期	20　　年　　月　　日

联系电话：××××
公司网址：××××

图 5-5　零担货物标签

③验货员验货，作业内容如下：

a. 复查货物运单：检查"受理"章有无漏盖及指定进站日期和库区等有关戳记；将货物运单的记载内容与进站计划表核对。

b. 检查货物：按照货物运单记载的货物名称、件数与现货核对，并按规定开包检查，普通零担货物中不得夹带危险、禁运、限运和贵重物品；个人物品包装、编号、名称与清单核对；检查有无危险货物，是否符合按一批托运的规定；检查是否符合运输包装规定；检查按包装试运办理的货物是否符合试运协议的包装要求；检查笨重货件上是否标明货物重量、起吊位置，重心点和体积（长×宽×高）。

c. 检查货签标记：检查货签标记的填记是否与货物运单相符，拴挂、粘贴是否牢固齐全；检查与货物性质无关的旧标签、旧标记、旧标志是否撤除。

2. 吊签入库与收费

（1）操作内容：司磅员验货过磅，填写货物标签；吊签入库人员安排货物搬运入库；定价员确定货物运价；收款（兼开发票）员填写零担货物运输货票，收取运杂费。

（2）操作要求。

①司磅员过磅量方，填写货物标签，具体作业内容如下：

a. 确定货物重量，按规定检查衡器，对货物进行过磅量方，过磅量方后的重量、体积填记在运单适当栏内，加盖经办人的图章。货物重量分实际重量、计费重量和标定重量。

b. 对托运人确定重量的货物，发现不符按规定纠正处理。

c. 按一批办理、分项填记的货物应分项过磅量方。

d. 按运单号给每一项货物填写货物标签、标志。

②吊签入库人员扣、贴标签，具体作业要求如下：

a. 扣、贴标签、标记：各种标签、标记的拴挂、粘贴符合要求，无错漏。

零担货物货签应使用坚韧的材质制作，货签内容、规格必须符合统一的格式。每件货物使用两枚货签，分别粘贴、钉固于包装的两端。不宜粘贴或钉固时可使用拴挂方法。

为确保货物运输安全，针对货物性质的不同，货件应有不同要求的图式标志，标志图形必须符合《包装储运图示标志》（GB/T 191—2008）的规定。另外，危险零担货物还须使用危险货物包装标志。

验收入库作业

货件上原有的与本批货物无关的旧货签、旧标志，应要求托运人将其撤除或抹消。

b. 组织货物入库：首先，将接收后的货物按到站或中转范围送入指定货位，堆码时要标签向外，箭头向上，同一票货物要在同一库位；其次，检查验收后的货物是否全部进入货位；接着在货物运单上填写货位号，验收日期并签章；最后，签证装卸工作单。

零担货物仓库应严格划分货位，一般可为待运货位、急运货位、中转货位、到达待交货位。各个货位应标明发运方向或到达方向，以方便装货和客户提货。零担货物仓库要有良好的通风、防潮、防火和灯光设备，注意保持仓库整洁。露天堆放货物要有安全防护措施，要下垫上盖。注意把好仓库保管关，有效地杜绝货损、货差。

③定价员确定运价，收款（兼开发票）员填写零担货物运输货票（表5-7），收取运杂费。将货票连同整理后的有关票据交付托运人。

表5-7 公路汽车零担货物货票

运输号：
托运单号：　　　　　　　　　　　年　　月　　日

起运站				到达站				运距/km				
托运人				电话			收货人			电话		
货物名称	包装	件数	实际重量/kg	计费重量/kg	计费里程/km	类别	费率	计费项目	金额				
									万	千	百	元	角	分
								运费					
								站务费					
								装车费					
								中转费					
								仓理费					
								过路费					
								单证费					
								其他费					
合计金额（大写）			万　千　百　拾　元　角　分										
备注								收货人签章　年　月　日					

收款单位：　　　　　　　　　　复核：　　　　　　　　　　制票人：

注：1. 零担货票以一次托运为一票，起票时主要依据运单签收内容。
　　2. 本单一式五联，第一联受理站存查；第二联交托运人报销代收据；第三联上报审核；第四联交托运人作为提货凭证；第五联交随车理货员（驾驶员）随货同行，交到达站（中转站）核对，终点站存查。

汽车零担货物运输费用由运价和杂费组成。运价按不同运输货物分别计价,并可按规定实行加、减得出运价。汽车零担货物运输的杂费项目,主要有包装费、标签费、保管费、装卸费、中转包干费、保价费、快件费等,按《汽车运价规则》办理。汽车零担货物运费计算公式为

$$零担货物运费 = 计费重量 \times 计费里程 \times 零担货物运价 + 货物运输其他费用$$

零担货物运输以 kg 为单位,按实际重量(含货物本身包装、衬垫及运输需要的附属物品)计算,以过磅为准。起码计费重量为 1 kg。重量在 1 kg 以上,尾数不足 1 kg 的,四舍五入。零担运输轻泡货物以货物包装最长、最宽、最高部位尺寸计算体积,按每立方米折合 333 kg 计算重量。

汽车货物运输计费里程以 km 为单位,不足 1 km 的,四舍五入。计费里程以省、自治区、直辖市交通主管部门核定的营运里程为准,未经核定的里程,由承运、托运双方商定。

同一运输区间有两条以上营运路线可供行驶时,应按最短的路线为计费里程;如因自然灾害、货物性质、道路阻塞、交通管理需要绕道行驶时,应以实际行驶里程为计费里程;拼装分卸从第一装货地点起至最后一个卸货点止的载重里程计算。

货物发运——货物拣选

运费以元为单位,运费尾数不足 1 元时,四舍五入。

3. 配载装车

(1) 操作内容:调度员安排运输车辆;配货员配货;装车员检查车辆、装货上车、填写交运物品清单。

(2) 操作要求。

调度员根据货物性质、数量、体积以及车辆目前技术状况、待命状态等情况安排运输车辆。

车辆配载原则

配货员根据车辆核定吨位、车厢容积情况,把同一去向、性质相宜的货物集中在一起,放在待运货位等待装运,同时填写零担货物交接清单。配货员要整理各种随货同行单据,包括提货联、随货联、托运单、零担货票以及其他附送单据,按中转、直达理开。在组织中转时应考虑发运到中转次数最少的中转站进行中转,不得任意中转,更不得迂回中转。凡中转货物不得分批运送。急运的要优先安排配装。

装车员检查车辆、装货上车,具体作业内容如下:

①装车前工作:检查货物体积,清点件数;检查车门、车体状态(包括透光检查),车辆标记,以及有无通行限制和扣修通知;检查车内是否清洁,有无恶臭、刺激异味和毒害品标志以及回送洗刷标志;检查车体内部是否存在非车辆结构的突出物和残留货物。

合格标准:车门、门鼻、门扣(或搭扣)、插销完整灵活,车内清扫干净无异味;货物无异状,票货相符。

②装车:要充分利用车辆容积和车辆载重量,不许超载、超长、超宽和超高;要先装远的,后装近的;大的、重的、包装结实的放下层;车辆受力均匀,不得偏载集重,对偏载集重货物要垫一定厚度的木板或钢板,要让其重心尽可能居中;要按照货物包装储运标志进行堆码,不许加堆、倒置;货垛堆码稳固,不得脱落,不得倒塌,不得损坏,不得污染;要票

货相符分批码放，不得混批串件、错装、漏装。

③装车后工作：检查作业范围内有无遗漏货物；按规定施封或检查篷布苫盖情况、货车的门窗关闭情况；检查是否还有未完成的其他作业；在交运物品清单、装卸工作单上签字；填写装车异常台账。

货物到达——入站扫描

4. 运达卸货

（1）操作内容：驾驶员与到达站货物管理员交接货物；卸货员卸货。

（2）操作要求。车辆到达时，驾驶员与到达站货物管理员一起清点货物并在零担货物交接清单上签收。到达站组织卸货员卸货，具体作业内容如下：

①到达站货物管理员接车：向货运调度室报告货区情况和货车到达情况；检查到达票据和装载清单记载项目；制订卸车计划，安排卸车货位；上岗接车，检查货物安全距离，车辆最好对准库门、货位；确认并抄录车种、车号。

②到达站货物管理员卸前工作：检查票据记载的车号与现车是否一致；检查车体门窗、施封、装载以及篷布苫盖状态是否良好；清扫货位；对重点货物提出安全和注意事项。

③卸货员卸车工作：根据交运物品清单，逐批检查清点核对，并在交运物品清单上注明货位号码，卸下货物堆码要符合标准，货位使用合理，及时修补包装；通知货物交付人员共同检查货物情况；清点整理散包破件货物，必要时对其进行检斤处理；对附有记录的货物，核对记录内容与货物现状是否相符。

④卸货员卸后工作：清扫车厢，车内应无残留货物；关闭货车门窗、两端侧板；检查附属作业是否完成；检查货物是否送入指定货位；与驾驶员或随车理货员办理交接手续，在交运物品清单上签收。对于有问题的货物（如短少、损坏、有货无票等），应在交运物品清单上签注并做出商务事故记录；在装卸工作单上填写卸货记录，并签字。

5. 仓储保管与交货

（1）操作内容：货物交付员对货物的保管、催提、验货、交货。

（2）操作要求。货物交付员的主要工作是保管货物、通知收货人提货、与收货人一起进行验货和交货。具体作业内容如下：

①到货催领：在完成卸车任务时，货物交付员就应用电话或其他方法向收货人员发出到货通知，并在货票上标准通知时间和方法；如遇联系方式不详时，可与发货站联系；对逾期未领的货物，主动查询，再次催领；对收货人拒领货物的情况，要在规定时间内联系发货站转告托运人提出处理意见。

②货物交付：货物管理员查验领货凭证（提货单），确认正确收货人；确认收货人名称及领货人证件（身份证或单位介绍信）正确；遇有未到货物，在领货凭证上加盖车站日期戳记，记录未到货物名称、件数；经查超过运到期限 15 天货物未到，应编制货运记录，移交货运安全室处理；复查货物品名、件数、重量以及有无应收未收费用，如有不符，通知收货人办理补交运杂费手续。需要填写特价运输证明书的，根据货物运单填写后，加盖车站日期戳交收货人；在货物运单上加盖车站交付日期戳及有关收费戳记，将货物运单以及随货同行的单据交付收货人；搬运货物出库；向收货人当面点交货物，并在货物运单上签注交付日期，加盖货物交讫戳记，并请收货人在收货人签字栏内签上名字；交付时如发现问题，按事

先预定的商务事故方案处理。

③货物保管：对于到达货物存在收货人没有及时提货的情况，必须进行仓库货物保管。保管作业内容：每日上下班前对仓库货物进行盘点，整理货位，核对存货，整修包装，清扫库区，统计到达、交付、库存的货物量，并做好计算机台账与手工台账，须做到台账与实物相符；对交班货物和卸入货位的货物进行对口交接，清点签证；巡视货位，禁止非工作人员擅自入库，无作业时锁闭库门；对保密、涉外、精密、贵重、高档商品专簿登记，专区保管，专人负责，交接签证；对本货区、库的消防器材、电源进行交接检查。制止货区内吸烟，消除火灾隐患，制止货区内存放私人物品；检查交接怕湿货物的堆码、苫盖、铺垫情况，发现问题及时处理；掌握货区、货位的货物动态，发现逾期未领的货物及时通知催领。超过规定期限无人领取的货物编制货运记录并向货运安全室移交。

货物保管质量要求：货物无丢失、损坏现象；库区无火灾隐患，库区无闲杂人员，库区清洁干净、货物保管妥善、各类资料统计正确，若发现账、物不相符，应及时上报并查明原因。

④收款对账：收款员向客户收取未收的运杂费，与司机和始发站对账。

⑤单证录入与寄送：单证员把收货人信息和收款信息在第一时间录入系统，把当天的签收单寄回始发站。

6. 客户服务与商务事故处理

（1）操作内容：客户服务人员进行在途车辆跟踪、重点客户跟踪、邮件反馈、客户结返款、外车结运费、货物查询、商务事故处理等。

（2）操作要求：同整车运输客户服务与商务事故处理，此处不再赘述。

7. 零担货物中转

（1）操作内容：装卸人员卸货、装货；配货人员按货物流向或到站配货。

（2）操作要求：中转作业主要是将来自各个方向的仍需继续运输的零担货物卸车后按货物流向或到站进行重新集结待运，继续运至终点站。

零担货物的中转作业一般有以下三种方法：

①全部落地中转（落地法）。将到达的零担车上的货物由卸货人员全部卸下交中转站入库，由中转站配货人员按货物的不同方向、到站重新集结，另行安排零担货车分别装运，继续运到目的地。这种方法的特点是简便易行，车辆载重量和容积利用较好，但装卸作业量大，仓库和场地的占用面积大，中转时间长。

②部分落地中转（坐车法）。配货人员对到达车辆上的零担货物事先进行安排，将运往前面同一到站且中转数量较多或卸车困难的那部分核心货物留在车上，让装卸货人员将其余货物卸下后再加装一同到站的其他零担货物，继续运送到目的地。这种方法部分货物不用卸车，减少了作业量，加快了中转作业速度，节约了装卸劳力和货位，但对留在车上的货物的装载情况和数量不易检查清点。

③直接换装中转（过车法）。企业事先对到达的零担车辆进行安排，让几辆零担车同时到站进行中转作业时，配货人员与装卸人员一起作业，将车内部分中转零担货物由一辆车向另一辆车直接换装，而不必到仓库货位上卸货。组织过车时，既可以向空车上过，也可向留有核心货物的重车上过。这种方法在完成卸车作业时即完成了装车作业，提高了作业效率，

加快了中转速度,但对到、发车辆的时间衔接等条件要求较高,容易受意外因素干扰而影响运输计划。

零担货物的中转装车完毕,配货员同样要填写零担货物交接清单,整理各种随货同行单据,包括提货联、随货联、托运单、零担货票以及其他附送单据。

零担货物的中转还涉及中转环节的理货、堆码、保管等作业,零担货物中转站必须配备相应的仓库等作业条件,确保货物安全、及时、准确地到达目的地。

(三)汽车零担货物运输线路的组织

零担车辆行驶路线由调度人员负责安排。

1. 汽车零担运输车辆行驶路线

汽车零担运输车辆行驶路线主要是汇集式路线。汇集式路线是指按单程进行货运生产组织的车辆行驶路线。车辆由起点出发,在货运任务规定的各点依次进行装(卸),并且每次的装(卸)量都小于一车,车辆完成各货运点运输任务以后,最终回到原出发点。因此,一般情况下汇集式路线为封闭路线。车辆可能沿一条环形路线运行,也可能在一条直线上往返运行。

(1)汇集式运输可分三种形式:

①分送式:车辆沿运行路线上各货运点依次进行卸货;

②收集式:车辆沿运行路线上各货运点依次进行装货;

③分送—收集式:车辆沿运行路线上各货运点分别或同时进行分送及收集货物。

(2)汇集式路线的运行指标计算如下:

①货运量 Q,即

$$Q = \sum_{i=1}^{n} Q_i$$

式中　Q_i——第 i 点的货运量(t)。

②周转量 P,即

$$P = \sum_{i=1}^{n} P_i$$

式中　P_i——第 i 点货物的周转量(t·km)。

2. 汽车零担运输车辆行驶路线选择的准则

当车辆按汇集式路线进行运输工作时,其每周转货物周转量的大小与车辆沿路线上各货运点的绕行次序有关。若绕行次序不同,即使完成同样的货运任务,其周转量也不相同。因此,应以每单程(或周转)总行程最短为最佳。当总行程一样时,以载重行程最短或周转量最少为最佳。

求解方法:利用运筹学中的货郎担问题解决方法,采用启发式算法进行近似求解。

现以分送式路线选择为例,其计算程序如图 5-6 所示。

【例 5-3】 某仓库 K 拟采用一辆中型载货汽车($Q = 4$ t),将瓶装氧气分送给 B_1、B_2、B_3、B_4 四个货运点,有关数据如图 5-7 所示。试确定分送式最佳行驶路线。

解:(1)确定里程矩阵,求各货运点里程系数。

根据图 5-6 分送点的交通图,确定里程矩阵见表 5-8。并求出各点的里程系数 L_j。

将 L_j 计算结果填入表 5-8 的最后一行。

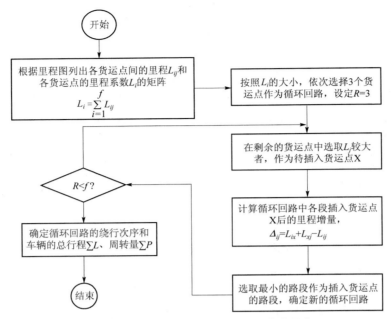

图 5-6 启发式算法选择车辆绕行次序程序

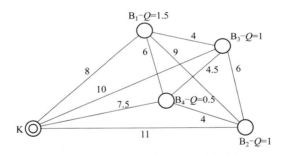

图 5-7 仓库 K 分送式路线货运点分布图

表 5-8 里程矩阵

B_i \ B_j \ i \ j	B_0（K）	B_1	B_2	B_3	B_4
		0	1	2	3	4
B_0（K）	0	0	8	11	10	7.5
B_1	1	8	0	9	4	6
B_2	2	11	9	0	6	4
B_3	3	10	4	6	0	4.5
B_4	4	7.5	6	4	4.5	0
合计	L_j	36.5	27	30	24.5	22

（2）确定初选循环回路。按 L_j 值由大到小，依次选取三个货运点（B_0，B_2，B_1）组成初选循环回路 $B_0 \rightarrow B_2 \rightarrow B_1 \rightarrow B_0$，其货运点 $R=3$。

（3）确定插入货运点。在剩余的货运点中选取 L_j 较大者 B_3（$L_3 = 24.5$）为待插入货运点，即 $x = 3$。

（4）计算各路插入货运点 X 后的里程增量 Δ_{ij}：

$\Delta_{0,2} = L_{0,3} + L_{3,2} - L_{0,2} = 10 + 6 - 11 = 5$

$\Delta_{2,1} = L_{2,3} + L_{3,1} - L_{2,1} = 6 + 4 - 9 = 1$

$\Delta_{1,0} = L_{3,1} + L_{3,0} - L_{1,0} = 4 + 10 - 8 = 6$

（5）确定插入位置，组织新回路。选取 Δ_{ij} 最小的路段作为插入货运点的路段。因为 $\Delta_{2,1} = 1$ 是三个路段的最小值，故选取 B_2—B_1 路段为点 X 的插入位置，组成如下新回路：

$B_0 \rightarrow B_2 \rightarrow B_3 \rightarrow B_1 \rightarrow B_0$

因为现有循环回路的货运点数为 4，$R < f$，所以须返回步骤（2）继续选定下一个货运点，直至所有货运点全都进入循环回路。本例题得到的最终循环回路如下（过程略）：

$B_0 \rightarrow B_4 \rightarrow B_2 \rightarrow B_3 \rightarrow B_1 \rightarrow B_0$

按照该循环回路的绕行次序，车辆的总行程：

$\Sigma L = 7.5 + 4 + 6 + 4 + 8 = 29.5$（km）

车辆的总周转量为：

$\Sigma P = 4 \times 7.5 + 3.5 \times 4 + 2.5 \times 6 + 1.5 \times 4 = 65$（t·km）

因为反向绕行 $B_0 \rightarrow B_1 \rightarrow B_3 \rightarrow B_2 \rightarrow B_4 \rightarrow B_0$，车辆的总行程为 29.5 km，因此必须计算反向绕行车辆的总周转量：

$\Sigma P = 4 \times 8 + 2.5 \times 4 + 1.5 \times 6 + 0.5 \times 4 = 53$（t·km）

在完成相同的工作中，按 $B_0 \rightarrow B_1 \rightarrow B_3 \rightarrow B_2 \rightarrow B_4 \rightarrow B_0$ 次序绕行总周转量较少，应为最佳行驶路线。

二、铁路零担货物运输作业

（一）铁路零担货物运输作业的特点

1. 办理铁路零担货物运输的条件

凡不够整车运输条件的货物，可按零担货物托运。零担货物一件体积不得小于 0.02 m^3。但一件重量在 10 kg 以上时，则不受此最小体积限制。零担货物每批件数不得超过 300 件。

个人托运物品按《个人物品运输办法》的规定办理。个人托运物品中禁止夹带金银珠宝、文物字画与贵重物品、有价证券、货币凭证和危险货物。

个人托运的物品除按规定拴挂货签、涂写与货签相同的标记外，还须在有包装的件内放入写有与货物运单记载一致的到站、收货人名称地址的字条。

2. 铁路零担车分类

装运零担货物可组织整装零担车（简称整零车）或沿途零担车（简称沿零车）。

整零车分为直达整零车和中转整零车。

（1）直达整零车：所装货物全部直接到达货物的到站，包括一站直达整零车和同一最短径路上两个或三个到站的直达整零车。

（2）中转整零车：装有需经中转站中转的货物，包括一站中转整零车和同一最短径路上两个或三个到站的中转整零车。

沿途零担车是用以装运该沿途零担件运行区段上各站相互运送的零担货物的铁路货车，

可以分为以下两种。

（1）直通沿途零担车：通过几个沿途零担车运行区段不进行零担货物的中转（换装）作业，但需要在途中经过几次列车改编的长距离沿途零担车。

（2）区段沿途零担车：在两个技术站之间运行的短距离沿途零担车。

3. 铁路零担货物运输作业的流程

铁路零担货物运输作业的流程与铁路整车运输相同，此处不再叙述。

（二）铁路零担货物运输作业的各项内容

1. 托运

（1）操作内容：托运人填写托运单，托运货物。

（2）操作要求。托运人在办理零担、集装箱、班列货物运输时，将填写好的零担、集装箱、班列服务订单一式两份，提报给装车站，车站随时受理并根据货场能力、运力，安排班列开行日期和在订单上加盖车站日期戳，交与托运人一份，留存一份。铁路部门据此安排运输，并通知托运人将货物搬入仓库或集装箱内。

如一批托运的货物品名过多，不能在运单内逐一填记或托运搬家货物以及同一包装内有两种以上的货物时，须提出物品清单（一式三份）。

托运人托运零担货物，应在每件货物上标明清晰、明显的标记（货签）。标记应用坚韧材料制作。在每件货物两端各粘贴或钉固一个，包装不适宜粘贴或钉固时，可使用拴挂的办法。不适宜用纸制标记的货物，应使用油漆在货件上书写标记或用金属、木质、布、塑料板等材料制成的标记。

托运行李、搬家货物除使用布质、木质、金属等坚韧材料的货签或书写标记外，还应在货物包装内部放置标记（货签）。

托运人应根据货物性质，按照国家标准，在货物包装上做好包装储运图示标志。货件上与本批货物无关的运输标记和包装储运图示标志，托运人必须撤除或抹消。

2. 受理和承运

（1）操作内容：承运人审核托运单，计算运费，接受承运。

（2）操作要求。承运人运单审核员审核运单，主要内容有：

①对营业办理限制（包括临时停限装）、起重能力进行审查。

②检查运单填写是否清晰，托运人更改的地方是否有更改图章。

③逐项检查运单填写的是否完整。

④检查运单填写的是否详细，有无省略的内容。

⑤检查是否应该有相关证明文件，证明文件是否齐备有效。

零担货物运价是铁路对按零担运送的货物所规定的运价，由按货种别的每 10 kg 的发到基价和每 10 kg 每千米的运行基价组成。

$$运输费用 = 零担货物每 10 \text{ kg} 运价 \times 计费重量 \div 10 + 其他费用$$

其中　零担货物每 10 kg 运价 = 发到基价 + 运行基价 × 运价里程

零担货物每批的起码运费，发到基价为 1.60 元，运行基价为 0.40 元。

运价里程按铁路营运里程表中发站至到站的距离确定；从《铁路货物运输品名分类与代码表》（《铁路货物运价规则》附件一）和《铁路货物运输品名检查表》（《铁路货物运价规则》附件三）查出所运物品的适用运价号，从而确定发到基价、运行基价。

依《铁路货物运价规则》附录一、附录二、附录三的规定,分别计算货物的电气化附加费、新路新价均摊运费、建设基金等三项费用。

电气化附加费 = 电气化附加费率×计费重量(箱数或轴数)×电化里程

新路新价均摊运费 = 新路均摊运价率×计费重量(箱数或轴数)×运价里程。

建设基金 = 建设基金费率×计费重量(箱数或轴数)×运价里程

其他费用还有京九分流、加价运费,印花税、中转作业费、货物快运费、装卸费、分卸费、篷布使用费等,按《铁路货物运价规则》的规定核收。

零担货物电气化附加费率目前为 0.000 12 元/10(kg·km)。建设基金费率一般为 0.000 33 元/10(kg·km),但化肥、粮食、棉花、豆粕、豆饼、黄磷免征,农药、磷矿石减征。

零担货物计费重量的规定:零担货物的计费重量以 10 kg 为单位,不足 10 kg 的,按 10 kg 计算。

具体分三种情况计算重量:

第一种,按规定计费重量计费;

第二种,按货物重量计费;

第三种,按货物重量和折合重量择大计费。

为保持零担货物运价与整车货物运价之间合理的比价关系,避免货物运输中发生运费倒挂、化整为零的现象,除前述两项特殊规定外,凡不足 300 kg/m³ 的轻浮零担货物均按其体积折合重量与货物重量择大确定计费重量。

$$折合重量(kg) = 300 \times 立方米体积$$

货物长、宽、高的计算单位为 m,小数点后取两位小数(四舍五入)。体积的计算单位为 m³,保留两位小数,第三位小数四舍五入。

【例 5-4】 某站发送一批零担货物,重量为 225 kg,体积为 0.82 m³,在确定计费重量时,其折合重量 = 300×0.82 = 246(kg)。因此,计费重量应为 250 kg。

【例 5-5】 广安门发包头车站灯管 4 件,重 46 kg,货物每件长 1 m,宽 0.35 m,高 0.16 m,试计算运费。

解:从广安门发包头车 798 km,全程电气化。查货物检查表,灯管的运价号为 24 号。再查运价率表,运价号为 24 号,发到基价为 0.15 元/10 kg,运行基价为 0.000 631 元/10(kg·km)。

体积:4×1×0.35×0.16 = 0.22(m³)

折合重量:300×0.20 = 60(kg)

计费重量:60 kg

发到运费:0.15×60/10 = 0.9(元),低于起码运费,按 1.60 元计。

运行运费:0.000 631×798×60/10 = 3.02(元)

电化费:0.000 12×798×60/10 = 0.57(元)

建设基金:0.000 33×798×60/10 = 1.58(元)

印花税:(1.60 + 3.02 + 0.57 + 1.58)×0.5‰ = 0.3(元)

因此,该批货物运费:

1.60 + 3.02 + 5.74 + 1.58 + 0.03 = 11.97(元)≈ 12.0(元)。

【例 5-6】 某托运人从包头站发石家庄站（1 091 km）双轮及三轮摩托车各两辆，每辆重分别为 116 kg 和 166 kg，按一批托运，分项填记重量，试计算其运费。

解：按一批托运，分项填记重量，应分项计算，但该批货物中两种货物的运价率相同，都是运价号为 24 号，发到基价为 0.15 元/10 kg，运行基价为 0.000 631 元/10（kg·km），先合并重量。摩托车为按规定计费重量计费的货物，双轮 750 kg/辆、三轮摩托车 1 500 kg/辆。该批货物的计费重量为：2×（750+1 500）=4 500（kg）

发到运费：0.15×4 500/10 = 67.50（元）

运行运费：0.000 631×1 091×4 500/10 = 309.79（元）

电化费：0.000 12×1 091×4 500/10 = 58.91（元）

建设基金：0.000 33×1 091×4 500/10 = 162.01（元）

印花税：(67.50 + 309.79 + 58.91 + 162.01)×0.5‰ = 0.30（元）

因此，该批货物运费：

67.50 + 309.79 + 58.91 + 162.01 + 0.30 = 598.5（元）。

运价率不同的零担货物在一个包装内或按总重量托运时，按该批或该项货物中运价率高的计费。

【例 5-7】 某托运人从西安西站发锦州站暖水瓶 5 件，搪瓷杯 10 件，共重 364 kg，总体积 1.2m³，计算运费。

解：从西安西站发送锦州站 1 698 km。查货物检查表，暖水瓶运价号为 22，搪瓷杯为 21，因而选择 22。再查运价率表，运价号为 22 号，发到基价为 0.104 元/10 kg，运行基价为 0.000 438 元/10（kg·km）。

体积为 1.20（m³）

折合重量 = 300×1.20 = 360（kg）

计费重量 = 370 kg

该批货物的运费计算过程同上，此处不再叙述。

铁路车站应有计划的受理零担货物。有组织整零车条件的车站，应编制承运日期表，据以受理运单，组织进货；或者预先受理运单，根据承运日期表指定日期组织进货。

沿零货物应随时承运，或根据沿零车运行情况指定承运日期。

编制承运日期表的原则：最大限度地组织直达整零车运输，消除不合理中转；充分利用货场能力，组织均衡运输；便利托运人，组织货物及时运输。

承运日期表对同一中转范围或同一到站货物的最大承运间隔期间，普通零担货物不得超过 7 天；笨重零担货物和危险零担货物以及普通零担货物组织超越前方中转站的中转整零车时，均不得超过 10 天。组织超越前方中转站的直达整零车时，承运间隔期间可适当延长，但最长不得超过 15 天。

铁路局和分局对零担货物所需的月度计划和请求车，应合理安排，及时调配。经过限制口运输的货物，要满足零担货物运输的需要。中转站零担货物增加使用车不受日计划限制。

零担运输的货物，由发站接收完毕，发站在货物运单上加盖车站日期戳时，即为承运。

3. 装运

(1) 操作内容：承运人组织零担车，装载货物。

(2) 操作要求。车站根据《全路零担车组织计划》的规定，按下列顺序组织整零车：

直达整零车；组织至货物到站后方最近中转站的中转整零车；组织超越前方最近中转站的中转整零车。

车站装运零担货物时，必须符合《全路零担车组织计划》的规定。

已纳入《全路零担车组织计划》的车站，按规定的范围组织装运。对未规定的到站或中转范围，可将货物装至前方最近中转站中转。

未纳入《全路零担车组织计划》的车站，有条件时应组织超越前方中转站的直达或中转整零车，无条件时可将货物装至前方最近中转站中转。

组织超越前方中转站的中转整零车时，应比照该中转站的装运范围组织装运，如该中转站的装运范围不包括所装货物的中转范围时，应依次向其前方的中转站比照。

中转组织站本站发送的货物，对其未规定的中转范围，比照本站中转货物的中转范围组织装运。

始发站对某一中转站的自然中转范围，均比照前方最近中转站对该中转站的自然中转范围办理。

车站组织整零车时应遵守下列条件：

①一站整零车，所装货物不得少于货车标记载重量（简称标重）的50%或容积的90%。

②两站整零车，第一到站的货物不得少于货车标重的20%或容积的30%；第二到站的货物不得少于货车标重的40%或容积的60%。两个到站必须在同一最短径路上，且距离不得超过250 km。但符合下列条件之一时，可不受距离限制：

a. 第二到站货物的重量达到货车标重的50%或容积的70%；
b. 两个到站为相邻的中转站；
c. 第一到站是中转站，装至第二到站的货物符合第一到站的自然中转范围。

（3）三站整零车，危零、笨零货物不够条件组织一站或两站整零车时，可组织同一最短径路上三个到站的整零车，但第一与第三到站间的距离不得超过500 km。

零担货物始发站在同一日内、中转站在同一次作业中，均不得向同一卸车站组织两辆以上的两站或三站整零车（由于货物性质不能配装一车时除外）。

一站中转整零车，对到达同一到站或同一中转站（包括全路辅助中转站）重量5 t以上的货物必须全部组织"核心"。

同一车内有数组货物够"核心"条件时，始发站必须选择重量最多的一组货物作为"核心"，中转站可任选一组。

中转站利用装有"核心"货物的整零车时：可以加装"核心"到站的货物；可以加装"核心"同一中转站（包括全路辅助中转站）到达或中转的货物；可以加装"核心"到站后方最近中转站到达或中转的货物（"核心"到站为中转站和全路辅助中转站时除外）；但此时，"核心"货物装车站对"核心"货物只负责至其到站的后方最近中转站。

如未利用装有"核心"货物的整零车，第一卸车站应对"核心"货物负责。

车站对到达同一到站或同一中转站两辆以上的两三站整零车可以组织合并。如被合并的货物不符合该合并站装至第二（或第三）到站的中转范围时，只要在"货车装载清单"记事栏内注明"合并货物"字样，即可认为合理中转。

零担易腐货物以两三站整零车装运时，只准配装至第一到站，不得经由中转站（包括全路辅助中转站）中转。

两三站整零车的第一或第二到站办理危险货物的发送、到达或中转时，方可将危险货物配装至第二（或第三）到站。

整零车装载时，装车站要为卸车站创造方便条件，同时还应做到：货物装载紧密、稳固；棚车装运的货物不堵门，到中间站的重件货物不上高；按批装车，按卸车站顺码放，不混批，不压站；货签、标志齐全，破件、散捆不上车。

配装中转整零车时，应将卸车站到达和中转的货物分开装载，中转货物应装在货车的两端或下部。

以棚车装运的两站整零车，第二到站的货物应装在货车两端码成梯形；装运三站整零车须从车内两端开始，按第三、第二和第一到站的顺序装车。以敞车装运的两三站整零车，除应按到站顺序装载外，还须考虑分卸站卸后无货加装也能保证车内货物稳定、均衡。

两（三）站整零车的第一（二）到站卸车后要对车内货物进行检查和整理，防止倒塌。加装货物时应遵守下列规定：

①加装货物不得妨碍分卸站的卸车作业；
②加装中转货物时要符合《全路零担车组织计划》规定的中转范围；
③对《全路零担车组织计划》规定直达到站的货物，不得加装至中转站中转；
④不得增加新到站。

整零车的货车装载清单（格式一）应按以下规定填制：对每一卸车站的货物分别填制一式两份，一份存查，一份随同运输票据递交卸车站；装有"核心"货物的整零车，其"核心"与非"核心"货物的货车装载清单须分页单独填制，"核心"货物应单独填制一式三份，并在记事栏内注明"××站核心货物"，一份存查，两份同运输票据递交卸车的中转站，卸车的中转站利用时，一份存查，一份递交卸车站。分卸站加装货物时，按第一项规定另行填制装载清单。

沿零货物运输实行固定运行线、固定沿零车数、固定编挂位置、固定接车线路的运输办法。装入沿零车内一件货物的最大重量由铁路部门确定。跨区域沿零车的挂运和交接工作，以及一件货物的最大重量，由有关铁路部门商定。沿零货物的货车装载清单应填制一式两份，凭以交接和签证。交接时应按批检查货物件数和现状。

4. 中转作业

（1）操作内容：承运人组织零担货物中转。

（2）操作要求。零担货物中转站要根据零担货物的流量、流向以及中转货物的货源情况，按照"先直达、后中转"和"能装一站、不装两站"等配装原则，采取坐车、过车、落地等方法，组织好零担货物的中转作业。

零担中转站中转计划货运员，应根据零担货物的配装原则及有关规定，统一组织好中转作业，不断提高使用车的装载量、整零直达比重、一站整零比重和零担货物的安全质量，保持中转站台的畅通。

零担中转站对其中转的每批零担货物，均应于卸车的当日在货物运单上加装卸车日期戳记，以考核中转零担货物的积压情况。

为搞好零担货物中转作业，零担中转站应建立以下管理制度：取送车作业制度；零担车计划配装制度；中转零担货物及其票据的交接、保管制度；货物堆码制度；货区、货位分工制度；货区、货位、货车的清扫制度；安全检查和质量验收制度；中转零担货物的统计分析制度；各工种岗位责任制度。

5. 货物的到达交付

（1）操作内容：承运人通知到货，收货人取货。

（2）操作要求。承运人到达站应不迟于卸货后的次日内，用电话或书信，向收货人发出催领通知并在货票内记明通知的方法和时间。收货人也可与到站商定其他通知方法。

收货人在到站查询所领取的货物未到时，到站应在领货凭证背面加盖车站日期戳证明货物未到。

货物运抵到站，收货人应及时领取。拒绝领取时，应出具书面说明，自拒领之日起，3日内到站应及时通知托运人和发站，征求处理意见。托运人自接到通知之日起，30日内提出处理意见答复到站。

从承运人发出催领通知次日起（不能实行催领通知时，从卸车完毕的次日起），经过查找，满30日（搬家货物满60日）仍无人领取的货物或收货人拒领，托运人又未按规定期限提出处理意见的货物，承运人可按无法交付货物处理。对性质不宜长期保管的货物，承运人根据具体情况，可缩短通知和处理期限。

收货人应于承运人发出催领通知的次日（不能实行催领通知或会同收货人卸车的货物为卸车的次日）起算，2日内将货物搬出。超过上述期间未将货物搬出，对其超过的期间核收货物暂存费。车站站长可以适当延长货物免费暂存期间。

到达到站的货物，如已编有记录或发现有事故可疑痕迹，到站必须复查重量或现状。如已构成货运事故，到站应在交付货物时，将货运记录交给收货人。

货物在到站后应向货物运单内所记载的收货人交付。收货人在到站领取货物时，须提供领货凭证，并在货票丁联上盖章或签字。如领货凭证未到或丢失时，机关、企业、团体应提供本单位的证明文件；个人应提供本人居民身份证、工作证（或户口簿）或服务所在单位（或居住所在单位）出具的证明文件。用本人的居民身份证、工作证或户口簿作为证件时，车站应将姓名、工作单位名称、住址以及证件号码详细记载在货票丁联上；如使用证明文件，应将领取货物的证明文件粘贴在货票丁联上。

到站在收货人办完领取手续和支付费用后，应将货物连同货物运单一并交给收货人。

三、技能训练

1. 训练目标

通过实践训练，能够进行汽车零担货物运输组织、铁路零担货物运输组织，为货物运输企业提供高端技能型人才。

2. 训练准备

（1）分组。每组15人，设下列岗位：

①托运人1人。

②受理托运组2人：运单审核制作员1人，验货员1人。

③验货司磅1人。

④价格组2人：定价员1人，收款（兼开发票）员1人。

⑤吊签入库组2人：扣贴标签、标志1人，仓库货物管理1人。

⑥配货装车组2人。

⑦调度岗位 1 人。
⑧车辆驾驶员岗位（兼押运员、货物交付员）1 人。
⑨到站卸货和货物管理组 2 人。
⑩收货人 1 人。
一次操作完成后，轮流进行，直至所有岗位都能熟练操作。
（2）准备好下列单据。货物托运单、货票、行车路单、派车单、零担货物交接清单。

3. 训练项目

福州安全物流公司 2018 年 4 月 6 日接到福州冠捷公司 40 台箱装显示器运输任务，目的地为天津，货物每箱重为 25 kg，长×宽×高为 500 mm×300 mm×400 mm，双方商定总运费为 1 600 元；同日还接到福州福音公司 60 箱服装运输任务，目的地为天津，货物每箱重为 25 kg，长×宽×高为 600 mm×500 mm×500 mm，双方商定总运费为 3 000 元；同日还接到福州日立公司 50 台箱装电视机运输任务，目的地为天津，货物每箱重为 30 kg，长×宽×高为 600 mm×300 mm×500 mm，双方商定总运费为 3 500 元。物流公司现有 5 t 车、8 t 车两种厢式车，内部尺寸分别为 4.1 m×1.9 m×1.9 m、6.15 m×2.17 m×2.3 m，试进行托运单、派车单、行车路单、货票的填写和货物装载设计。

4. 训练评价

训练评价的方式有教师评价、小组内部成员评价和第三方评分组成员评价三种。建议教师评价占 60% 的权重，小组内部成员评价占 20% 的权重，第三方评分组成员评价占 20% 的权重，将三者综合得分作为学生在该项目的评价分。训练评价表见表 5-9。

表 5-9　训练评价表

考评人		被考评人	
考评地点			
考评内容	零担货物运输组织		
考评标准	具体内容	分值	实际得分
	工作态度	10	
	沟通水平	10	
	托运单完成情况	10	
	派车单完成情况	10	
	行车路单完成情况	10	
	货票完成情况	20	
	货物装载设计	30	
	合计	100	

注：考评满分为 100 分，60 分以下为不及格，60~69 分为及格，70~79 分为中，80~89 分为良，90 分以上为优。

思考练习

一、简述题

1. 简述整车运输生产过程。
2. 简述整车运输的站务工作内容。

3. 整车货运作业程序是什么？
4. 货运企业客户服务主要工作内容是什么？
5. 零担班车的组织形式有哪几种？
6. 试述零担货运作业流程。
7. 零担货物的受理制度有哪几种？
8. 零担货物的配载装车应如何进行？
9. 零担货物的中转有哪几种方法，如何进行？
10. 铁路车站组织整零车时应遵守下列哪些条件？

二、案例分析题

某仓库 K 拟采用一辆中型载货汽车（$Q=4$ t），将啤酒分送给 B_1、B_2、B_3 三个货运点，有关数据如图 5-8 所示。试确定分送式最佳行驶路线。

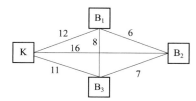

图 5-8 某仓库 K 分送式路线货运点分布图

项目六

危险货物运输实务

内容简介

危险品在人们生活中占有重要地位。人们日常使用的汽油、油漆以及许多化工原料等都有易燃、易爆的特点，保障这些货物运输安全至关重要。本项目主要介绍危险品的特性、危险品的包装与装卸、危险品的安全运输组织等内容。通过本项目的学习，学生尽可能做到把危险品的运输事故消灭在萌芽状态。

教学目标

知识目标

1. 理解危险品的内涵。
2. 熟悉危险品的各种包装。
3. 掌握危险品的安全装卸、安全运输要点。

技能目标

1. 能够认识各类危险货物的危险特征。
2. 能够对危险货物进行包装与装卸。
3. 能够进行危险品的安全运输组织。

案例导入

收费站爆炸事故

2018年11月1日上午11时30分左右，在某收费站附近，两辆运送炸药的车辆在一个汽修厂检修时发生爆炸。受爆炸冲击波影响，收费站周边部分房屋玻璃震碎，房屋受损。爆炸波及范围大约为一个标准400 m跑道的足球场大小，发生爆炸的收费站房屋基本只剩下框架结构。经初步调查,两辆汽车上共装有炸药72 t左右。事故造成7人死亡,约有200人被送进医院救治,其中20余人重伤。

据公安部门通报的事故初步调查情况显示,××运输有限公司与××民用爆炸器材股份有限责任公司签订货物运输合同,运输炸药的两辆货车均属运输公司,载有炸药总量72 t,拟运往××民爆器材经营有限责任公司。两辆货车未按规定的路线行驶,违规停放在某收费站附近的检测站时,一辆货车燃烧,发生爆炸。

引导思路

1. 危险货物运输事故对社会产生什么样的严重后果?
2. 案例中收费站爆炸事故发生的原因是什么?

任务一　认识危险货物

教学要点

1. 了解危险货物的特征。
2. 掌握危险货物常用的分类方法。

教学方法

一般采用讲授、情境教学、案例教学和分组讨论等方法。

教学内容

一、危险货物概述

危险货物

(一) 危险货物的概念

危险货物是指具有爆炸、易燃、毒害、感染、腐蚀、放射性等性质,在运输、储存、生产、经营、使用和处置中,容易造成人身伤亡和财产损毁或环境污染而需要特别防护的物质和物品。

(二) 危险货物的分类

我国国家标准《危险货物分类和品名编号》(GB 6944—2012)将危险货物按其危险性或其最主要危险性分成九类。按分类序列和名称依次:第1类,爆炸品;第2类,气体;第3类,易燃液体;第4类,易燃固体、易于自燃的物质、遇水放出易燃气体的物质;第5类,氧化性物质和有机过氧化物;第6类,毒性物质和感染性物质;第7类,放射性物质;第8类,腐蚀性物质;第9类,杂项危险物质和物品。包括危害环境的物质。

(三) 危险货物的确认

确认某一货物是否为危险货物,仅凭危险品的定义和危险品的分类标准进行,在具体操作上有一定的困难,承托双方不可能对众多的危险品到需要运输时再做技术鉴定判断。因此,各种运输方式在确认危险货物时,都采取了列举原则。各运输方式颁布了本运输方式的

《危险货物运输规则》(简称《危规》),各类《危规》都在所附的《危险货物品名表》中收集列举了本规则范围内具体的危险货物的名称。在此基础上,我国发布了国家标准《危险货物品名表》(GB 12268—2012),列举了危险货物的具体品名。据此,各运输方式结合自身的特殊性,也相继发布了《危险货物品名表》。因此,危险货物必须是本运输方式《危险货物品名表》所列明的,方予以确认并运输。

二、危险货物品名表

根据国家标准《危险货物品名表》(GB 12268—2012)的规定,其有关内容如下所述。

(一)危险货物品名表的条目

危险货物品名表的每个条目都对应一个编号。危险货物品名表的条目包括以下四类。

(1)"单一"条目适用于意义明确的物质或物品。

示例:UN11090　丙酮;
　　　UN1194　亚硝酸乙酯溶液。

(2)"类属"条目适用于意义明确的一组物质或物品。

示例:UN1133　黏合剂,含易燃液体;
　　　UN1266　香料制品,含有易燃溶剂;
　　　UN2757　固态氨基甲酸酯农药,毒性;
　　　UN3101　液态 B 型有机过氧化物。

(3)"未另作规定的"特定条目适用于一组具有某一特定化学性质或特定技术性质的物质或物品。

示例:UN1477　无机硝酸盐,未另作规定的;
　　　UN1987　醇类,未另作规定的。

(4)"未另作规定的"一般条目适用于一组符合一个或多个类别或项别的标准的物质或物品。

示例:UN1325　有机易燃固体,未另作规定的;
　　　UN1993　易燃液体,未另作规定的。

危险货物应按照品名表中适合该物质或物品的名称标示。

多数危险货物具有多种危险性,具有一种以上危险性的危险货物的主要危险性按《危险货物分类和品名编号》(GB 6994—2012)确定。

(二)危险货物品名表结构

危险货物品名表分为7栏:

第1栏,"联合国编号"——即危险货物编号,是根据联合国分类制度给危险货物划定的系列编号。

第2栏,"名称和说明"——危险货物的中文正式名称,用黑体字(加上构成名称一部分的数字、希腊字母、"另""特""间""正""邻""对"等)表示;也可附加中文说明,用宋体字表示[其中"%"符号代表:①如果是固体或液体混合物以及溶液和用液体湿润的固体,为根据混合物、溶液或湿润固体的总重量计算的质量分数,单位为 10^{-2};②如果是压缩气体混合物,按压力装卸时,用占气体混合物总体积的体积分数表示,单位为 10^{-2};

或按质量装卸时，用占混合物总重量的质量分数表示，单位为 10^{-2}；③如果是液化气体混合物和加压溶解的气体，用占混合物总质量的质量分数表示，单位为 10^{-2}]。

第 3 栏："英文名称"——危险货物的英文正式名称，用大写字母表示；附加说明用小写字母表示。

第 4 栏："类别或项别"——危险货物的主要危险性，其中第 1 类危险货物还包括其所属的配装组，危险货物的类别或项别以及爆炸品配装组划分按《危险货物分类和品名编号》（GB 6944—2012）确定。

第 5 栏："次要危险性"——除危险货物主要危险性以外的其他危险性的类别或项别，按《危险货物分类和品名编号》（GB 6944—2013）确定。

第 6 栏："包装类别"——按照联合国包装类别给危险货物划定的包装类别号码，按《危险货物分类和品名编号》（GB 6944—2012）确定。

第 7 栏："特殊规定"——与物品或物质有关的任何特殊规定，其适用于特定物质或物品的所有包装类别。

（三）危险货物编号

《危险货物分类和品名编号》（GB 6994—2012）的有关危险货物品名编号的规定如下：

1. 编号的组成

危险货物品名编号采用联合国编号。由 4 位阿拉伯数字组成，用以识别一种物质或物品或一类特定物质或物品。

某些化合物有自己的联合国危险货物编号（例如，丙烯酰胺 UN2074），同时某些具有类似属性的化学品或货物的联合国危险货物编号也是相同的（例如，打火机和可燃气体都是 UN1057）。如果一种化学品在固态和液态下，或者在不同纯度下的危险属性具有相当大的差别，则两种属性分别得到一个联合国危险货物编号。

UN0001～UN3500 的编号都是由联合国危险物品运送专家委员会制定的。这些编号在《关于危险货物运输的建议书》中已公布。协调各种运输方式的一些组织机构已经在使用这一系统。

另外联合国还制定了一套危险货物分类与编号配合，用于识别危险品所属的类别和项别。例如，丙烯酰胺属 6.1 项，打火机属 2.1 项。如果一种物质具有多种危险，那么在主分类之外还需要列出补充分类。

需要注意的是，货物编号与分类号的编排没有关系。若要从货物编号求分类号，只能单独查表。

北美危险货物编号是由美国交通运输部制定的一套危险物质识别号。货物的北美编号与联合国编号相同；但有些货物没有联合国编号，它们的北美编号使用 NA8000～NA9999 号段。

2. 联合国《关于危险货物运输的建议书·规章范本》

《关于危险货物运输的建议书·规章范本》（以下简称《规章范本》）是为了保障危险货物运输安全，并使各国和国际上对各种运输方式的管理规定能够统一发展，根据联合国经济与社会事理事会 468G 决议，于 1954 年成立联合国危险货物运输专家委员会（UN TDG）。我国于 1988 年以成员国正式代表身份加入联合国危险货物运输专家委员会。1956 年，联合国经济与社会理事会的危险货物运输专家委员会编写的《关于危险货物运输的建议书》（以下简称《建议书》）出版，又称"橙皮书"。为了适应技术的发展和使用者不断变化的需要，《建议书》定期修订和不定期增补。1996年12月2日至10日，联合国经济与社会理事会危险货物运输专家委员会（UN TDG）在第十九届会议上，通过了《规章范本》（第1版）。为方便《规章范本》纳入各国家和国际规章，使其有助于协调一致，从而使各国成员国政府、联合国、各专门机构和其他国际组织都能节省大量资源，委员会将《规章范本》作为《建议书》的附件，《建议书》从第10修订版起，将《规章范本》作为《建议书》的附件。《规章范本》的措辞是强制性的，可直接纳入所有运输方式的国家规章，从而加强协调统一。截至2017年7月，《规章范本》已更新至第20修订版，基本每两年更新一次。

具体内容，请参考本书"附录一危险货物分类和品名编号"。

三、危险货物运输特征

危险品一般是工业原料或产品，以其特殊的物理性质、化学性质，在运输与储存过程中必须遵守相应的规则，以免发生事故，造成灾害。危险货物的主要特征包括以下四个方面。

1. 危险货物品类繁多，物理、化学性质各不相同

《危险货物品名表》（GB 12268—2012）中在册危险货物的品类已达2 800多个品名，而且每年还不断增加新的危险品，物理和化学性质千差万别。

2. 运输中显在危险性与潜在危险性大

危险货物具有爆炸、易燃、毒害、腐蚀、放射性等性质。在运输过程中，显在危险性与潜在危险性大，容易造成人员伤亡和运输工具损坏、运输设施破坏、运输货物损坏。危险货物的事故往往造成极大的危害。

3. 危险货物运输管理方面的法律、规定多

目前，危险货物管理方面的法律法规有《中华人民共和国道路交通安全法》《中华人民共和国道路运输条例》《危险化学品安全管理条例》《危险货物品名表》（GB 12268—2012）、《危险货物分类和品名编号》（GB 6994—2012）以及各种运输方式危险货物运输规则、危险货物运输管理规定等。

4. 运输资质要求高，运输专业性强

目前，危险货物运输实行业务专营、车辆专用、人员专业等政策，以保证发生运输中的安全。

四、技能训练

1. 训练目标

通过实践训练，能够认识危险货物的危险特征，为危险货物运输安全作业提供高端技能型人才。

2. 训练准备

（1）分组：每组10人，一起进行讨论设计。

（2）准备好危险货物，如硫酸、汽油等。

3. 训练项目

（1）上网查硫酸的危险货物编号，谈谈硫酸的危险性质和防护方法。

（2）上网查汽油的危险货物编号，谈谈汽油的危险性质和防护方法。

4. 训练评价

训练评价的方式有教师评价、小组内部成员评价和第三方评分组成员评价三种。建议教师评价占60%的权重，小组内部成员评价占20%的权重，第三方评分组成员评价占20%的权重，将三者综合得分作为学生在该项目的评价分。训练评价表见表6-1。

表6-1 训练评价表

考评人		被考评人	
考评地点			
考评内容	认识危险货物		
考评标准	具体内容	分值	实际得分
	工作态度	15	
	沟通水平	15	
	完成项目（1）情况	40	
	完成项目（2）情况	30	
	合计	100	

注：考评满分为100分，60分以下为不及格，60~69分为及格，70~79分为中，80~89分为良，90分以上为优。

任务二　危险品的包装与装卸

教学要点

1. 了解危险货物运输包装的要求与方法。
2. 了解危险货物装卸的要求与方法。

教学方法

一般采用讲授、情境教学、案例教学和分组讨论等方法。

教学内容

为保证危品在运输途中的安全，必须将其适当地分类、包装、标记、贴上标签或直接印刷品、进行文件记录。承运人必须聘用经过专业培训的人员来发送危险货物。危险货物还必须发送给经过正式批准的运输公司来运输。发货公司负责将货物进行正确的包装，确保包装有正确的标志。根据供应商的要求，发货公司应正确地包装产品，使包装箱上有正确的标签或印刷品，向运输公司提供必要的文件资料。

危险品包装破损和撒漏应急处理

一、危险货物的包装

有关危险货物的包装，国家标准主要包括：《危险货物运输包装通用技术条件》（GB 12463—2009）、《危险货物包装标志》（GB 190—2009）、《包装储运图示标志》（GB/T 191—2008）。

（一）危险货物运输包装的定义

危险货物运输包装是指根据危险货物的特性，按照有关标准和法规，专门设计制造的运输包装。

（二）危险货物包装类别

为了包装目的，除了第1类、第2类、第7类、5.2项、6.2项物质，以及4.1项反应物质以外的物质，根据其危险程度，划分为三个包装类别：

（1）Ⅰ类包装：包装具有高度危险性的物质。

（2）Ⅱ类包装：包装具有中等危险性的物质。

（3）Ⅲ类包装：包装具有轻度危险性的物质。

（三）危险货物包装基本要求

（1）危险货物运输包装应结构合理，具有足够的强度，防护性能好。包装的材质、形式、规格、方法和内装货物重量，应与所装危险货物的性质和用途相适应，并便于装卸、运输和储存。

（2）运输包装应质量良好，其构造和封闭包装应能承受正常运输条件下的各种作业风险，不应因温度、湿度或压力的变化而发生任何渗（撒）漏，包装表面应清洁，不允许黏附有害的危险物质。

（3）运输包装与内装物直接接触部分，必要时应有内涂层或进行防护处理，运输包装材质不得与内装物发生化学反应而形成危险产物或导致削弱包装强度。

（4）内容器应予固定。若内容器易碎且盛装易撒漏货物，则应使用与内装物性质相适应的衬垫材料或吸附材料衬垫妥实。

（5）盛装液体的容器，应能经受在正常运输条件下产生的内部压力。灌装时，必须留有足够的膨胀余量（预留容积）。除另有规定外，并应保证在温度为55 ℃时，内装液体不致完全充满容器。

（6）运输包装封口应根据内装物性质，采用严密封口、液密封口或气密封口。

（7）盛装需浸湿或加有稳定剂的物质时，其容器封闭形式应能有效地保证内装液体（水、溶剂和稳定剂）的百分比，在贮运期间保持在规定的范围以内。

（8）运输包装有降压装置时，其排气孔设计和安装应能防止内装物泄漏和外界杂质进入，排出的气体量不得造成危险和污染环境。

（9）复合包装的内容器和外包装应紧密贴合，外包装不得有擦伤内容器的凸出物。

（10）盛装爆炸品包装的附加要求。

①盛装液体爆炸品容器的封闭形式，应具有防止渗漏的双重保护。

②除内包装能充分防止爆炸品与金属物接触外，铁钉和其他没有防护涂料的金属部件不得穿透外包装。

③双重卷边接合的钢桶、金属桶或以金属做衬里的包装箱，应能防止爆炸物进入隙缝。钢桶或铝桶的封闭装置必须有合适的垫圈。

④包装内的爆炸物质和物品，包括内容器，必须衬垫妥实，在运输中不得发生危险性移动。

⑤盛装有对外部电磁辐射敏感的电引发装置的爆炸物品,包装应具备防止所装物品受外部电磁辐射源影响的功能。

(11) 包装容器的基本结构应符合《一般货物运输包装通用技术条件》(GB/T 9174—2008) 的规定。

(12) 常用危险货物运输包装的组合形式、标记代号、限制重量等,见表 6-2。具体情况参考《危险货物运输包装通用技术条件》(GB 12463—2009) 的规定。

表 6-2 常用的危险货物运输包装示例

包装号	包装组合形式		包装组合代号	适用货类	包装件限制重量	备注
	外包装	内包装				
1 甲 乙 丙 丁	小开口钢桶: 钢板厚 1.50 mm 钢板厚 1.25 mm 钢板厚 1.00 mm 钢板厚 >0.50~0.75 mm		$1A_1$	液体货物	每桶净重不超过: 250 kg 200 kg 100 kg 200 kg(一次性使用)	灌装腐蚀性物品钢桶内壁应涂镀防腐层
2 甲 乙 丙 丁 戊	中开口钢桶: 钢板厚 1.25 mm 钢板厚 1.00 mm 钢板厚 0.75 mm 钢板厚 0.50 mm 钢桶或镀锡薄钢板桶(罐)	塑料袋或多层牛皮纸袋	$1A_2 5H_4$ $1A_2 5M_1$ $1A_2$ $5M_2 1A_2$ $1N_2$ $3N_2$	固体、粉状及晶体状货物、稠粘状、胶状货物	每桶净重不超过: 250 kg 150 kg 100 kg 50 kg 或 20 kg 50 kg 或 20 kg	
3 甲 乙 丙 丁	全开口钢瓶: 钢板厚 1.25 mm 钢板厚 1.00 mm 钢板厚 0.75 mm 钢板厚 0.50 mm	塑料袋或多层牛皮纸袋	$1A_3 5H_4$ $1A_3 5M_1$ $1A_3 5M_3$ $1A_3$	固体、粉状及晶体状货物	每桶净重不超过: 250 kg 150 kg 100 kg 50 kg	
…	…	…	…	…	…	…

注:包装组合代号的补充说明:$1A_1$—小开口钢桶;$4G_1$—瓦楞纸箱;$1A_2$—中开口钢桶;$4G_2$—硬纸板箱;$1A_3$—全开口钢桶;$4G_3$—钙塑板箱;$1N_1$—小开口金属桶;$5L_1$—普通型编织袋;$3N_3$—全开口金属罐;$6HL_5$—复合型塑料编织袋;$1B_1$—小开口铝桶;$5H_1$—普通型塑料编织袋;$3B_2$—中开口铝罐;$5H_2$—防撒漏型塑料编织袋;$1H_1$—小开口塑料桶;$5H_3$—防水型塑料编织袋;$1H_3$—全开口塑料桶;$5H_4$—塑料袋;$3H_1$—小开口塑料罐;$5M_1$—普通型纸袋;$3H_3$—全开口塑料罐;$5M_3$—防水型纸袋;$4C_1$—满板木箱;$9P_1$—玻璃瓶;$4C_2$—满底板花格木箱;$9P_2$—陶瓷坛;$4C_3$—半花格型木箱;$9P_3$—安瓿瓶;$4C_4$—花格型木箱。

(四) 危险货物包装标志及标记代号

根据危险货物的特性,选用《危险货物包装标志》(GB 190—2009) 及《包装储运图示标志》(GB 191—2008) 规定的标志及其尺寸、颜色和使用方法。

险货物储运标志

危险货物运输包装可根据需要采用按《危险货物运输包装通用技术条件》（GB 12463—2009）规定的标记代号。

（1）包装类别的标记代号用下列小写英文字母表示：

x——符合Ⅰ、Ⅱ、Ⅲ类包装要求；

y——符合Ⅱ、Ⅲ类包装要求；

z——符合Ⅲ类包装要求。

（2）包装容器的标记代号用下列阿拉伯数字表示：

1—桶；2—木琵琶桶；3—罐；4—箱、盒；5—袋、软管；6—复合包装；7—压力容器；8—筐、篓；9—瓶、坛。

（3）包装容器的材质标记代号用下列大写英文字母表示：

A—钢；B—铝；C—天然木；D—胶合板；F—再生木板（锯末板）；G—硬质纤维板、硬纸板、瓦楞纸板、钙塑板；H—塑料材料；L—编织材料；M—多层纸；N—金属（钢、铝除外）；P—玻璃、陶瓷；K—柳条、荆条、藤条以及竹篾。

（五）包装件组合类型标记代号的表示方法

1. 单一包装

单一包装型号由一个阿拉伯数字和一个英文字母组成。英文字母表示包装容器的材质；其左边平行的阿拉伯数字代表包装容器的类型；英文字母右下方的阿拉伯数字，代表同一类型包装容器不同开口的型号。

例如：1A——表示钢桶；

$1A_1$——表示小开口钢桶；

$1A_2$——表示中开口钢桶；

$1A_3$——表示全开口的钢桶。

其他包装容器开口型号的表示方法，详见《危险货物运输包装通用技术条件》（GB 12463—2009）的规定。

2. 复合包装

复合包装型号由一个表示复合包装的阿拉伯数字"6"和一组表示包装材质和包装形式的字符组成。这组字符为两个大写英文字母和一个阿拉伯数字。第一个英文字母表示内包装的材质，第二个英文字母表示外包装的材质，右边的阿拉伯数字表示包装形式。

例如：$6HA_1$ 表示内包装为塑料容器，外包装为钢桶的复合包装。

3. 其他标记代号

其他标记型号用下列英文字母表示：

S——表示拟装固体的包装标记；

L——表示拟装液体的包装标记；

R——表示修复后的包装标记；

GB——表示符合国家标准要求。

例如：钢桶标记代号及修复后标记代号，如图6-1、图6-2所示。

例1：新桶；

例2：修复后的桶。

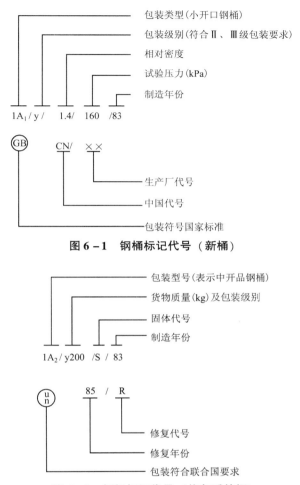

图 6-1 钢桶标记代号（新桶）

图 6-2 钢桶标记代号（修复后的桶）

（六）标记的制作及使用方法

标记采用白底（或采用包装容器底色）黑字，字体要清楚、醒目。标记的制作方法可以印刷、粘贴、涂打和钉附。钢制品容器可以打钢印。

标记尺寸和使用方法可比照《包装储运图示标志》（GB 191—2008）有关规定办理。

二、危险货物的装卸

危险货物的装卸应当遵守各种运输方式规定的装卸危险货物作业规程。

（一）车辆在危险货物装卸过程中的要求

(1) 车辆进入危险货物装卸作业区，应按该区有关安全规定驶入装卸货区。

(2) 车辆停靠货垛时，应听从作业区指定人员的指挥，车辆与货垛之间要留有安全距离；待装、待卸车辆与装卸货物的车辆应保持足够的安全距离并不准堵塞安全通道。驾驶员不准离开车辆。

(3) 在装卸过程中，车辆的发动机必须熄火并切断总电源。在有坡度的场地装卸货物时必须采取防止车辆溜坡的有效措施。

（4）在装卸过程中，驾驶员负责监装、监卸，办理货物交接签证手续时要点收、点交。装车完毕，驾驶员必须对货物的堆码、遮盖、捆扎等安全措施及对影响车辆起动的不安全因素进行检查。

（5）装卸过程中需要移动车辆时，应先关上车厢门或挡板。若原地关不上时，必须有人监护，在保证安全的情况下才能移动车辆，起步要慢，停车要稳。

（6）禁止在装卸区内维修车辆。

（7）危险货物运达卸货地点后，因故不能及时卸货，在等待期间，行车人员应会同押运人员负责看管货物。

（二）危险货物的装卸作业要求

1. 包装件装卸作业要求

（1）基本要求。

①作业前应详细核对货物名称、规格、数量是否与托运单证相符，并认真检查货物包装标志的完整状况。包装不符合安全规定的，应拒绝装车。

②装卸操作时应根据货物包装的类型、体积、重量、件数的情况，并根据包装上储运图示标志的要求，轻拿轻放，谨慎操作，严防跌落、摔碰、禁止撞击、拖拉、翻滚、投掷。

③堆码整齐，靠紧妥帖，易于点数。

④堆码时，桶口、箱盖朝上，允许横倒的桶口及袋装货物的袋口应朝里。

⑤装载平衡，高出栏板的最上一层包装件，堆码时应从车厢两面向内错位骑缝堆码，超出车厢前栏板的部分不得大于包装件高度的二分之一。

⑥装运高出车厢栏板的货物，装车后，必须用绳索捆扎牢固，易滑动的包装件，须用防散失的网罩盖并用绳索捆扎牢固或用篷布覆盖严密，须用两块篷布覆盖货物时，中间接缝处须有大于15 cm的重叠覆盖，且车厢前半部分篷布需压在后半部分篷布上。

⑦装有通气孔的包装件、不准倒置、侧置，防止所装货物泄漏或进入杂质造成危害。机械装卸作业时，必须按核定负荷量减载25%，装卸人员必须服从现场指挥，防止货物剧烈晃动、碰撞、跌落。

（2）爆炸品装卸要求。

①装运前，要根据所装卸货物的品类、数量、物性或运载工具等情况，按已拟定的安全装运计划装卸。

应在监装、监卸人员的指导下进行装卸，应分清品类、批号，堆码整齐，不得倒置、侧置，放置稳固、紧凑、码平。车厢包装件总堆码高度不超过1.5 m。火箭弹和旋上引信的炮弹应横装，与车辆行进方向垂直。在任何情况下雷管和炸药都不得同车装运，或者两车在同一时间、同一场所进行装卸。

②使用手推车等搬运工具时，应码放平稳、牢固、严防翻车倒箱。

③包装不良或散装在木箱内的弹药、火工品严禁装运。在装卸过程中，凡从1.5 m以上高度跌落的带引信的炮弹及单独包装的引信，必须与其他弹药、引信隔离单独存放，并及时报告，请示处理，严禁继续装运。

④装车后，应用篷布覆盖严密，并有大绳捆扎牢固。

爆炸品配装组划分，见表6-3；爆炸品危险项别与配装组的组合，见表6-4。

表 6-3 爆炸品配装组划分

待分类物质和物品的说明	配装组	组合
一级爆炸性物质	A	1.1A
含有一级爆炸性物质,而不含两种或两种以上有效保护装置的物品(某些物品,例如爆破用雷管、爆破用雷管组件和帽形起爆器也包括在内,尽管这些物品不含有一级炸药)	B	1.1B、1.2B、1.4B
推进爆炸性物质或其他爆燃、爆炸性物质或含有这类爆炸性物质的物品	C	1.1C、1.2C、1.3C、1.4C
二级起爆性物质或黑火药或含有二级起爆性物质的物品,无引发装置和发射药;或含有一级爆炸性物质和两种或两种以上有效保护装置的物品	D	1.1D、1.2D、1.4D、1.5D
含有二级起爆性物质的物品,无引发装置,带有发射药(含有易燃液体或胶体或自燃性液体除外)	E	1.1E、1.2E、1.4E
含有二级起爆性物质的物品,带有引发装置,带有发射药(含有易燃液体或胶体或自燃性液体除外)或不带有发射药	F	1.1F、1.2F、1.3F、1.4F
烟火物质或含有烟火物质的物品或既含有爆炸性物质又含有照明、燃烧、催泪或发烟物质的物品(水激活的物品或含有白磷、磷化物、发火物质、易燃液体或胶体、或自燃液体的物品除外)	G	1.1G、1.2G、1.3G、1.4G
含有爆炸性物质和白磷的物品	H	1.2H、1.3H
含有爆炸性物质和易燃液体或胶体的物品	J	1.1J、1.2J、1.3J
含有爆炸性物质和毒性化学剂的物品	K	1.2K、1.3K
爆炸性物质或含有爆炸性物质并且具有特殊危险(例如由于水激活或含有自燃液体、磷化物或发火物质)需要彼此隔离的物品	L	1.1L、1.2L、1.3L
只含有极端不敏感起爆物质的物品	N	1.6N
如下包装或设计的物质或物品,除了包件被火烧损的情况外,能使意外起爆引起的任何威胁效应不波及包件之外,在包件被火烧损的情况下,所有爆炸和迸射效应也有限,不至于妨碍或阻止在包件紧邻处救火或采取其他应急措施	S	1.4S

表 6-4 爆炸品危险项别与配装组的组合

危险项别	配件组												
	A	B	C	D	E	F	G	H	J	K	L	N	S	ΣA~S
1.1	1.1A	1.1B	1.1C	1.1D	1.1E	1.1F	1.1G		1.1J		1.1L			9
1.2		1.2B	1.2C	1.2D	1.2E	1.2F	1.2G	1.2H	1.2J	1.2K	1.2L			10
1.3			1.3C			1.3F	1.3G	1.3H	1.3J	1.3K	1.3L			7
1.4		1.4B	1.4C	1.4D	1.4E	1.4F	1.4G						1.4S	7
1.5				1.5D										1
1.6												1.6N		1
1.1~1.6	1	3	4	4	3	4	4	2	3	2	3	1	1	35

(3) 气体的装卸要求。

①车厢内不得沾有油脂污染物及强酸残留物。

②装车时要旋紧瓶帽，注意保护气瓶阀门，防止撞坏。车下人员须待车上人员将瓶放妥后，才能继续往车上装瓶。在同一车厢不准有两人同时单独往车上装瓶。除允许竖装的气瓶（如民用液化石油气等）外，车上气瓶均应横向平放，装载平衡，妥善固定，防止滚动。阀门应朝向一方，最上层气瓶不得超过车厢栏板高度。

③卸车时，要在气瓶落地点铺上铅垫或橡皮垫，必须逐个卸车，严禁溜放。

④装卸操作时，不要把阀门对准人身，注意防止气瓶安全帽脱落，气瓶应竖立转动，不准脱手滚瓶或传接，气瓶竖放时必须稳妥。

⑤装运大型气瓶（盛装净重在0.5 t以上的）或成组集装气瓶时，瓶与瓶、集装架与集装架之间需填牢木塞，集装架的瓶口应朝向行车的右方，在车厢前后栏板或气瓶空隙处必须有固定支撑物，并用紧绳紧固，严防气瓶滚动，重瓶不准多层装载。

⑥易燃气体不得与其他危险货物配载；不燃气体除爆炸品、酸性腐蚀品外，可以与其他危险货物配载；助燃气体（如空气、氧气以及具有氧化性的有毒气体）不得与易燃、易爆物品以及酸性腐蚀品配载；有毒气体不得与易燃、易爆物品氧化剂和有机过氧化物、酸性腐蚀物品配载，同是有毒气体的液氯、液氨亦不得配载。

(4) 易燃液体装卸要求。

①车厢内不得有氧化剂、自燃物品、强碱等残留物。

②钢桶盛装的易燃液体，不得从高处翻滚卸车，卸车时从车上溜放或滚动操作时，应采取防火星的措施，周围需有人接应，严防钢桶撞击致损。

③钢制包装件多层装载时，层间必须采取合适衬垫，并应捆扎牢固。

④对低沸点或易聚合的易燃液体，如发现包装容器内装物有膨胀（鼓桶）现象时，由发货人调换包装后，方可继续装车。

⑤易燃液体不能与氧化剂或强酸等货物同车装运，更不能与爆炸品、气体以及易自燃物品拼车。能溶于水的或含水的易燃液体不得与遇湿易燃物品同车装运。

(5) 易燃固体、自燃物品和遇湿易燃物品装卸要求。

①对容易升华，挥发出易燃、有害或刺激气体的货物，装卸时应注意现场通风良好，防止中毒和易燃爆炸。

②装运需用水（如黄磷）、煤油、石蜡（如金属钠、金属钾）或其他稳定剂进行防护的包装件，应认真检查包装有无渗漏现象及封口是否严密，发现问题应立即通知发货人调换包装后，方可继续装车。

③装卸碳化钙（电石）时，应问清包装内有无充填保护气体，如未充填的，在装卸前应侧身轻轻地拧开通气孔放气，防止爆炸、冲击伤人。

④雨雪天装卸遇湿易燃物品时，不具备防雨雪的条件，不准进行装卸作业。

⑤严禁与氧化剂、强酸、强碱、爆炸性货物同车混装运输。

(6) 氧化剂和有机过氧化物装卸要求。

①装车前，车厢、机械、工具设备及操作场所，不得沾有酸类、煤炭、砂糖、面粉、油脂、磷、硫或其他松软、粉状等可燃物质。

②如货物外包装为金属容器，装车时应单层摆放；若需多层装载时，应采用合适的衬垫。

③对添加稳定剂和需控制温度的裂性氧化剂和有机过氧化剂，作业时应认真检查包装，密切注意包装有无渗漏及变形（如鼓桶）情况，发现异常应拒绝装运。

④装卸时，发生包装破损，撒漏物不得装入原包装内，必须另行处理。操作时，不得踩踏、碾压散漏物。

⑤氧化剂对其他货物的敏感性强，因此与绝大多数有机过氧化物、有机物、可燃物、酸类货物等严禁同车装运。

（7）毒性物质和感染性物质装卸要求。

①对刚开启的库门、集装箱、封闭式车厢要先通风，装卸时应站立上风处。必须戴好防毒面具、护目镜等。

②装卸时要防止包装破漏，沾染人体或污染其他货物。工作服一旦沾染易经皮肤吸收的毒品，应及时更换。不得在毒性物质和感染性物质包装件上坐卧休息。

③作业人员皮肤破伤者不能装卸毒性物质或感染性物质。工前或工后，手、脸未经清洗干净，不得饮水、吸烟、进食。

④对刺激性较强和散发异臭的毒害品，装卸人员应采取轮班作业。在夏季高温期，尽量安排在早晚气温较低时作业。

⑤忌水的毒害品（如磷化铝、磷化锌等），应防止受潮。

⑥毒害品严禁与食用、药用以及生活用品等同车拼装。装运后的车辆及工具要严格清洗消毒，未经安全管理人员检验批准，不得装运食用、药用以及生活用品等。无机毒性物质除不得与酸性腐蚀性物质配载外，还不得与易感染性物质配装。有机毒性物质不得与爆炸品、助燃气体、氧化性物质、有机过氧化物等酸性及腐蚀性物质配载。

（8）放射性物品装卸要求。

根据国家标准规定，放射性物质系指放射性比活度大于 7.4×10^4 Bq/kg 的物质。放射性比活度小于 7.4×10^4 Bq/kg 的，因其放射性活度很小，不会对人体造成危害，可按普通货物运输办理。

①放射性物质运输装卸过程中要注意人身的辐射防护，一定要穿上防辐射服装。

②放射性物质的配载：除特殊安排装运的货包外，不同种类的放射性货包（包括可裂变物质货包）可以混合装运、储存，但必须遵守总指数和间隔距离的规定。

③放射性物质不能与其他各种危险品配载或混合储存，以防危险货物发生事故，造成对放射性物质包装的破坏，也避免辐射诱发其他危险品发生事故。

④不受放射线影响的非危险货物可以与放射性物质混合配载。放射性货物应与未感光的胶片隔离。

（9）腐蚀品装卸要求。

①装运腐蚀物品的车厢和装卸工具不得沾有氧化剂、易燃物品。

②对易碎容器的包装件，严防木质包装件底脱落，装卸时不得肩扛、背负。没有封盖的包装，不准堆码。

③装卸现场应视货物特性，备有清水、苏打水（对酸性能起中和作用）或稀醋酸（对

碱性起中和作用），以备不时之需。

④腐蚀性物质的配载，应注意：酸性腐蚀性物质和碱性腐蚀性物质不能配载；无机酸性腐蚀性物质和有机酸性腐蚀性物质不能配载；无机酸性腐蚀性物质不得与可燃性物质配载；有机腐蚀性物质不得与氧化性物质配载；硫酸不得与氧化性物质配载；腐蚀性物质不得与普通货物配载，以免对普通货物造成损害。

2. 散装固体装卸作业要求

（1）易散漏、飞扬的散装粉状危险货物，装车时应用苫布下垫上盖，必要时需洒水润湿后方可装运。

（2）散装煤焦沥青在高温季节应在早晚进行装卸作业。

3. 集装箱危险货物装卸要求

（1）装箱前应检查集装箱内有无与待装危险货物性质相抵触的残留物，发现问题，应及时通知发货人进行处理。

（2）装箱前对待装的包装件应进行检查。破损、撒漏、水湿以及沾污其他污杂物的包装件不得装箱。

（3）不准将性质相抵触、灭火方法不同或易污染的危险货物装在同一集装箱内。如符合配装规定而与其他货物混装时，危险货物应装在箱门附近。包装件在集装箱内应有足够的支撑和固定。

（4）货物的装箱、掏箱操作应符合装卸基本要求的有关规定。

4. 罐（槽）车装卸要求

（1）罐（槽）车散装液体装卸要求。

装卸前应对罐（槽）进行检查，必须符合下列要求：罐（槽）体无渗漏现象；罐（槽）内应无与待装货物相抵触的残留物；阀门必须关紧；罐（槽）体与车身必须紧固，罐（槽）盖必须严格；卸料导管必须良好；装运易燃、易爆的货物，导除静电装置必须良好；罐（槽）体改装其他液体，必须经过清洗和安全处理，经检验合格后方可使用。其污水应按指定地点排放。

装卸时，操作人员应站在上风处，密切注视进料情况，防止货物溢出。要认真核对货物品名后，按车辆核定吨位装载，并留有规定的膨胀余位。装货后关紧罐（槽）进料口盖，严禁超载。

卸货时，贮罐（槽）所标货名应与所卸货相符，卸料导管应支撑固定，紧固卸料导管与阀门的连接处，阀门要逐渐开启。

装卸货物时操作人员不得擅离操作岗位。卸货时，罐（槽）内货物必须卸净，然后关紧阀门，收好卸料导管和支撑架。

（2）罐（槽）车液化气体装卸要求。

灌装前，必须对罐（槽）体阀门和附件（安全阀、压力计、液位计、温度计）以及冷却、喷淋设施的灵敏度、可靠性进行检查，并确认罐（槽）体内有规定的余压，如无余压者经化验含氧不超过2%时方可充灌。

车辆进入贮罐区前，须停车提起导除静电装置，进入充灌车位时再接好导除静电装置。

严格控制灌装规定定量，做好灌装量复核、记录，严禁超量、超温、超压，其装卸作业顺序如下：

①至指定地点开启排放阀，打开 30% ~ 50%，放掉残留气体，保持罐（槽）内压力低于罐（槽）车压力 1 ~ 1.5 kPa；

②开球部的快换接头盖，并关闭排放阀；

③接通罐（槽）车与装卸液料管线之间的装卸软管；

④慢慢开启罐（槽）车的紧急切断阀；

⑤观察各部零件和仪表压力、温度、液位指示均正常，再慢慢按顺时针方向开启气相阀和液相阀，并注意压力表、温度计、液位计变化情况；

⑥要认真检查设备运转是否正常，并按时加润滑油，发现异常应立即停泵；

⑦装卸作业完毕，先关闭球阀，再关闭紧急切断阀；

⑧打开排气阀，排出残留气体，拆下装卸软管，盖上接头盖，关闭排空阀。

发生下列异常情况时，一律不准灌装，操作人员应立即采取紧急措施，并及时报告有关部门：

①容器工作压力、介质温度或壁温超过许可值，采取各种措施仍不能使之下降；

②容器的主要受压元件发生裂缝、鼓包、变形、泄漏等缺陷危及安全；

③安全附件失效，接管端断裂、紧固件损坏难以保证安全运输的；

④雷击、暴风雨天气或附近发生火灾。

禁止采用蒸汽直接灌入罐（槽）体内升压或直接加热罐（槽）体的方法卸液。卸液后，罐（槽）内必须有规定的余压。操作人员不得离开岗位。

运输途中应严密注视车内压力表的工作情况，发现异常，应立即停车检查，排除故障后，继续运行。

三、技能训练

1. 训练目标

通过实践训练，能够进行危险货物包装和装卸，为危险货物安全运输提供高端技能型人才。

2. 训练准备

（1）分组：每组 10 人，一起进行讨论设计。

（2）准备好危险货物，如硫酸、汽油、氯酸钾、砷等。

3. 训练项目

（1）现有 5 t 硫酸要从福建莆田运往北京，请进行包装和装载设计。

（2）现有 4 t 氯酸钾和 0.5 t 砷要从昆明运往石家庄，请进行包装和装载设计。

4. 训练评价

训练评价的方式有教师评价、小组内部成员评价和第三方评分组成员评价三种。建议教师评价占 60% 的权重，小组内部成员评价占 20% 的权重，第三方评分组成员评价占 20% 的权重，将三者综合得分作为学生在该项目的评价分。训练评价表见表 6-5。

表 6-5 训练评价表

考评人		被考评人	
考评地点			
考评内容	危险货物的包装与装卸		
考评标准	具体内容	分值	实际得分
	工作态度	15	
	沟通水平	15	
	完成项目（1）情况	30	
	完成项目（2）情况	40	
	合计	100	

注：考评满分为100分，60分以下为不及格，60~69分为及格，70~79分为中，80~89分为良，90分以上为优。

任务三 危险货物的运输

教学要点

1. 了解危险货物的运输组织程序。
2. 掌握危险货物运输中的注意事项。

教学方法

一般采用讲授、情境教学、案例教学和分组讨论等方法。

教学内容

危险货物运输

一、危险货物运输作业流程

危险货物运输，要经过受理托运，仓储保管，货物装卸、运送、交付等环节，这些环节分别由不同岗位人员操作完成。其中，受理托运、货物运送以及交接保管工作环节尤其应加强管理。危险货物运输作业的流程，如图 6-3 所示。

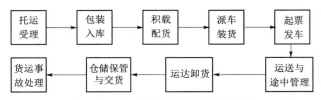

图 6-3 危险货物运输作业的流程

(一) 受理托运

(1) 操作内容：托运人填写危险货物托运单，承运人验货员审核托运单，验货。

(2) 操作要求。托运人填写危险货物托运单（表6-6），在托运单上填写清楚危险货物品名、规格、件重、件数、体积、包装方法、起运日期、收发货人详细地址以及运输过程中的注意事项。对有特殊要求或凭证运输的危险货物，必须附有相关单证，并在托运单备注栏内注明。托运人托运危险货物仅限于各种运输方式中危险货物品名表内列载的货物，对未列入《危险货物品名表》的危险货物新品种，需提交生产或经营单位主管部门审核的《危险货物鉴定表》（表6-7），经承运人的运输行政管理部门批准后才能办理运输。危险货物托运单必须是红色或带有红色标志，以引起注意。

托运人必须向具有从事危险货物运输经营许可证或经有关部门审核批准的运输企业托运。对那些具有危险性质或消防方法相抵触的货物必须分别托运和承运。

承运验货员应认真核对运单上所填写货物的编号、品名、规格、件重、净重、总重、体积、收发货地点、时间以及所提供的单证是否符合规定。必须对货物的性能、防范方法、形态、包装等情况进行详细了解并注明。

承运验货员对包装、规格和标志是否符合国家规定要求不清楚时，必须到现场进行了解。

承运验货员对新产品应检查随附的《技术鉴定书》是否有效。对按规定需要的"准运证件"的货物，必须检查是否齐全有效。

承运验货员要做好运输前的准备工作，装卸现场、环境要符合安全运输条件，必要时应赴现场勘察。

到达车站、码头的爆炸品、剧毒品、一级氧化剂、放射性物品（天然铀、钍类除外），在受理前应赴现场检查包装等情况，对不符合安全运输要求的，应请托运人改善后再受理。

(二) 包装保管

(1) 操作内容：包装员包装与刷贴标志，保管员保管货物。

(2) 操作要求。承运验货员对危险货物的包装与刷贴标志进行查验，当发现包装与刷贴标志等情况不符合安全运输要求的，应请托运人改善。当然，承运人也可以帮助托运人进行包装。托运人在包装时，应根据不同的货种、要求用特定的材料来制造容器，并要求以一定的包装方法进行包装。容器的封口、衬垫、捆扎以及每件最大重量等都必须符合规定要求，每件包装上应有规定的包装标志及危险货物包装标志。

危险货物一般应单独包装。同一件包装内的货物必须是同一项或同一配装号（爆炸性物质除外），而且消防方法不相抵触的物品。包装的种类、材质、封口等应适应所装货物的性质。包装规格、形式以及单位包装重量应便于装卸、搬运和保证运输过程中的安全。包装必须刷贴有规定的标志。

保管员要及时掌握危险货物的情况，严格按危险货物的性质进行保管，发现问题及时报告领导和采取相应措施。

表6-6 ××物流公司汽车危险货物托运单

编号：××No.00001

起运日期： 年 月 日

起运站		到达站		经由		全程/km	
托运人		地址		联系电话		邮编	
收货人		地址		联系电话		邮编	

危险货物名称	编号	性质	规格	包装形式	包装等级	件数	体积/cm³	实际质量/t	计费质量/t	计费里程/km	运价率/[元/(kg·km)$^{-1}$]	运费/元	保险保价费/元

保险、保价金额： 元 合计

运杂费合计	万	千	百	拾	元	角	分

货物运单签订地	起运日期：	承运人签章	托运人签章	货运站收货人签章
	年 月 日	年 月 日	年 月 日	年 月 日

特约事项

说明：1. 托运货物必须按规定包装完好，符合安全要求，捆扎牢固。
2. 不得捏报货名，凭证运输证明文件，运输特殊要求，运输注意事项应在特约事项中说明。否则，一切损失由托运人负责。
3. 本运单一式五联：第一联存根，第二联托运人存查联，第三联提货联，第四联承运人存查联，第五联随货通行联。

表 6-7　危险货物鉴定表

品名		别　名	
英文名		分子式	
理化性能[a]			
主要成分[b]			
包装方法[c]			
中毒急救措施			
散漏处理和消防方法			
运输注意事项[d]			
鉴定单位意见	属于＿＿＿＿＿类＿＿＿＿＿项危险货物 比照＿＿＿＿＿＿＿＿＿＿＿＿品名办理 比照危规第＿＿＿＿＿＿＿＿号包装		

鉴定单位联系人：　　　　电话：　　　　传真：

　　　　地址：　　　　邮编：

鉴定单位及鉴定人：＿＿＿＿＿＿＿＿＿＿＿＿＿＿＿（盖章）　　　　年　月　日

申请单位联系人：　　　　电话：　　　　传真：

　　　　地址：　　　　邮编：

申请鉴定单位：＿＿＿＿＿＿＿＿＿＿＿＿＿＿＿＿＿（盖章）　　　　年　月　日

注：鉴定单位由国家安全生产监督管理局指定。
a 性能包括色、味、形态、比重、熔点、沸点、闪点、燃点、爆炸极限、急性中毒极限以及危险程度；
b 凡危险货物系混合物，应该详细填写所含危险货物的主要成分；
c 包装方法应注明材质、形状、厚度、封口、内部衬垫物、外部加固情况以及内包装单位质量（重量）等；
d 对该种货物遇到何种物质可能发生的危险，提出防护措施。

(三) 配装与装车

(1) 操作内容：装卸员装卸货物。

(2) 操作要求。装卸人员必须严格按照"危险货物配装表"（表6-8）的规定进行配装危险货物，不同性质而相互有影响的货物不得拼装一车。装运火药类的爆炸品，以车辆核定吨位的80%为限。装运一级腐蚀性酸类物质，不得超过两层。严禁用铁货箱、平板车装危险品，并一律不准带挂车。装运危险货物的车厢，应配备必要的消防防护设备。装运易燃物资车辆的排气管应装置火星熄灭器，防止火星飞溅造成火灾。

装卸人员在危险货物装车之前，先要调查清楚危险货物的特性、处理方法、防止措施等。危险货物不得与普通货物混装。

装卸作业场所最好选在避免日光照射、隔离热源和火源、通风良好的地点。要详细检查所装危险货物与运输文件上所载内容是否一致，容器、包装、标志是否完好。如发现包装有损坏，容器有泄漏现象时，应请发货单位调换包装、容器，或经修理加固，符合安全运输要求方可装运，严禁冒险装运。装车时，装卸人员要注意防护，穿戴必要的防护用品，严格执行装卸安全操作规程，不得使用发生火花的工具，必须轻装轻卸，谨慎操作。禁止撞击、震动、摩擦、拖拉、滑跌、抛丢、坠落、倒置、翻滚、摔倒、挖井等野蛮作业。保持包装完好，严禁超高堆装，堆码整齐牢固。桶盖、瓶口应朝上，禁止倒置、倒放。应根据危险货物不同的性质，灵活应用铺垫隔衬材料进行衬垫、遮盖、绑扎和加固。

在装卸危险货物过程中，遇有闪电、雷击、雨雪天或附近发生火警时，应立即停止装卸货作业。

危险化学品
道路运输安全

(四) 途中运送与管理

(1) 操作内容：驾驶员安全运送与管理货物。

(2) 操作要求。运送危险货物，应选择技术良好、熟悉道路的驾驶员担任。驾驶员起运前，必须对所运送的危险货物熟悉，掌握途中运送与管理要求，施救方法等。应注意气象预报，掌握雨雪和气温的变化，选择合适天气运送。装载爆炸性、放射性物质，托运方必须派人随车押运。凡装载危险货物的车辆，除押运人员外，不得搭乘其他人员。车前要悬挂有"危险"字样的三角旗，并按当地公安部门指定的路线、时间行驶。车辆行驶中，驾驶员应严格遵守交通规则和操作规程，思想集中，谨慎驾驶，保持一定车距和中速行驶；做到经过不平路要慢，经过铁路要慢，上下坡、起步、倒车也要慢，避免紧急制动；严禁超速和强行超车，中途停车应选择安全点停放，押运人员不得远离。

在危险货物运输过程中，发生燃烧、爆炸、污染、中毒或者被盗、丢失、流散、泄漏等事故，驾驶人员、押运人员应当立即向当地公安部门和本运输企业或者单位报告，说明事故情况、危险货物品名、危害和应急措施，并在现场采取一切可能的警示措施，并积极配合有关部门进行处置。在危险货物运输过程中，一旦发生运输企业或者单位应当立即启动应急预案。

表 6-8　危险货物配装表

		1	2	3	4	5	6	7	8	9	10	11	12	13	14	15	16	17	18	19	20	21	22	23	24	25	26	27	28	29	30
爆炸品	起爆器材	1																													
	炸药及爆炸性药品	2	×																													
	其他爆炸品	3	×	×																											
压缩气体、液化气体	剧毒气体	4	×	×	×																										
	易燃气体	5	×	×	△	×																									
	助燃气体	6	×	×	×		×																								
	不燃气体	7	×	×	×																										
易燃液体	易燃液体	8	×	×	△																										
易燃固体	易燃固体	9	×	×	△	×		△																							
易自燃物品	易自燃物品	10	×	×	×																										
遇湿易放出易燃气体物质		11	×	×	×					△																					
氧化剂	硝酸盐类	12	×	×	×						g	×	×																		
	硝酸、亚硝、亚氯酸盐类	13	×	×	×		×				×	×	×	×																	
	其他氧化剂	14	×	×	×						×	×	×	×	×																
	有机过氧化物	15	×	×	×						×	×	×	×	×	×															
毒害品	无机毒害品	16	×	×	△						△		△		△	△	△														
	有机毒害品	17	×	×	×										×	×	×														
	易感染物品	18	×	×	×										×	×	×														
	溴	19	×	×	×						△		△		×	×	△	×	×	×											
腐蚀性物品	硝酸、发烟硝酸	20	×	×	×						×		×		×	×	×	×		×	△										
	硫酸、发烟硫酸、氯磺酸	21	×	×	×						×		×		×	×	×	×		×	×	×									
	其他无机酸性腐蚀物品	22	×	×	×						△		△		×	×	×			×	△	×	×								
	有机酸性腐蚀物品	23	×	×	×						×		×		△	×	△			×	△	×	×	×							
	碱性腐蚀物品	24		×	×						×		×	△	×	×	△			×	×	×	×	×	×						
	其他腐蚀物品	25	×	×	×						×		×		×	×	×			×	×	×	×	×	×	×					
普通货物	化学可燃物品	26	×	×	×						×		×		×	×	×			×	×	×	×	×	×	×	×				
	非化学可燃物品	27	×	×	×						×		×		×	×	×			×	×	×	×	×	×	×	×	×			
	饮食品、饲料、药品、药材	28	×	×	×						×		×		×	×	×			×	×	×	×	×	×	×	×	×	×		
	活体动物	29	×	×	×		×				×		×		×	×	×			×	×	×	×	×	×	×	×	×	×	×	
	其他货物	30	×	×	×						g		g		g	g	g			×	×	×	×	×	×	×	×	×	×	×	×

注：表内无符号表示可以配装；"×"符号表示不得配装；"△"表示可以配装；但堆放时应隔离 2 m 以上。

（五）卸车交付

（1）操作内容。装卸员装卸货物，驾驶员与接货员交接货物。

（2）操作要求。装卸人员进行危险货物卸车时，不得采用抛扔、坠落、拖曳等方法，应避免货物之间的撞击和摩擦。

驾驶员与接货员要严格货物交接，做到交付无误，危险货物必须点收、点交签证手续完善。交付后应对车辆进行清洗、消毒处理。

卸货时发现有货损货差，收货人不得以任何理由拒收，并应及时采取安全措施，以避免扩大损失，同时在运输单证上批注清楚。驾驶员、装卸工返回后，应及时汇报，及时处理。

在装卸与运输危险货物中，出现漏散现象，应按规定的防护办法及时采取措施。

装卸与运输危险货物的车辆发生火警，有关人员应根据所装货物的特性，采取不同的灭火方法，立即尽力扑救，防止火势蔓延，减少损失。发生较大事故时，应立即上报政府有关部门，同时及时采取安全措施，以避免扩大损失。

二、汽车运输危险货物运输车辆及站场设施管理

（一）危险货物运输车辆的技术要求

危险货物具有燃烧、爆炸、感染、毒害、腐蚀以及放射等危险性质。这些性质的存在，决定了运输危险货物车辆的结构、性能和装备必须符合一些相应的特殊要求。

（1）车辆排气管应有隔热罩和火星熄灭装置。

（2）装运大型气瓶，可移动式槽罐的车辆必须装备有效的紧固装置。

（3）车厢底板必须平整完好，周围栏板必须牢固。

（4）在装运易燃、易爆危险品时，一般应使用木质底板车厢，如是铁质底板，就应采取衬垫物防护措施，例如铺垫胶合板、橡胶板等，但不能使用稻草片、麻袋等松软材料。

（5）装有易燃易爆危险品的车辆，不得使用明火修理或采用明火照明，不得用易产生火花的工具敲击。

（6）装运放射性同位素的专用车辆、设备、搬运工具、防护用具，必须定期进行放射性污染程度的检查，当污染量超过规定允许水平时，不得继续使用。

（7）根据所装危险货物的性质，车辆要配备相应的消防器材和捆扎、防散失、防水等工具、用具。

（8）装运危险品的车辆应具备良好避震性能的结构和装置。

（9）装运危险货物的车辆必须按国家标准《道路运输危险货物车辆标志》（GB 13392—2005）规定设置"危险品"字样的信号装置，即三角形磁吸式"危险品"字样的黄色顶灯和车尾标志牌。

（10）对运输危险货物车辆的限制：拖拉机不得装运爆炸物品、一级氧化剂、有机过氧化物、一级易燃物品（包括固体、液体和气体）；自卸车原则上不得装运各类危险货物，但沥青、粗蒽、萘、散袋硫黄除外；非机动车不得装运爆炸品、压缩气体和液化气体（民用液化石油气暂予免除限制）；畜力车不能驮运起爆器材、炸药或爆炸物品。

（二）汽车危险货物运输设施管理

运输设施是指按一定技术标准建设，具有特定功能，供运输生产作业、经营活动使用的

建筑物及场所。汽车危险货物运输设施,主要包括供危险货物运输使用的汽车场、汽车站、停车场、专用仓库等建筑物、场地以及其他从事汽车危险货物运输生产作业、经营活动的场所。

1. 汽车危险货物运输设施的建设要求

汽车危险货物运输设施建设,在选址、布局、结构、功能等方面,既要适应危险货物运输的技术条件、生产安全的要求,又必须符合环境保护、消防安全、劳动保护、交通管理等方面的规定。汽车危险货物运输设施,一般应建设在人口稀少的郊区,远离工厂企业、机关团体、商业网点密集以及居民密集地区。在建筑设计中,应充分考虑危险货物作业场所对消防措施、安全防护、"三废"(废水、废气、废渣)处理、生态环境的特殊要求以及万一发生事故的应急措施等问题。

为了使储存危险货物的仓库一旦发生燃烧等危险事故时,能限制灾情的扩大,各个储存危险货物的仓库之间,要保持一定的防火安全距离,危险货物仓库之间,一般要保持防火间距为 20~30 m。如果是储存爆炸物品和放射性物品,则必须按国家有关规定办理。

储存危险货物的仓库,仓库面积不要太大,一般不超过 400~600 m^2;仓库区必须与行政管理、生活区分开;每间库房应设有两个或不少于两个的安全出入口,库门应朝外开启。储存危险货物的仓库,还应有通风、防潮、防汛和避雷设施。仓库的电源装置必须采用防爆、隔离、密封式的安全设置。货物运输企业应制定和实施各层次的运输设施管理制度,并按照制度的要求,切实加强运输设施的使用监督和技术状况的检查、维护工作,保证运输设施技术状况的完好。

2. 汽车危险货物运输生产现场的安全管理

运输生产现场的安全管理,主要是指对汽车危险货物运输的重点干线、车站、港口、仓库、工厂以及其他有关物资单位相关场所的安全设备、环境条件、车辆进出程序、货物装卸、储存保管货物、生产组织以及其他生产作业中的安全管理工作。为切实搞好汽车危险货物运输现场的安全管理,要制定相应的管理规则、岗位责任制、工作标准、管理工作程序和货物装卸操作规程等规章制度,并严格监督执行。

在运输现场安全管理的组织措施上,汽车危险货物运输企业应建立健全运输现场安全管理网。现场安全管理网是在企业调度部门统一负责下,由调度、安全、质量机构以及现场管理人员共同组成的管理体系。现场管理人员在人事关系上分属调度机构及有关车队领导;在业务工作上,由调度、安全、质量部门负责指导、安排具体工作任务。

各网点现场人员应掌握危险货物运输有关的政策、法规、制度和操作规程、建立联系制度,做好安全、质量的监督、检查工作,及时处理现场发生的问题。

三、技能训练

1. 训练目标

通过实践训练,能够进行危险货物运输组织,为危险货物安全运输提供高端技能型人才。

2. 训练准备

(1) 分组:每组 10 人,一起进行讨论设计。

(2) 准备好托运单、相关包装材料、包装标识等。

3. 训练项目

(1) 2018年4月7日，福州安全物流公司接到福州烟花公司200箱烟花爆竹运输任务，货物每箱重为20 kg，目的地为南昌，总运费为4 500元。试进行汽车托运单制作、货物验收、包装检查、货物标识、称量、堆码，并提出运输装卸要求。

(2) 2018年4月10日，昆明安全物流公司接到昆明农药厂200箱瓶装乐果运输任务，货物每箱重为20 kg，目的地为河南驻马店，双方商定总运费为8 500元。试进行汽车托运单制作、货物验收、包装检查、货物标识、称量、堆码，并提出运输装卸要求。

4. 训练评价

训练评价的方式有教师评价、小组内部成员评价和第三方评分组成员评价三种。建议教师评价占60%的权重，小组内部成员评价占20%的权重，第三方评分组成员评价占20%的权重，将三者综合得分作为学生在该项目的评价分。训练评价表见表6-9。

表6-9 训练评价表

考评人		被考评人	
考评地点			
考评内容	危险货物的包装与装卸		
考评标准	具体内容	分值	实际得分
	工作态度	15	
	沟通水平	15	
	完成项目（1）情况	30	
	完成项目（2）情况	40	
	合计	100	

注：考评满分为100分，60分以下为不及格，60~69分为及格，70~79分为中，80~89分为良，90分以上为优。

思考练习

一、简述题

1. 危险货物分为哪几类？
2. 危险货物包装有何要求？
3. 运输危险货物的车辆有何技术要求？
4. 危险货物配装有何要求？
5. 危险货物装卸过程中有何要求？

二、案例分析题

谁该为灭失的电石负责

原告强英公司是专业经营电石和其他化学危险品的公司，被告李某系个体货运车主，其车（汽车消费贷款购置）登记在被告三友公司名下。李某及三友公司均无承运危险物品的资质，且三友公司并没有开展货运业务。2004年5月5日，强英公司负责人打电话与李某联系，约定由李某拉运电石一车，运价按每吨500元计算。5月9日，强英公司经工商银行向李某异地汇款 8 000 元作为预付运费，同日李某装载了包装为编织袋散包装的电石 24.27 t 拉往南通（另有一车亦受雇原告运载电石同行）。路上遭逢阴雨天气，李某对承运电石采取了苫布遮盖等措施。5 月 12 日凌晨，李某发现有气体从车厢冒出，即上车检查。在检查过程中，电石突然爆炸并起火自燃，将李某掀下车，致脚骨骨折。李某打电话报警，消防队到达后，因交通堵塞，灭火用的砂石等无法运达，无法扑灭火情。在此过程中，同行的另一承运车辆所运电石也突然起火燃烧。根据现场状况，有关部门将两车拉载的电石倾倒在高速公路服务区水坑内，并控制局势，使其稳定燃烧，致电石全部毁损灭失。事后，李某被处以行政拘留十日的处罚，并因吊车、医疗、维修汽车等支出 1.6 万余元。所收运费 8 000 元因拉运途中油耗、过路费等消耗殆尽。原、被告双方口头定约及承运时均通过电话联系，未见过面。强英公司未对李某及三友公司有无承运危险物品的资质进行审核，也未将承运电石妥善包装、做出危险品标志和标签、向被告提交有关电石性质和防范措施的书面材料。现原告起诉要求被告赔偿全部电石损失及返还已付运费。

请问：谁该为灭失的电石负责？

项目七

大件物品运输实务

内容简介

大件物品运输由于其质量或体积超过常规道路、桥涵等设施的限载或通行标准，可能导致道路、桥涵的损坏，危及公共交通安全，很难由承运企业独自实施，因此需要在有关行政职能部门的组织协调下，对大件物品运输进行科学的组织和管理，以保障大件物品运输任务的安全顺利完成。大件物品运输因其承运对象的大型化以及特殊性，使其在具体的运输实施时不仅关系到货物运输本身的安全，而且关系到社会及环境的安定。如何确保大件公路运输安全，提高运输组织效率，是大件物品运输的关键。

教学目标

知识目标

1. 了解大件物品的概念。
2. 掌握大件物品运输装载的基本要求和技术条件。
3. 大件物品运输合理装载的因素。

技能目标

1. 能够制订大件物品运输方案。
2. 会签订大件物品运输合同。
3. 能够完成大件物品运输的组织管理工作。

案例导入

大件物品的运输

2004年2月12日傍晚的上海港码头。人们的目光都聚集到了一个"重无霸"身上。

这是一件重达 821 t 的进口化学反应设备。船务公司将它运抵上海港后，再由上海交运大件起重运输有限公司（交运大件）负责其陆路部分的运输，它的目的地是上海化工区巴斯夫项目安装工地。为了这一运输任务，交运大件前后准备了几个月。

在水中的"向阳 4 号"400 t 浮吊与岸上的 500 t 码头岸吊共同配合下，"重无霸"终于被缓缓地抬吊起，最后被平稳地放在大型平板车上。"重无霸"长为 56.4 m，交运大件动用了两组 900 t 级的液压平板车组承载，共有 432 只轮子驱动。从港口到工地一共 4 km 路程，用了两个多小时才到达目的地。

两个月前，交运大件接到了上海胜兴国际货代公司的委托，公司上下顿时忙活起来。交运大件要做的第一件事就是考察货物。对于货物的尺寸、形状以及重量等都要进行详细的计算，甚至对它的质量也要有所了解。"重无霸"的宽为 11.7 m，交运大件采用了两组 900 t 级的液压平板车横向拼接，一辆 900 t 级的液压平板车的货台宽为 3.6 m。

货物的情况了解后，还要检查路况。主要看路面是否平整，有没有坡度，如果有坡度就要计算会不会造成危险。路程中是否有弯道；如果有弯道，需要计算弯道半径有多大，因为 900 t 级的平板车转弯半径为 44 m。在"重无霸"需要经过的 4 km 路程中，有 4 个弯道，幸好弯度都不大。在这趟短程旅途中，还省去了对桥梁与涵洞的考虑。

至此，整个运输方案出台。随后安排具体的人负责具体的工作，有做整体指挥的，有专门作业的，还有负责检查的。

根据客户的要求，交运大件原本把运输时间安排在 2 月 3 日，但在之前的空车试行过程中发现，有一处高压电线必须清空。这是因为"重无霸"高度为 12.5 m，在高压电线下经过时，距离太近，会造成一定危险。在运输车经过电线时，必须保证电线处在断电状态，于是交运大件紧急向电力部门提出了申请。

经过这个插曲，运输时间被拖延至 2 月 12 日。暮色下，上海化工区的道路上，庞大的车队缓缓前行，前面一辆开道车，中间是载有"重无霸"的液压平板车，后面还跟了一辆维修车。一行人马就这样浩浩荡荡地驶入了巴斯夫的项目基地。

引导思路

1. 什么是大件物品？大件物品是指符合哪些条件的货物？
2. 该公司如何制订运输方案？

任务一 认识大件物品

教学要点

1. 了解大件物品的定义和特点。
2. 了解大件物品运输的基本条件。
3. 理解大件物品运输的困难。

教学方法

一般采用讲授、情境教学、案例教学等方法。

教学内容

一、大件物品概述

（一）汽车大件物品

1. 汽车大件物品的定义

汽车大件物品是指货物外形尺寸和重量超过常规车辆装载规定的大件物品，如图7-1所示。

大件物品

汽车货物运输中的大件物品是指符合下列条件之一的货物：

（1）长度为14 m以上，或宽度为3.5 m以上，或高度为3 m以上的货物。

（2）重量为20 t以上的单体货物或不可解体的成组（捆）货物。

图7-1 汽车大件物品

一般来说，大件物品有如下特点：

（1）装载后车与货的总重量超过所经路线桥涵、地下通道的限载标准。

（2）货物宽度超过车辆界限。

（3）载货车辆最小转弯半径大于所经路线设计弯道半径。

（4）装载总高度超过5 m；通过电气化铁路平交道口时，装载总高度超过4.2 m；通过无轨电车线路时，装载总高度超过4 m；通过立交桥和人行过街天桥时，装载总高度超过桥下净空限制高度。

2. 大件物品的类型

超限货物是一个总称，包括不同种类，有的是超高货物，有的是超长货物，有的则是超重、超宽货物，这些货物对运输工具、运输组织的要求各异。为了保证运输安全和管理的需要，一些运输方式根据大件物品的主要特性进行分类。

根据《道路大型物件运输管理办法》的规定，公路超限货物（即大件物品，又称"大型物件"）按其外形尺寸和重量分成四级，见表7-1。

表7-1 大件物品分组

大件物品级别	重量/t	长度/m	宽度/m	高度/m
一	20~(100)	14~(20)	3.5~(4.5)	3~(3.8)
二	100~(200)	20~(30)	4.5~(5.5)	3.8~(4.4)
三	200~(300)	30~(40)	5.5~(6)	4.4~(5)
四	300以上	40以上	6以上	5以上

注：1. "括号数"表示该项不包括括号内的数值。

2. 货物的重量和外廓尺寸中有一项达到表列参数，即为该级别的超限货物；货物同时在外廓尺寸和重量达到两种以上等级时，按高限级别确定超限等级。

大件物品重量是指货物的毛重量，即货物的净重量加上包装和支撑材料后的总重量。它是配备运输车辆的重要依据，一般以生产厂家提供的货物技术资料所标明的重量为参考数据。

(二) 铁路大件物品

铁路大件物品主要是指铁路超限货物，在货物装车后，在平直线路上停留时，货物的高度和宽度有任何部位超过机车车辆限界或特定区段装载限界者，均为超限货物。在平直线路上停留虽不超限，但行经半径为 300 m 的曲线线路时，货物的计算宽度仍然超限的，也为超限货物。

（1）根据货物的超限程度，超限货物分为一级超限、二级超限和超级超限三个等级，如图 7-2 所示。

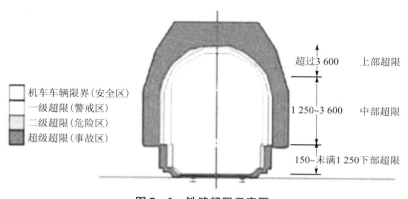

图 7-2　铁路超限示意图

①一级超限：自轨面起高度达 1 250 mm 及其以上超限但未超出一级超限限界者。

②二级超限：超出一级超限限界而未超出二级超限限界者，以及自轨面起高度为 150 ~ 1 250 mm 超限但未超出二级超限限界者。

③超级超限：超出二级超限限界者。

（2）根据货物超限部位所在高度，超限货物分为三种类型：上部超限、中部超限和下部超限。

上部超限：自轨面起高度超过 3 600 mm，任何部位超限者。

中部超限：自轨面起高度为 1 250 ~ 3 600 mm，任何部位超限者。

下部超限：自轨面起高度为 150 ~ 1 250 mm，任何部位超限者。

（3）超重货物主要是指装车后，车辆及所装货物的总重（包括装载加固装置与材料、货物包装）对桥梁的作用超过按铁路桥涵列车活载标准设计的桥梁承载能力的货物。

根据货物的超重程度，超重货物分为一级超重、二级超重和超级超重三个等级。

一级超重：$1.00 < Q \leq 1.05$。

二级超重：$1.05 < Q \leq 1.09$。

超级超重：$Q > 1.09$。

注：Q 为活载系数。

二、大件物品运输的特殊性

基于大件物品的特点，其运输组织与一般货物运输有所不同。

1. 特殊装载要求

大件物品运输对车辆和装载有特殊要求，在一般情况下大件物品装载在超重型挂车上，用超重型牵引车牵引，而这种超重型车组是非常规的特种车组，车组装上大件物品后，往往重量和外形尺寸大大超过普通汽车、列车的外形尺寸。因此，超重型挂车和牵引车都是用高强度钢材和大负荷轮胎制成，价格昂贵。

2. 特殊运输条件

大件物品运输条件有特殊要求，途经道路和空中设施必须满足所运货物车载和符合外形储存的通行需要。道路要有足够的宽度、净空以及良好的曲度。桥涵要有足够的承载能力。这些要求在一般道路上往往难以满足，必须事先进行勘测，运前要对道路相关设施进行改造，如排除地空障碍、加固桥涵等，运输中采取一定的组织技术措施，采取分段封闭交通，大件车组才能顺利通行。

3. 特殊安全要求

大件物品一般均为国家重点工程的关键设备，因此大件物品运输必须确保安全，万无一失。大件物品运输可以说是一项系统工程，应根据有关货物运输企业的申请报告，组织有关部门、单位对运输路线进行勘察筛选；对地空障碍进行排除；对超过设计荷载的桥涵进行加固；指定运输护送方案；在运输中，进行现场的调度，做好全程护送，协调处理发生的问题；所运大件价值高，运输难度大，牵涉面广，因此受到各级政府和领导、有关部门、有关单位和企业的高度重视。

三、大件物品应遵循的原则

（1）安全可靠。由于超限设备均是在指定工厂，采用特殊工艺生产的贵重设备，价值高、无替换品，因此无论采用何种运输方式，始终应考虑到设备的无替换性、非标准性，将安全第一作为第一指导原则。

（2）节省费用。在确保安全的前提下，所确定的运输方式应能达到运输成本、道桥加固改造及路障排除费用最低这一目的。

（3）尽量减少中间装卸和倒运环节。主要是考虑需要大吨位塔式起重机随行、进出场费与机具的后勤保障所需要的经费太高且相关问题太多。

四、发展大件物品运输的重要意义

大件物品运输作为运输领域的一项特殊作业，一直是高技术、高附加值、高收益的代名词。近年来，随着世界各国科学技术发展，在引进和研发超重型车组设备后，我国大件物品运输得到了一定的发展。工业设备逐步向大型化、重型化和超重型化发展。但是，与发达国家相比，我国大件运输业总体水平还较低，在技术和管理方面存在较大的差距。目前，发达国家普遍运用计算机技术制订大件物品运输方案，不仅快速高效，而且简化了决策过程。只要输入货物的外形尺寸、重量、重心，以及承运车辆与运输路线等相关数据，在计算机模拟系统软件包的支持下，计算机即可输出不同的备选方案，供选优决策。

我国绝大部分从事大件运输的货运公司缺乏科学、有效的决策手段，在进行运输方式选择、运输设备选择、装载加固方案选择等方面的决策时往往凭借经验，导致了决策复杂化的同时，运输安全也得不到保证。我国大件物品运输业必须坚持科技创新，加快技术进步的步伐,研制具有国际先进水平的大件物品决策支持系统来辅助拟订运输方案,将大大提高我国大件物品运输的技术水平,增强我国货物运输企业参与国际大件物品运输的市场竞争力。

大件物品能否安全、迅速地运到目的地,不仅对整个国民经济的发展将产生重大影响,而且对国家大型工程项目和国防建设具有十分重要的战略意义。

五、技能训练

1. 训练目标

通过实践训练,能够认识大件物品,为大件物品运输企业提供高端技能型人才。

2. 训练准备

(1) 分组:每组5人,一起进行讨论。

(2) 到大件物品运输企业或有大件物品的企业去,准备好皮尺、测量仪等。

3. 训练项目

(1) 测量大件物品的长、宽、高,并估算其重量,确定其类型。

(2) 找出大件物品的重心点。

4. 训练评价

训练评价的方式有教师评价、小组内部成员评价和第三方评分组成员评价三种。建议教师评价占60%权重,小组内部成员评价占20%的权重,第三方评分组成员评价占20%的权重,将三者综合得分作为学生在该项目的评价分。训练评价表见表7-2。

表7-2 训练评价表

考评人		被考评人	
考评地点			
考评内容	认识大件物品		
考评标准	具体内容	分值	实际得分
	工作态度	15	
	沟通水平	15	
	完成项目(1)情况	30	
	完成项目(2)情况	40	
	合计	100	

注:考评满分为100分,60分以下为不及格,60~69分为及格,70~79分为中,80~89分为良,90分以上为优。

任务二 大件物品的运输实务

教学要点

1. 了解大件物品运输的影响因素和运输的基本要求。
2. 了解大件物品运输的前提条件。
3. 学会制订大件物品运输的运输方案。

教学方法

一般采用讲授、情境教学、案例教学等方法。

教学内容

一、影响大件物品运输的因素

（一）运输方式的选择

由于大件物品一般具有超长、超宽、超高、集重等特征，因此适合于大件物品的运输方式主要有四种，即铁路运输、公路运输、水路运输及联合运输。四种运输方式各有特点，选择何种运输方式必须综合考虑大件物品的体积、重量、地区路网条件、装卸条件、运输时的水文气象条件及运输成本、运输时间等因素灵活选择。因此，选择何种运输方式应根据所运货物相关参数、运输要求与运输地之间的交通情况以及运输成本等来确定。

（二）运输路线的选择

运输方式的不同，导致在运输路径的选择上存在着巨大差异。在铁路、公路、水路三种运输方式中，水路运输与陆路运输相比，通行环境较好，大件船舶一般仅对河道通行宽度、深度、弯曲半径等具有一定要求，因此水路大件运输路线比较容易确定。对铁路运输方式而言，建筑限界标准已经确定运输大件物品时，只要满足铁路运输限界等相关要求就能顺利通过，故路径的选择也相对公路运输方式容易。公路大件物品运输在出发地和目的地之间存在多条可行路径，但并不是每条路径都是适合运输的，而且运输路障较多。如何选择最优路径来减少运输成本和运输时间，以期达到经济效益最大化是路线选择的关键。

大件运输车辆

大件运输安全标志

（三）设备的选择

铁路大件物品运输多用普通平车、长大货物车装运。但由于这两种车数量不足，除少数外形尺寸不大而单件重量较大的笨重货物，也可以用敞车装运。

（四）运输安全

影响大货物运输安全的因素较多，铁路运输包括确定性因素，如建筑限界尺寸、相邻线路中心线间距，以及随机因素如动态偏移量、作用在货物上的各种力。

公路运输中大件设备运输中的安全稳定问题，除按一般运输规程的规定执行外，还有几个特殊要求需要认真考虑。

1. 对重心的要求

进行大件物品运输时，被运货物和整车的重心往往较高，为此要求：

（1）大件物品的重心位置要有明显标志（一般由制造厂家提供）。

（2）用起重机吊装大件物品时，起吊绳的合力延长线应通过被吊物件的重心，以保证吊钩钢丝绳处于垂直状态。

（3）装车时被运大件物品的重心应与承运车辆货台的承重中心保持一致，若重心过高或偏移过多时，则应予以调整或加以配重。

（4）对于重心较高的高耸式细长形货物，应尽量采用横卧运输，若不能采用此法，则应采取牢靠的固定措施和防倾倒措施，以保证运输安全。

2. 运输车辆的安全性

（1）运输车辆的可靠性。公路大件物品运输安全可靠的首要保证是车辆合理的配备，它关系到运输时道路地基能否适应、运输车辆稳定性是否足够、运行能否正常等问题。车辆合理配备是指牵引车的选型和挂车拼挂轴数的选定，不同轴数的挂车其额定载荷不同，挂车轴数的确定取决于货物的重量和外形；牵引车的选型根据选定的挂车及其载重量来确定。

（2）运输车辆的稳定性。合理地为大件物品配备了运输车辆之后，然后要考虑运输车辆各方面的稳定性对运输过程安全可靠的影响。

（3）运输车辆的通过性。

①路面负载能力。重大件运输的载重吨位一般较大，必须考虑运输过程中路面的负载能力。如果影响道路弯沉的各主要参数均小于许用值，则视为可以安全通过。

②横坡和纵坡通过能力。在车辆稳定性中，可以计算出货物在各种捆扎方式下的最大横向和纵向倾斜角。如果这个角度小于标准规定的角度，则可以安全通过横坡和纵坡。

③弯道通过能力。弯道通过能力主要采用的是道路参数比较法。通过弯道数据，与车组最小转弯半径等数据进行比较，以确定车辆是否能安全通过。

④桥梁通过能力。根据《公路工程技术标准》（JTG B01—2014）中规定的桥梁设计与验算荷载，运用载荷比较法、载荷效应比较法和结构验算法，以确定运输过程中桥梁的通过能力。

3. 地面拖运中的安全问题

用地面滚动或滑动法进行大件物品拖动时，还应认真地做好反向制动，以免因牵引机械的突然起动或其他原因对大件物品产生冲击而发生倾覆，特别是沿斜坡拖动时更应引起注意。

二、大件物品运输的条件

（1）车辆装备条件：具有装载整体大件物品实际能力在 300 t 及以上的超重型车组，包括牵引车和挂车（半挂车、凹式低平台挂车、长货挂车、三纵列或四纵列挂车、其他变型挂车），并有相应的配套附件。车组技术状况良好，在重载条件下能顺利通过 8% 的道路坡度。

（2）技术人员条件：设有分管技术的副经理或总工程师；具有高级工程师职称的汽车运用专业技术人员不少于 2 人；主管技术的车队长必须有从事大件物品运输十年以上的实际经验。

（3）技术工人条件：具有符合交通行业工人技术等级标准的超重型汽车列车驾驶员、超重型汽车列车挂车工、公路运输起重工，其中各类工种的高级工人不少于 1 人。凡尚未按规定考核的地区，可根据相关规定的技术要求进行应知、应会、工作实例等考核。

三、大件物品运输的基本要求

（1）在办理托运手续时，除按一般规定外，托运人必须提交货物说明书，以及装卸、加固等具体要求，在特殊情况下，还须向有关部门办理准运证。承运人应根据托运人提供的有关资料进行审核，掌握货物的具体特征，选择适合的车辆，在具备安全运输条件和能力的情况下，再办理承运手续。

（2）承运人应根据大件物品的外形尺寸和车货质量，在起运前会同托运人勘察作业现场和运行路线，了解沿途道路线形和桥涵通过能力，并制订运输组织方案。涉及其他部门的应事先向有关部门申报并征得同意，方可起运。

（3）制订货物装卸、加固等技术方案和操作规程，并严格执行，确保合理装载、加固牢靠、安全装卸。装卸作业由承运人负责的，应根据托运人的要求、货物的特点和装卸操作规程进行作业。由托运人负责的，承运人应按约定的时间将车开到装卸地点，并监装、监卸。

（4）运输大件物品，属于超限运输的，应按规定向公路管理机构申请办理《超限运输车辆通行证》，按照核定的路线行车。在市区运送大件物品时，要经公安机关和市政工程部门审查并发给准运证，方可运送。

（5）按指定的线路和时间运行，并在货物最长、最宽、最高部位悬挂明显的安全标志，白天行车时，悬挂标志旗；夜间行车和停车休息时装设标志灯，以警示来往车辆。特殊的货物，要有专门车辆引路，及时排除障碍。

（6）运输费用由承、托双方协商确定。因运输大型特型笨重物件发生的道路改造、桥涵加固、清障、护送、装卸等费用，由托运人负担。

四、大件物品的运输组织

大件物品运输作业全过程分为前期准备、组织实施和项目总结三个阶段。大件物品运输作业流程，如图7-3所示。

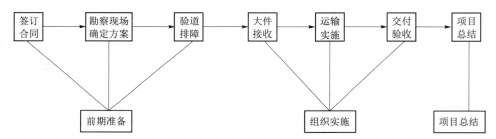

图7-3 大件物品运输作业流程

（一）签订运输合同

操作内容：托运人填写托运单。

操作要求：大件物品托运人（单位）向已取得大件物品运输经营资格的运输业户或其代理人办理托运，托运人必须在托运单上如实填写大件物品的名称、规格、件数、件重、起运日期、收发货人详细地址及运输过程中的注意事项。凡未按上述要求办理托运或运单填写不明确，因此发生运输事故的，由托运人承担全部责任。

对超限的大型设备，发货人应在设计的同时，考虑装载加固和运送条件。必要时，应采取改变包装和拆解货体等措施，尽可能地降低超限程度。

另外，还应该向发货站提供以下资料：货物外形尺寸图；应以"+"符号注明货物重心位置及其有关尺寸；货物支重面的长度和宽度；计划装载，加固方案。

承托双方签订书面形式的运输合同，其主要内容包括：明确托运与承运甲乙方、大件物品数据及运输车辆数据、运输起讫地点、运距与运输时间，明确合同生效时间、承托双方应负责任、有关法律手续及运费结算方式、付款方式等。

（二）勘察现场确定装卸方案

操作内容：承运方人勘察现场。

操作要求：勘察现场是大件物品运输企业对货物的几何形状、重量和重心位置事先进行了解，取得可靠数据和图样资料的工作过程。通过工作分析，为确定超限货物级别及运输形式、查验道路以及制订运输方案提供依据。

勘察现场人员工作的主要内容包括：调查大件物品的几何形状和重量、调查大件物品的重心位置和质量分布情况、查明货物承载位置及装卸方式、查看特殊大件物品的有关技术、经济资料，查验装卸现场是否满足大件运输车辆、停靠及通行要求，装卸现场是否具备装卸作业要求，最后完成书面形式的勘察报告。

（三）验道和申报排障

操作内容：承运人派人查验道路情况，并向有关部门申报排障。

操作要求：承运人验道人员应根据大件物品的外形尺寸和车货重量，在起运前会同托运人勘察作业现场和运行路线，了解沿途道路线形和桥涵通过能力。

验道人员工作的主要内容包括：查验运输沿线全部道路的路面、路基、纵向坡度、横向坡度及弯道超高处的横坡坡度、道路的竖曲线半径、通道宽度及弯道半径，查验沿线桥梁涵洞、高空障碍，查看装卸货现场、倒载转运现场，了解沿线地理环境及气候情况。根据上述查验结果预测作业时间，编制运行路线图，完成验道报告。

承运人将大件物品运输方案向相关部门申报。公路管理机构在接到承运人的书面申请后，在15日内进行审查并提出书面答复意见。

公路管理机构在审批大件物品运输时，要根据实际情况，对需经路线进行勘测，选定运输路线，计算公路、桥梁承载能力，制订通行与加固方案，并与承运人签订有关协议。

公路管理机构根据制订的通行与加固方案以及签订的有关协议，对运输路线、桥涵等进行加固和改建，保障大件物品运输车辆安全行驶公路。公路管理机构进行勘测、方案论证、加固、改造、护送等措施及修复损坏部分所需的费用，由承运人承担。

公路管理机构对批准大件运输车辆行驶公路的，签发《超限运输车辆通行证》。

大件物品运输涉及其他部门（如电力、电信、管道等）利益时，应征得其他部门的同意，支付相应的补偿费。

排障处理主要有空中障碍处理、承载力处理、收费站改造处理。

（1）空中障碍处理。空中障碍物主要是指不能满足大件物品运输的最小净高和净宽的要求，因此必须进行排障才能通行。

①净高不足障碍物的处理方法。净高不足障碍物的处理方法主要有拆除法、顶高法、落地法以及降低路面高度和滚拖法等方法。

②净宽不足障碍物的处理方法。运输线路的净宽主要受限于道路两旁的树木、交通标志牌、建筑物等因素。树木可以通过修剪、移植、砍伐等措施提高线路净宽。交通标志牌可以临时移位、拆除，对于临时建筑物也可以进行拆除，以确保车辆安全运行所需要的最小宽度。

（2）承载力处理。遇到道路和桥梁承载强度不足的情况必须采取相应加固措施来提高承载强度，大件运输车组才能顺利通行。

①道路承载力不足的处理方法。对于不能满足大件物品车辆组通过的路段可以采取铺设钢板、增加挂车轴数、重新修建等方法进行处理，达到承载要求。

②桥梁承载力不足的处理方法。桥梁通过能力是公路大件运输的主要限制因素。在大件运输过程中要通过的每座桥梁，都要经过严格承载力验算。对于承载力不足的桥梁，如果附近有其他的满足通行的路线可以选择绕过此障碍；如果没有，则可以采取桥上桥技术、增加挂车轴数、桥面上铺设钢轨或工字钢以及桥面上铺垫钢板等临时加固方法通过桥梁。对于经常有大件物品经过的桥梁，交通部门应该采取永久加固措施来解决承载力不足问题。

（3）收费站改造处理。当大件运输车辆经过收费站时，有些收费站需要进行适当的改造，使其高度和宽度达到大件运输通过要求。

（四）大件接收

操作内容：承运人接收大件物品。

操作要求：承运人按大件清单核对货物规格、数量及发运资料，查验大件外部包装是否完好，若无包装应检查是否变形、损伤和零部件有无缺失。同时，记录交接时相关数据，对有防护要求的检查防护是否妥当。查验后，填写交接单，办理交接手续。若有异常及时通知委托方。

（五）运输实施

操作内容：大件物品的装卸、运送与现场组织管理。

操作要求：建立临时性的大件物品运输工作领导小组负责实施运输方案，执行运输合同和相应对外联系。领导小组下设行车、机务、安全、后勤生活、材料供应等工作小组及工作岗位，并组织相关工作岗位责任制，组织大件物品运输工作所需牵引车驾驶员、挂车操作员、修理工、装卸工、工具材料员、技术人员及安全员等，依照运输工作岗位责任及整体要求认真操作、协调工作，保证大件运输工作全面、准确完成。

大件物品的装卸包括三个环节，即吊装、加固和卸车就位。由于大件物品一般为电力、化工、机械、军工、石油、冶金等行业的大型仪器设备，有着精密、笨重、非标准、高价值的特点，对装卸、运输操作技术要求特别严格，稍有不慎，就会造成设备损坏，损失巨大。因此，做好吊装、加固和卸车就位的操作工作非常重要。

吊装是用专门的吊用机械设备将大件物品装上运输车辆的过程。根据货物的重量、尺寸选用满足吊装技术要求的汽车吊进行。大件物品的吊装如图7-4所示。

图7-4　大件物品的吊装

加固是将已装入运输车辆的大件物品用专用的固定工具、材料进行固定处理。捆扎加固应依据道路横纵坡度、路况、车速等进行稳定性计算，确保在任何情况下货物与挂车不发生位移。

卸车主要有水平滑移、直接吊卸等方式。大件物品的卸车如图7-5所示。

装卸大件物品的注意事项：

（1）利用起重机械进行大件物品装卸时，一般要垂直，

图7-5　大件物品的卸车

即吊钩中心线通过物件的重心。必须倾斜装卸时，要经过计算，并采取有效的措施，防止事故发生。

（2）大件物品装卸车时，对于设备装卸时，吊点应选在设备指定的位置上捆绑，严禁拴在设备的手轮、操作手柄或精密加工面上，注意保护加工表面和油漆不受损坏；对于混凝土构件要防止折断或产生裂纹；对于钢结构要防止结构产生变形。

（3）大件物品装卸车要轻拿轻放，杜绝用力过猛装卸。

（4）大件物品的捆绑处应用软物垫好。

装车完毕，应检查货物是否装在挂车指定位置；货物的重心是否与挂车的中心对正；车辆是否处于正常状态；垫木与车体间连接是否合理；捆扎工具、捆扎方式是否符合技术要求并牢固可靠；重要部位的防护措施是否有效等。

大件物品严格按照运输方案中规定的路线和要求行驶。在运行中，每行驶一段距离后应对货物的移位情况、捆扎情况进行详细检查。每日运行前应进行车辆的状态检查，运输方案的操作检查（如上下坡、车速、运输路线等），以及通过桥梁的可行性检查等。

到达目的地后，应进行卸车检查。检查车辆停放的位置是否符合卸车要求，捆扎工具是否已全部解除，卸车过程是否符合方案要求等。卸车作业应设专人指挥和安全监护，统一信号，作业人员严格按照运输作业方案与技术执行。

（六）交付验收

操作内容：大件物品的交付。

操作要求：大件物品卸车后，承运企业与相关部门共同进行验收检查，查验大件规格、数量、包装、外观等是否符合要求。同时承运企业应整理好相关资料，与相关方办理交付手续，填写记录。

（七）项目总结

操作内容：编写项目总结报告。

操作要求：承运企业应对本次运输进行总结，并编写项目总结报告。项目总结报告内容包括：项目概况；项目实施情况；项目存在问题及解决方法；今后此类项目的完美实施方案。运输项目总结报告及记录等相关资料，应整理归档。

五、技能训练

1. 训练目标

通过实践训练，能够组织大件物品运输，为大件物品运输企业提供高端技能型人才。

2. 训练准备

（1）分组：每组10人，一起进行讨论。

（2）到大件物品运输企业或有大件物品的企业去，为其设计大件物品运输方案。

3. 训练项目

假设有一个长为20 m、直径为3 m、重量为25 t的水泥管件要从火车站运到学校附近的工地，试设计运输方案。

4. 训练评价

训练评价的方式有教师评价、小组内部成员评价和第三方评分组成员评价三种。建议教师评价占60%权重，小组内部成员评价占20%的权重，第三方评分组成员评价占20%的权重，将三者综合得分作为学生在该项目的评价分。训练评价表见表7-3。

表7-3 训练评价表

考评人		被考评人	
考评地点			
考评内容	大件物品运输组织		
考评标准	具体内容	分值	实际得分
	工作态度	15	
	沟通水平	15	
	完成选车、装卸方案情况	30	
	完成验道方案情况	40	
合计		100	

注：考评满分为100分，60分以下为不及格，60~69分为及格，70~79分为中，80~89分为良，90分以上为优。

思考练习

一、简述题

1. 什么是大件物品？大件物品具有哪些特性？
2. 大件物品装卸工作如何组织？
3. 大件物品运输时验道的工作内容有哪些？
4. 如何制订大件物品运输的运输方案？

二、案例分析题

德国的大件货物运输

德国将大型和重型货物运输的范围界定为，少于4轴的车载重为28 t，4轴车载重为36 t，4轴以上车载重为40 t，联运的重载货车载重量可以达到44 t。另外，车辆载货后长度超过16.50 m（牵引车为18.75 m），宽度超过2.55 m或者高度超过4 m，也属于大件运输范围，都必须申请特别的运输许可。

德国对于大件货物运输实施准入许可制度，统一由联邦货运管理局（BAG）管理。有大件运输资格的货物运输企业约3 000家，占货物运输企业总数的5%。其中，主要是中小型企业，雇员人数为5~200人。大件运输每年承运的货量约50万辆次，业务主要集中在农机、建筑机械、工业及电力设备等方面。随着新能源技术在德国的广泛应用，大型风机设备的运输成为增长较快的领域。

2007年8月，BAG开发了VEMAGS系统，在16个州和联邦政府实施针对大件运输的网上审批程序。这些程序涉及商业申请人、运输管理部门、道路建设、铁路、航运管理以及警察和军队的监管。VEMAGS由三大部分组成，分别涉及联邦、州政府和社区的大件运输审批工作，一般申请周期为7天。对于特大型货物，需要更加严格的检测，时间最长要1个月左右。

德国重型设备搬运和起重机提供者协会（BSK e.V.）现有会员350家，其中220家为大件运输企业，其余 100 多家为大件设备提供企业。协会能够为会员提供政策制定、法律咨询、人员培训、行业保险、质量标准修订、车辆陪护等服务。协会为行业设计了大件运输的格式合同样本，并在全行业统一使用。协会还协助企业进行线路检测，提供基础数据和经验分享。

德国拥有世界一流的大件运输设备生产企业。例如，生产车头的 MAN、奔驰，生产拖车的哥德浩夫、索埃勒等。这些企业生产的车辆车种齐全，全挂车、半挂车、自行式平板车等车型能够实现系列化生产；产品技术过硬，在一些超大超重型货物运输领域，德国运输设备的耐用性在世界上享有较高声誉；具备多种组合方式，能够适应不同条件下大件运输的负载需要。在服务能力方面，通过各种设备的综合运用，单件大件运输重量的记录已经突破万吨大关。

德国对大件运输有严格的负载保护要求。大件运输在出发前，要提供详细的负载设计方案，并进行科学捆绑和吊装，以减少由于货物装载不当造成的交通事故。BAG 和高速警察的一项重要工作任务就是检查车辆负载保护情况，对于不符合规定的车辆，可以要求其停驶，重新调整或加固符合规定后准予放行。

德国注意发挥行车记录仪（俗称"黑匣子"）的作用。德国货运车辆出厂时即安装有行车记录仪，可以记录并连续更新汽车的加速度、旋转和方向信息数据，甚至连转向灯或刹车的使用情况也会被记录下来。一旦发生事故，保险专家和法院的调查员可以从记录的数据中再现这个交通事故。

德国对货车司机的休息时间有强制性的规定。为保证司机休息时间，防止出现疲劳驾驶，德国规定运输司机每天工作时间为 9 h，最长不得超过 10.5 h。每次最长驾车时间不能超过 4.5 h，并须休息 45 min。司机连续工作 5 天，需要强制休息 1 天。工作时间的检查依托行车记录仪，BAG 和高速警察不定期检查，车辆年检时也要检查相关信息。

请问：德国的大件货物运输行业对我国大件货物运输行业有哪些借鉴意义？

项目八

鲜活易腐品运输实务

内容简介

鲜活易腐货物在人们生活中是常见的物品,如蔬菜、水果、鱼肉等。鲜活易腐货物的运输合理化可以充分减少货损货差,降低运输成本。本任务主要介绍鲜活易腐货物的特征和保管、包装方式,以及鲜活易腐货物的运输组织等内容。

教学目标

知识目标
1. 理解鲜活易腐货物的内涵。
2. 掌握鲜活易腐货物的运输组织方法。

技能目标
1. 能够进行鲜活易腐货物包装设计和装载。
2. 能够进行鲜活易腐货物的途中管理。

案例导入

如何运输大闸蟹

金秋时节,大闸蟹很快就要上市了。大闸蟹在运输过程中如果没有很好的包装,很可能会死掉!死了的大闸蟹是不可以食用的。那么大闸蟹该如何运输呢?

(1) 严格分级。大闸蟹要根据质量区分等级,要求做到"四分开"。一是大小分开,如果大小混放,小蟹极易死亡。二是强弱分开,蟹壳蟹腿粗硬的蟹要与壳、腿不太硬的分开。前者往往膘肥体壮,生命力强,适于长途运输,销售价格高;后者相反,最好经暂养强化培育后,再行运输。三是健残分开,八足二螯齐全的蟹与附肢残缺的分开,有残缺和破损的蟹只适于当地销售或短途运输。四是肥瘦分开,壳厚肉壮,分量重,其生命力强,耐运输。分等级后,健壮肥大的大闸蟹可以出口或长途运输,等级稍差一些的仅能短途运输或就近销售。

(2)搞好包装。目前,常用的包装工具有竹笼、竹筒、柳条筐、木桶、铅丝笼以及蒲包、草包等。通常,普遍采用的是蟹筐、蟹笼包装。可先在竹筐(笼)内衬以浸湿的蒲包,再把阳澄湖大闸蟹一层层放入筐内。放置时,应使大闸蟹背部朝上,腹部向下,力求放平装满,加盖扎牢,使大闸蟹在筐内不能爬动,以减少体力消耗和防止受伤。

(3)及时运输。一般情况下,蟹筐内的大闸蟹3~5天以内死亡较少,超过5天死亡就逐日增多。因此,一般均用机动车、船运输,出口大闸蟹均采用空运,以尽量缩短运输时间,提高运输成活率。

(4)加强途中管理。运输前,应将装好阳澄湖大闸蟹的蟹筐在水中浸泡一下,或用人工喷水方法使蟹筐和蟹的鳃腔内保持一定水分,以保证河蟹在运输途中始终处于潮湿的环境中。用汽车长途运输时,蟹筐上还要用湿蒲包或草包盖好。在运输途中,要防止日晒、风吹、雨淋,尤其要防止高温,因此通常以夜间运输为佳。在运输途中,要定期加水喷淋,一般经1~2天运输,商品蟹的成活率可达90%左右。有条件的可采用降温运输,使运输气温保持为5℃~10℃,运输成活率可接近100%。装满蟹的蟹筐,在装卸时要注意轻拿轻放,切不可抛掷或挤压。

引导思路

1. 鲜活易腐货物运输有何要求?
2. 鲜活易腐货物运输关键点是什么?

任务一 认识鲜活易腐品

教学要点

1. 了解鲜活易腐货物的定义和特征。
2. 熟悉鲜活易腐货物的保藏方法。

教学方法

一般采用讲授、情境教学、案例教学和分组讨论等方法。

教学内容

一、鲜活易腐货物概述

(一)鲜活易腐货物的定义

鲜活易腐货物是指在运输、保管过程中,需要采取一定措施(如制冷、加温、保温、通风、上水等),以防止腐烂变质或病残死亡的货物。常见鲜活易腐货物主要有鲜鱼虾、鲜肉、瓜果、蔬菜、牲畜、观赏野生动物、花木秧苗、蜜蜂等。

鲜活货物

（二）鲜活易腐货物的分类

鲜活货物分为易腐货物和活动物两大类。

（1）易腐货物：包括肉、鱼、蛋、奶、鲜水果、鲜蔬菜、鲜活植物等。按其热状态又分为冻结货物、冷却货物、未冷却货物。

（2）活动物：包括禽、畜、兽、蜜蜂、活鱼以及鱼苗等。

（三）鲜活易腐货物运输的特点

（1）季节性强、运量变化大。例如，水果、蔬菜大量上市的季节、沿海渔场的鱼汛期等，运量会随着季节的变化而变化。

（2）运送时间上要求紧迫、组织工作复杂。鲜活货物大多数是有生命的物质，受客观环境影响很大，对外界温度、湿度、卫生条件、喂食和生活环境都有一定的要求。冷了会冻坏，热了会腐烂，干燥会干缩，碰伤及卫生条件不好易被微生物污染而发生变质。活口在运输过程中还要饮水、喂食；活物要换水，蜜蜂要放蜂，不少动物热天还要冲凉。因此，鲜活易腐货物，要求以最短的时间、最快的速度及时运到。

（3）在运输途中需要特殊照料。例如，牲畜、家禽、蜜蜂、花木秧苗等的运输，需配备专用车辆和设备，并有专人沿途进行专门的照料。

二、鲜活易腐货物的保藏方法

（一）易腐货物腐败的原因

易腐货物在保管或运输过程中，由于自身的原因或外界环境的影响，使其成分发生分解变化，产生恶臭、异味和毒素，逐渐失去其食用价值，这种现象称为腐败。发生腐败的原因有多种，主要包括以下四个原因。

1. 微生物作用

微生物作用又称生物作用，主要是指霉菌、病菌的作用。食品内蛋白质和脂肪被微生物分泌出的酶和毒素作用下迅速分解，变成氨、游离氮、硫化醛、硫化酮、二氧化碳等简单物质，同时产生臭气和有毒物质。随着微生物的几何级数繁殖，越来越加速食品的分解、消耗，最终导致其腐败变质。动物性食品屠宰过后，构成它的细胞都已死亡，本身不能控制体内引起变质的酶作用，也就不能抵抗外来微生物的入侵，这就是动物性食品腐败变质的主要原因。

2. 呼吸作用

呼吸作用又称生物化学作用，是指植物性的食品虽离开母株，但本身仍有生命活动，吸收氧气、放出二氧化碳、水分和热量。它们用呼吸作用产生的免疫功能抵御外界微生物的入侵，但以消耗自身体内的营养物质为代价。因此，水果、蔬菜这个活动过程，称为后熟作用。

植物性食品由于呼吸作用，果实逐渐由青转黄、由硬变软；蔬菜则由绿转黄，随着营养物质的消耗、水分的蒸发，它们抗微生物的能力便会下降，促使其呼吸强度继续增大，最终腐烂或枯萎。

3. 化学作用

化学作用又称氧化作用，即果、蔬碰伤、表皮受损后，果、蔬为抵抗微生物的入侵，自身会加强呼吸作用，使食品碰伤部位的成分被氧化，生成黑褐色的物质，这就加速了自身的成熟过程，从而很快导致腐败变质。

4. 其他作用

其他作用如鼠类、昆虫的叮咬，人为的机械损伤，也会促使易腐食品的腐败过程。

（二）易腐货物的保藏原理

了解鲜活易腐货物腐烂变质的原因，就可以得出保藏这些货物的方法。凡是能用以抑制微生物的滋长、减缓呼吸作用的方法，均可达到延长鲜活易腐货物保藏时间的目的。保藏易腐货物的方法有气调储藏、减压储藏、水果表面涂层、冰温储藏、离子和臭氧保鲜、辐射处理保存食品、冻冰、真空、干制、侵钙保鲜等。但以冷藏方法比较有效并常被采用，它的优点如下：能很好地保持食物原有的品质，包括色、味、香、营养物质和维生素；冷源价格比较低廉，加工成本不高；适合对食品进行大规模加工；冷藏食品对人体健康无不良影响；保藏的时间长，能进行大量的保藏及运输。

冷藏货大致分为冷冻货和低温货两种。冷冻货是指在货物冻结状态下进行运输的货物，运输温度的范围一般为 $-20\ ℃\sim-10\ ℃$。低温货是指在货物还未冻结或货物表面有一层薄薄的冻结层的状态下进行运输的货物，一般允许的温度调整范围为 $-1\ ℃\sim+16\ ℃$。货物要求低温运输的目的，主要是为了维持货物的呼吸，以保持货物的鲜度。

冷藏货在运输过程中，为了防止货物变质，需要保持一定的温度。该温度一般被称作运输温度。温度的大小应根据具体的货种而定，即使是同一货物，由于运输时间、冻结状态和货物成熟度的不同，对运输温度的要求也不一样。一些具有代表性的冷冻货的运输温度见表 8-1 和表 8-2。

表 8-1 冷冻货物的运输温度 ℃

货　名	运输温度	货　名	运输温度
鱼	$-17.8\sim-15.0$	虾	$-17.8\sim-15.0$
肉	$-15.0\sim-13.3$	黄油	$-12.2\sim-11.1$
蛋	$-15.0\sim-13.3$	浓缩果汁	-20.0

表 8-2 低温货物的运输温度

货名	运输温度/℃	相对湿度/%	保存期/天	货名	运输温度/℃	相对湿度/%	保存期/天
苹果	$0\sim2$	90	$90\sim240$	桃/油桃	0	90	$14\sim28$
芦荟	$0\sim0.6$	90	14	梨	0	90	$60\sim180$
香蕉	13.9	90	$21\sim24$	胡椒	$7.8\sim12.2$	90	14
胡萝卜	0	90	180	菠萝	$7.8\sim12.2$	90	$14\sim28$
芹菜	0	90	28	土豆	$3.9\sim12.8$	90	$60\sim150$
樱桃	$0.6\sim0$	90	14	红毛丹	10	90	$14\sim21$
卷心菜	$0\sim1.1$	90	24	草莓	0	90	$38\sim48$
榴莲	$3.3\sim4.4$	90	$40\sim60$	西红柿	$7.8\sim13.9$	85	40
大蒜	0	70	180	甘薯	$13.3\sim15.6$	65	$50\sim120$
生姜	10	75	$30\sim90$	甜瓜	$2.8\sim3.9$	90	$10\sim14$
葡萄	-0.6	90	$20\sim90$	蜜瓜	$7.2\sim10$	90	$16\sim20$

续表

货名	运输温度/℃	相对湿度/%	保存期/天	货名	运输温度/℃	相对湿度/%	保存期/天
猕猴桃	0	90	60~90	西瓜	7.2~10	90	16~20
韭菜	0	90	40	洋葱	0~1.1	60	270
莴苣	0~0.6	90	14~21	柑橘	0~3.9	90	35~90
枇杷	0	90	14~21	番木瓜	10	90	14~21
荔枝	1.1~2.2	90	21~35	芒果	10~13.9	90	14~21

用冷藏方法来保藏和运输鲜活易腐货物时，温度是主要的条件，但湿度的高低、通风的强弱和卫生条件的好坏对货物的质量也会产生直接的影响。温度、湿度、通风、卫生四个条件之间又有互相配合和互相矛盾的关系，只有充分了解其内部规律，妥善处理好它们相互之间的关系，才能保证鲜活易腐货物的运输质量。

用冷藏方法来保藏和运输鲜活易腐货物时一定要连续冷藏。微生物活动和呼吸作用都随着温度的升高而加强，若保藏和运输中某个环节不能保证连续冷藏的条件，那么货物就可能在这个环节中开始腐烂变质，这就要求物资部门和运输部门密切配合，为冷藏运输提供必要的物质条件。就运输部门而言，应尽可能配备一定数量的冷藏车或保温车，尽量组织"门—门"的直达运输，提高运输速度，确保鲜活易腐货物的完好。

三、鲜活易腐货物的运输要求

1. 运输过程中保持一定的温度与湿度

在运输过程中，温度、湿度对鲜活货物的质量有很大影响，如运送的易腐货物的车辆内不能保持一定的温度、湿度要求，货物质量就不能保证。例如，冻肉运输要求加冰冷藏车车内温度为 -6 ℃以下，湿度为 95%~100%；蔬菜运输时，要求加冰冷藏车车内温度为 3 ℃~8 ℃，湿度为 80%~95%。

2. 要有相应的运输服务设备

为了安全地运输鲜活货物，除要求运输企业配备有适宜货物性质的装运鲜活货物的各种类型的专门货车外，还要求在有关站点配备为易腐货物运输服务的制冰设备和加冰、加盐设备以及为活动物服务的上水、供料设备等。

3. 要有良好的包装

鲜活货物的包装应适用货物的性质，包装材料和结构应满足货物运输的要求。对于比较娇嫩的、怕挤压的新鲜水果蔬菜，包装必须坚固，能承受货物堆码的压力；对于需要通风的货物，包装应有适当的缝隙或特设有通风孔。坚实不易腐烂的冻结货物，如冻肉、冻鱼等可不要包装。

4. 要有良好的卫生条件

运输鲜活货物的全过程还必须具有良好的卫生环境，以避免或减少鲜活货物的腐坏、变质、污染、掉膘或生病、死亡。

5. 组织快速运输

鲜活货物都是有生命或营养价值的货物，随着运输时间的增长，货物的质量降低程度也随之增大,货物的腐烂变质或掉膘、病残死亡可能性也随之增大,因此鲜活货物应组织快速运输。

四、技能训练

1. 训练目标

通过实践训练,能够进行鲜活易腐货物保藏和包装,为鲜活货物运输企业提供高端技能型人才。

2. 训练准备

(1) 分组:每组 10 人,一起进行讨论设计。

(2) 准备好鲜活易腐货物,如荔枝、大闸蟹、活虾等。

3. 训练项目

(1) 现有 10 t 荔枝要从福建莆田运往北京,请进行包装和装载设计。

(2) 现有 10 000 支鲜花要从昆明运往北京,请进行包装和装载设计。

4. 训练评价

训练评价的方式有教师评价、小组内部成员评价和第三方评分组成员评价三种。建议教师评价占 60% 权重,小组内部成员评价占 20% 的权重,第三方评分组成员评价占 20% 的权重,将三者综合得分作为学生在该项目的评价分。训练评价表见表 8 – 3。

表 8 – 3　训练评价表

考评人		被考评人	
考评地点			
考评内容	认识鲜活易腐货物		
考评标准	具体内容	分值	实际得分
	工作态度	15	
	沟通水平	15	
	完成项目(1)情况	30	
	完成项目(2)情况	40	
	合计	100	

注:考评满分为 100 分,60 分以下为不及格,60 ~ 69 分为及格,70 ~ 79 分为中,80 ~ 89 分为良,90 分以上为优。

任务二　鲜活易腐品的运输

教学要点

1. 了解鲜活易腐货物的运输作业流程。
2. 掌握鲜活易腐货物运输作业要点。
3. 学会对鲜活易腐货物运输现状进行分析。

鲜活货物运输

教学方法

一般采用讲授、情境教学、案例教学和分组讨论等方法。

教学内容

一、鲜活易腐货物作业流程

鲜活易腐货物运输，要经过受理托运，货物装卸、途中运送、交付等环节，这些环节分别由不同岗位人员操作完成。其中，受理托运、货物装卸与运送工作环节尤其应加强管理。鲜活易腐货物运输作业的流程，如图8-1所示。

图 8-1 鲜活易腐货物运输作业的流程

二、鲜活易腐货物作业要求

（一）受理托运

操作内容：托运人填写鲜活易腐托运单，承运人审核托运单，验货。

操作要求：托运人填写鲜活易腐货物托运单，在托运单上填写清楚货物品名、规格、件重、件数、包装方法、起运日期、收发货人详细地址及运输过程中的注意事项。

托运人托运的鲜活货物必须品质新鲜、无病残、有能保证货物运输安全的包装。托运需检疫运输的易腐货物时，应按国家有关规定提出检疫证明，在货物运单"托运人记载事项"栏内注明检疫证明的名称和号码，并将随货同行联牢固地粘贴在运单背面。车站凭此办理运输。

托运人托运易腐货物，应在货物运单"货物名称"栏内填记货物名称，并注明其品类顺号及热状态，同时在"托运人记载事项"栏内注明易腐货物容许运输期限（日数）。易腐货物的容许运输期限须大于规定的运到期限3日以上。

不同热状态的易腐货物不得按一批托运。

按一批托运的整车易腐货物，一般限运同一品名。但不同品名的易腐货物，如在冷藏车内保持或要求的温度的上限（或下限）差别不超过3℃时，允许拼装在同一冷藏车内按一批托运。此时托运人应在货物运单"托运人记载事项"栏内记明："车内保持温度（或途中加冰掺盐）按××品名规定的条件办理。"

发货人托运鲜活易腐货物前，应根据货物不同特性做好相应的包装。冷藏货物和冷冻货物采用的包装是不同的，如图8-2所示。

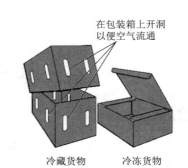

图 8-2 冷藏货物和冷冻货物的包装

承运验货员应认真核对运单上所填写货物的编号、品名、规格、件重、净重、总重、体积、收发货地点、时间及所提供的单证是否符合规定。并必须对货物的性能、温度控制要求、形态、包装等情况进行详细了解并注明。

承运验货员应对托运货物的质量、包装和温度进行认真的检查。要求质量新鲜、包装合乎要求、温度符合规定。对已有腐烂变质象征的货物，应加以适当处理，对不符合规定质量的货物不予承运。

（二）选派车辆

操作内容：调度员根据运输货物性质选派合适车辆。

操作要求：运输部门的调度员应根据货物的种类、运送季节、运送距离和运送地点确定相应的运输服务方法，及时地安排适宜车辆予以装运。

装运易腐货物必须使用冷藏车，但无包装的水果、蔬菜、卤鱼和能损坏车内设备的易腐货物不得用冷藏车装运（西瓜、哈密瓜、南瓜、冬瓜除外）。

冷藏车严禁用于装运能污染和损坏车辆的非易腐货物。冷藏车回空利用及装运需用冷藏车冷藏、保温或加温的非易腐货物时，车站调度员应上报领导批准，经批准后，方可使用。

承运人应为装车单位调配技术状态良好、设备齐全的车辆。装车单位应在易腐货物装车前应检查冰箱、排水装置、通风口、车门以及车内设备是否齐全良好，车内是否清洁卫生。不能保证货物质量的车辆严禁使用。

装运牛、马、骡、驴、骆驼等大牲畜，不得使用铁底货车。对于禽、畜、兽必须供水、换水、供应饲料，选用的车辆应为家畜车、家禽车，以及清扫干净、未受污染的棚车，不得使用无窗的棚车。牛、马、骡、驴、骆驼等大牲畜，不得使用铁底货车。运输活鱼和鱼苗时，应使用木质或铁皮木里的棚车。凡装运过毒品、腐蚀性物品以及有刺激气味物品的车辆应清扫、洗刷、消毒后使用。运送蜜蜂，装车时应留通风空隙，装敞车时，蜂箱要分层压缝，堆码稳固，高出车辆部分用绳索绑牢固，以防蜂箱倒塌，棚车应开启门窗，敞车可调起侧板。运送蜜蜂应由押运员押送。托运人认为车辆不适合装运时，承运人应给予调换。

禽、畜可单层或多层装载，每层的装载数量由托运人根据季节、运输距离、活动物的体积及选用的车种等情况确定。装运活动物的车辆可开启门窗，但应采取措施防止大牲畜头部伸出。

（三）货物装车

操作内容：装车人员合理装配货物。

操作要求：鲜活易腐货物装车前，必须认真检查车辆的状态，车辆及设备完好方能使用，车厢如果不清洁，应进行清洗和消毒，适当风干后，才能装车。装车时，应根据不同货物的特点，确定其装载方法。

用冷藏车运输易腐货物时，在装车前必须预冷车辆，待车内温度降低后，才能装车。对于加冰冷藏车装运冻结货物，车内应预冷到6℃以下，达不到时，可预冷6 h；装运冷却或未冷却货物，车内应预冷到12℃以下，达不到时，可预冷3 h。机械冷藏车车内预冷温度：冻结货物为 -3 ℃ ~ 0 ℃；香蕉为12 ℃ ~ 15 ℃；菠萝、柑橘为9 ℃ ~ 12 ℃；其他易腐货物为 0 ℃ ~3 ℃。

经过预冷的冷藏车装车时，应采取措施，保持车内温度。在装（卸）车作业中应使用不致损坏车内设备的工具，并不得挤碰循环挡板，上层货物距离循环挡板最少应留出 50 mm 的空隙。开关车门时，严禁乱砸硬撬。采取保温、防寒、防湿等措施时，严禁以钉钉子等方式损坏冷藏车车体。

易腐货物的装车方法：必须在保证货物质量良好的前提下，充分利用车辆的装载容积和载重力。易腐货物的装车基本上有两种装载法：紧密堆码法和留有间隙法。如冷冻货物需保持货物内部蓄积的冷量，则可采用紧密堆码法；水果、蔬菜等需要通风散热的货物，采用留有间隙法，此时在货件之间保留一定的空隙，车厢底板最好有底格，装货时应使货件与车壁留有适当空隙，以便使经由车壁和底板传入车内的热量，可以由空气吸收而不至直接影响货物。留有间隙法，常用的有品字形、井字形、"一二三、三二一"筐口对装法、吊挂法和分层装载法几种。怕压的货物必须在车内加搁板，分层装载。

装卸速度要尽可能快，以避免冷气外泄过多，影响货物质量。

货物装车完毕，装卸人员、随车人员或驾驶员应检查车门关闭是否严密，及时记录车内温度，并开机调温。

装运活鱼、鱼苗应使用木箱、鱼篓、帆布桶、帆布槽等容器盛装。使用帆布槽盛装时，应用坚固的金属支架支撑。帆布应牢固、不渗水。装入鱼苗后，槽内水位不得超过 1.5 m。托运人不许在车体上钻孔安装支架。托运人随车携带增氧机时，必须佩带 1~2 只灭火器。

（四）运送与途中管理

操作内容：驾驶员安全驾驶、押运人员途中照料与管理货物。

操作要求：鲜活易腐货物的运送途中，应由托运方指派押运人沿途照料，承运方对押送人员应交代安全注意事项，并提供工作和生活上的便利条件。炎热天气运送时，应尽量利用早晚行驶。运送牲畜、蜜蜂等货物时，应注意通风、散热，尽力避免在运送中的掉膘与死亡。

装运活动物时，托运人必须派熟悉动物特性的押运人随车押运，负责做好动物的饲养、饮水、换水、洒水、看护和安全工作。押运人每车以 1~2 人为限。

运输途中，驾驶员或乘务员应每隔 2 h 应检查和记录车内温度一次，按易腐货物运输条件控制车内温度。

车辆在运行途中要平稳行驶，安全运行，尽可能快速运到目的地。因车辆技术状态不良不能继运时，应及时向主管领导报告，尽快组织车辆按原运输条件倒装续运。由于气温、技术条件等限制不能倒装又不宜在当地处理的货物，应及时联系托运人、收货人提出处理办法。超过要求时间未接到答复或因等候答复将使货物造成损失时，由主管领导提出处理意见。

（五）到达卸货交付

操作内容：卸货人员卸货、收货人收货。

操作要求：到达目的地时车站应及时联系收货人收货，及时组织卸货人员对鲜活易腐货物进行卸车和交付。在货场卸车的要采取措施严防货物受到污染，做到随卸随搬。冻结货物、冷却货物和寒季运送的保温、加温货物，收货人应准备防护用品及搬运工具，直接卸车，防止货物温升过快或发生冻损。

卸货人员应负责将车辆清扫干净。装过鱼、贝、肉类及被其他易腐货物污染的车辆，卸货人员必须按规定彻底洗刷除污，必要时进行消毒，使车内没有残留的污水、秽物。洗刷除污、消毒后适当通风、晾干再关车门。洗刷除污、消毒费用均由收货人负担。

（六）货运事故处理

操作内容：到达站编制商务事故记录表，处理商务事故。

操作要求：易腐货物在到站卸车时，如有腐烂变质情况，到站工作人员应会同收货单位共同检查确认腐烂程度，并编制货运记录，以作为调查事故判定责任的根据。货运记录的内容必须包括下列各项资料。

(1) 货物卸车时的质量状态、温度、腐坏程度及性质。

(2) 货物包装状态。

(3) 货物在车内的装载方法和卸车时的状态。

(4) 车体的技术状态。

(5) 车内设备的状态及附加设备的情况。

(6) 货物的运送服务方法（冷藏、保温、防寒或加温）。

(7) 冷藏车冰箱内的存冰数量。

(8) 其他有关情况。

在货运记录内应添附各种证明货物质量的证明书及"冷藏车作业单"、换装记录等文件。

三、技能训练

1. 训练目标

通过实践训练，能够进行鲜活易腐货物运输组织，为鲜活货物运输企业提供高端技能型人才。

2. 训练准备

(1) 分组：每组 10 人，一起进行讨论设计。

(2) 准备好托运单、派车单、行车路单、货票等。

3. 训练项目

云南安全物流公司于 2 月 8 日接到托运单，现有 20 000 支玫瑰花要从昆明运往北京，双方商定运费 1 元/支，要求 2010 年 2 月 12 日前运到。物流公司现有 5 吨车、8 吨车两种厢式保温车，内部尺寸分别为 4.1 m×1.9 m×1.9 m、6.15 m×2.17 m×2.3 m，试进行托运单、派车单、行车路单、货票的填写，货物装载设计和写出途中管理要求说明。

4. 训练评价

训练评价的方式有教师评价、小组内部成员评价和第三方评分组成员评价三种。建议教师评价占 60% 权重，小组内部成员评价占 20% 的权重，第三方评分组成员评价占 20% 的权重，将三者综合得分作为学生在该项目的评价分。训练评价表见表 8-4。

表 8-4 训练评价表

考评人		被考评人	
考评地点			
考评内容	鲜活易腐品的运输		
考评标准	具体内容	分值	实际得分
	工作态度	15	
	沟通水平	15	
	完成项目托运单、派车单、行车路单、货票填写的情况	30	
	完成项目货物装载设计的情况	30	
	写出途中管理要求说明的情况	10	
	合计	100	

注：考评满分为100分，60分以下为不及格，60~69分为及格，70~79分为中，80~89分为良，90分以上为优。

思考练习

一、简述题

1. 什么是鲜活易腐货物？如何分类？
2. 鲜活易腐货物受理托运有何要求？
3. 鲜活易腐货物装车有何要求？

二、案例分析题

谁的责任

原告、被告于2018年2月23日口头商定：由被告承运海南产之蔬菜（油豆角）3 500 kg；终点站为黑龙江省大庆市让湖路车站。商定的当天原告将3 500 kg蔬菜交给被告承运，还交了7 741.00元给被告之经办人李某。被告的经办人李某收到该款后出示收款收据，被告也按约定将3 500 kg蔬菜（油豆角）运往大庆。2018年3月8日该批蔬菜到达终点站时，经哈尔滨市齐齐哈尔分局让湖路车站检查发现集装箱后面调温室无门锁，可自由开启，调温室内温度控制箱箱门开启，冷板温度显示表和箱内温度显示表失灵，调温机不工作；2018年3月9日交付时开启箱内见绿水流出，竹筐装豆角96箱，全部腐烂变黑。油豆角当时在大庆市的价格为10~12元/千克。

2018年4月21日，原告以冷藏商运公司为被告，向海口市某法院提起诉讼，称：2018年2月23日，我要求被告用保温冷藏箱发运海南产蔬菜（油豆角）3 500 kg。我依照约定向被告交纳冷藏箱租费为1 500.00元、车费为1 800.00元、冷藏费为400.00元、铁路运输费为4 041.00元，共计人民币7 741.00元，而且于当日将所运蔬菜交给被告指定的冷藏仓库。后经铁路部门检验发现所运蔬菜全部腐烂。由于被告的过失，没有尽到谨慎运输之责，致使冷藏箱后面温室内温度控制箱箱门开启，冷板温度显示表和箱内显示表失灵，调温工作机不工作，造成我的经济损失 498 099.20 元（包括运费 7 741.00 元在内），现诉至法院要求判令被告赔偿损失 421 582.00 元及退回运费 7 741.00 元，并负担本案诉讼费用。

被告冷藏商运公司辩称：我司与原告系委托代理关系，是原告将货物交给我公司委托铁路部门运输的，原告的货物损失与我公司无关，系铁路运输部门的责任，要求法院判决驳回原告的起诉。

请问：在案例中是被告冷藏商运公司的责任还是铁路运输部门的责任？为什么？

项目九

易碎物品运输实务

内容简介

易碎物品如玻璃制品、陶瓷制品、工艺品和瓶装食品饮料以及精密的电子、电器、通信产品等,在运输过程中需要尽可能降低对产品造成的损坏。本项目主要介绍易碎物品的内涵、易碎物品的包装和运输组织。

教学目标

知识目标
1. 理解易碎物品的内涵。
2. 掌握易碎物品的运输组织方法。

技能目标
1. 能够进行易碎物品的包装设计和装卸。
2. 能够进行易碎物品运输组织。

案例导入

玻璃运输中的包装设计

某运输公司负责一个玻璃销售公司运输200箱2 mm×2 200 mm×1 600 mm玻璃,从福建福州运往上海,玻璃销售公司负责玻璃的包装和装车,运输公司的承运车辆上装有A型玻璃架(玻璃销售公司租金一趟200元)。合同规定:每箱运费30元,若损坏一箱不支付运费并赔偿200元。

引导思路

1. 该玻璃销售公司如何进行玻璃的包装，才能保证玻璃的完好性？
2. 该运输公司在运输途中要如何保证玻璃不受损坏？

任务一　认识易碎物品

教学要点

1. 了解易碎物品的定义、种类及特性。
2. 掌握易碎物品的包装材料及包装步骤。
3. 学会对易碎物品的包装进行设计。

教学方法

一般采用讲授、情境教学、案例教学和分组讨论等方法。

教学内容

一、易碎物品概述

易碎物品

（一）易碎物品的定义

易碎物品是指在存放、装卸和运输过程中极易受到冲击碰撞或发生损坏而失去其使用价值的物品。例如，陶瓷制品、玻璃制品、工艺品和瓶装食品饮料以及精密的电子、电器、通信产品等。

我国是世界上最大的日用陶瓷生产大国，也是重要的日用陶瓷贸易国。因此，我国的陶瓷制品的出口量一直在扩大。由于陶瓷制品脆性大属于易碎物品，因此在运输包装环节如何保护陶瓷制品的完好无损尤其关键。

（二）易碎物品的种类

易碎物品的种类主要包括商品本身易碎物品和容器易碎物品两类。

（1）商品本身易碎物品。其主要是指商品本身的组成材料属于易碎物品，商品本身一旦破损，则失去商品的价值与使用价值。例如，陶瓷制品、工艺品、精密的电子产品等。在运输过程中，为了保护商品本身，采用特殊的抗压缓冲材料进行商品的包装。

（2）容器易碎物品。其主要是指商品本身不属于易碎物品，但是商品的个包装及盛放商品的容器属于易碎物品，如玻璃瓶装食品饮料或者陶瓷装食品饮料。容器一旦破损，容器内盛放的商品也将受到损坏。因此，在运输过程中，对容器易碎物品也要进行抗压缓冲包装。

（三）易碎物品的特性

（1）易碎性。也称为脆性，即产品的冲击强度，当受到的外界冲击力超过产品的冲击强度极限时就立即破碎。易碎物品具有较大的脆性，承受外力的能力较小，因此这也是易碎物品易破损的主要原因。易碎物品种类繁多，不同的易碎物品脆值也不同。

（2）易碎物品包装的特殊性。进行物品包装的主要目的是保护产品和美化产品。其包装性质分为两大类：一类是功能性，主要对商品进行保护，它体现了包装的本质；另一类是增值性，可促进商品的销售，展现包装的魅力和效果。易碎物品由于其易碎性，在进行物品包装时要进行缓冲包装，它的作用是吸收冲击能量，延长内装物承受冲击作用的时间。

二、易碎物品的包装材料

为了保护易碎物品的完好无损，在进行包装时分为外包装和内包装。因此，包装材料也分为外包装材料和内包装材料。

（一）外包装材料

外包装是保护易碎品免受损坏的有效方法。通常要求易碎品外包装应具有一定的抗压强度和抗戳穿强度，可以保护易碎品在正常的运输和仓储码垛条件下完好无损。最典型和最常用的易碎品外包装是瓦楞纸箱。部分大而重的易碎品采用蜂窝纸板包装箱，部分较轻或本身抗压强度较高的产品如玻璃空罐等，在使用托盘运输时，采用缠绕薄膜包装代替瓦楞纸箱。无论何种易碎品外包装件，都应在四个侧面的左上角处，标注"易碎品"字样和相应的图案。

1. 瓦楞纸箱

瓦楞纸箱是目前使用量最大的运输包装容器。常用的易碎品外包装用瓦楞纸箱由三层或五层瓦楞纸板制成。瓦楞纸板一般有 A、B、C、E 四种楞型，A、B、C 楞型瓦楞纸板均可制作易碎品外包装用纸箱。区别在于 A 型楞较高、较稀疏，抗压强度较低；B 型楞较低、较密，抗压强度较高；C 型介于二者之间。选择不同的楞型或不同层数的纸板制作纸箱，主要是依据内装物的重要性和对抗压强度的要求。

早期中国运输条件较为落后，野蛮装卸现象时有发生，我国对 5 层瓦楞纸箱的需求量较大，约占 70% 的比例。但是近年来随着中国运输条件的改善，3 层瓦楞纸箱的应用比例逐年提高，并且随着销售方式的改变，很多易碎品的运输包装向销售包装靠拢。瓦楞纸箱的设计越来越复杂，印刷装潢的质量也越来越高，不少已登上超市的售货架。

2. 蜂窝纸板箱

蜂窝纸板箱是由蜂窝纸板制造而成的箱形容器。蜂窝纸板质轻、抗压、抗弯、抗剪强度高，具有良好的缓冲隔振性能，以蜂窝纸板为主体材料的包装箱有三种：一是复合材料包装箱，箱体外层使用戳穿能力强的纤维板或三合板、中层为蜂窝纸芯、内壁用草纸板黏合而成；二是全蜂窝纸板包装箱，即以蜂窝纸为夹芯，内外用箱纸板黏合而成；三是内衬型包装箱，以瓦楞纸箱作为箱体，箱内上下四壁用蜂窝纸板做衬垫，有较强的防震、抗压、保温、抗戳穿能力。

与传统的瓦楞纸箱相比，蜂窝纸板箱的机械性能更好，如经破坏性跌落、重物码垛、实装滚动等实验表明，蜂窝纸板包装箱内装易碎物品破损率比瓦楞纸箱降低 50%～97%；空箱上放置 600 kg 的重物试压三个月也不变形，并且无须聚苯乙烯衬垫；与同规格的瓦楞纸箱重量比为 2:5，可节约纸板 60%。这种纸箱的推广应用，将为降低商品在流通过程中的破损率，提高包装产品质量起到积极的作用。特别是对于价值较高的玉器雕刻品、工艺品等，蜂窝纸箱是最好的选择。然而，由于蜂窝纸板制作工艺较复杂，特别是目前还不能实现自动化制箱，因此在应用上受到限制，主要用于小批量、体积和重量都比较大的易碎品包装上。

3. 缠绕薄膜包装

随着包装运输逐渐托盘化，采用塑料缠绕拉伸薄膜作为运输包装的方式日渐普及。将易碎品的销售包装堆码在托盘上，用缠绕薄膜形成一个整体，可以简化包装，省去瓦楞纸箱，降低包装成本。缠绕拉伸回缩薄膜，是以线性低密度聚乙烯为主要原料，采用共挤出吹膜法或流延法生产而成。它具有很大的拉伸伸长并回缩的性能，伸长率可高达500%。托盘式缠绕包装，即借助缠绕膜拉伸后的回缩力将产品进行缠绕包装，形成一个紧凑的、不占空间的单元整体，使产品与托盘紧密地包裹在一起，可有效地防止运输过程中产品相互错位与移动。

近年来，缠绕薄膜发展十分迅速。它非常适用于大宗货物托盘包装，这种托盘与叉车相结合的"集权装卸"方法，不但降低了运输费用，而且提高了物流效率，还由于该膜有良好的透明性，使得包装物体美观大方而又便于识别内包物品，减少配货错误。缠绕薄膜的缺点在于其抗压、抗刺破能力较弱，使用上受到一定限制，特别是在易碎品包装上，通常只适用于那些有销售包装的、周转次数较少、货物本身较轻或本身抗压强度较高的商品。

（二）内包装材料

易碎品内包装的最主要功能是提供内装物的固定和缓冲。合格的内包装可以保护易碎品在运输期间免受冲撞及震动，并能回复原来形状以提供进一步的缓冲作用。其有多种内部包装材料及方法可供选择。

1. 衬板

衬板是目前最流行的内部包装形式，通常是使用瓦楞纸板通过彼此交叉形成一个网状结构，在尺寸上与外包装纸箱相匹配。根据所装物品的形状，对瓦楞纸衬板进行切割，然后将物品卡在其中即可。从衬板的制作、切割和装箱，全过程都可以通过机械化操作完成，非常适合大批量的产品包装。

用瓦楞衬板作为内部包装，可以提供良好的商品固定性能，能够避免易碎品之间的相互碰撞，降低破损率。由于制作材料是瓦楞纸，与瓦楞纸箱材料一致，利于统一回收，符合环保需求，成本也较低。

与箱体底部接触的物品，由于所承受压力较大，受损概率也较大。通常，在箱底添加一层瓦楞纸隔板，以增强缓冲性能。目前，市场上也出现了用塑料制作的隔板。它采用高密度聚乙烯（HDPE）或聚丙烯（PP）挤出或挤压成型，具有低成本、抗弯折、耐冲击、无污染、抗老化、耐腐蚀、防潮防水等多种优点，可以解决啤酒瓶、陶瓷等在大批量搬运过程中可能遇到的隔层包装问题。与瓦楞纸板相比，塑料隔板更能适应卸垛堆码机械化和仓储管理货架化等趋势，将得到越来越广泛的应用。

2. 泡沫塑料及其替代品

作为传统的缓冲包装材料，发泡塑料具有良好的缓冲性能和吸振性能，有重量轻、保护性能好、适应性广等优势，广泛用于易碎品的包装上。特别是发泡塑料可以根据产品形状预制成相关的缓冲模块，应用十分广泛。聚苯乙烯泡沫塑料曾经是最为主要的缓冲包装材料。然而，由于传统的发泡聚苯乙烯使用会破坏大气臭氧层的氟利昂做发泡剂，加上废弃的泡沫塑料体积大，回收困难等原因，逐渐被其他环保缓冲材料所替代。

目前，代替聚苯乙烯发泡塑料的主要有发泡PP、蜂窝纸板及纸浆模塑产品等几类。发泡PP不使用氟利昂，具有很多与发泡聚苯乙烯相似的缓冲性能，它属于软发泡材料，可以通过黏结组成复杂结构,是应用前景很好的一类新型缓冲材料。蜂窝纸板具有承重力大、缓冲性好、不易变形、强度高、符合环保、成本低廉等优点。它可以代替发泡塑料预制成各种形状,适用于大批量使用的易碎品包装上,特别是体积大或较为笨重的易碎品包装。

纸浆模塑制品也是可部分替代发泡聚苯乙烯的包装材料。它主要以纸张或其他天然植物纤维为原料,经制浆、模塑成型和干燥定型而成,可根据易碎品的产品外形、重量,设计出特定的几何空腔结构来满足产品的不同要求。这种产品的吸附性好、废弃物可降解,且可堆叠存放,大大减少运输存放空间。但其回弹性差,防震性能较弱,不适用于体积大或较重的易碎品包装。

3. 气垫薄膜

气垫薄膜也称气泡薄膜,是在两层塑料薄膜之间采用特殊的方法封入空气,使薄膜之间连续均匀地形成气泡。气泡有圆形、半圆形、钟罩形等形状。气泡薄膜对于轻型物品能提供很好的保护效果,作为软性缓冲材料,气泡薄膜可被剪成各种规格,可以包装几乎任何形状或大小的产品。使用气垫薄膜时,要使用多层以确保产品(包括角落与边缘)得到完整的保护。

气垫薄膜的缺点在于其易受其周围气温的影响而膨胀和收缩。膨胀将导致外包装箱和被包装物的损坏,收缩则导致包装内容物的移动,从而使包装失稳,最终引起产品的破损。而且其抗戳穿强度较差,不适用于包装带有锐角的易碎品。

4. 现场发泡

现场发泡,主要是利用聚氨酯泡沫塑料制品,在内容物旁边扩张并形成保护模型,特别适用于小批量、不规则物品的包装。一般的操作程序如下:首先在纸箱底部的一个塑料袋中注入双组分发泡材料,然后将被包装产品放在发泡材料上,再取一个塑料袋,注入适当分量的发泡材料覆盖在易碎品上,很快发泡材料充满整个纸箱,形成对易碎品的完美保护。

现场发泡最大的特点在于可在现场成型,不需用任何模具,特别适合于个别的、不规则的产品,或贵重易碎品的包装,可广泛用于邮政、快递等特殊场合使用。

5. 填料

在包装容器中填充各种软制材料做缓冲包装曾经应用广泛。材料有废纸、植物纤维、发泡塑料球等很多种。但是由于填充料难以填充满容器,对内装物的固定性能较差,而且包装废弃后,不便于回收利用,因此目前这一包装形式正在逐渐衰退。

6. 充气包装

充气包装,又称气调包装或置换气体包装。将产品装入密闭性包装容器内,抽真空(或不抽),再充入保护性气体(N_2、CO_2),然后将包装密封的方法。

有些易碎品脆性很大,抗压能力较小,即使没有强烈的碰击也会破碎,因此可采用充气包装。充气包装主要的好处在于其密封性和密闭性都是包装方式的唯一方式。很多食品,如肉食品、水果、蔬菜、蛋糕、茶叶和乳制品等都成功地采用了气体置换包装技术;在易碎物品中比较常见的蛋黄派、薯片等均采取充气包装,避免在运输过程中被压碎。

三、易碎物品包装步骤

(1) 检查销售包装的质量及可靠性。对有销售包装的,要检查销售包装的质量及可靠性。商品在销售包装内不可晃动;商品之间应有安全隔断;商品与销售包装之间应填充有安全缓冲材料。带有电池的商品，主机与随机电池应分别封装。

①对商品在销售包装内未进行固定、缓冲保护的、内装多个商品、商品间未做安全隔断防护的、主机与随机电池未分别封装的，应重新进行封装处理。

②对不允许对销售包装内件商品进行封装保护处理、仅依靠在销售包装外做防护处理又无法保证在常态寄递条件下安全寄递的，应拒绝受理其寄递要求。

（2）覆裹内件对无销售包装或销售包装安全的，应按照其裸件或商品销售规格，截取气垫厚度为 0.4 cm 以上、直径为 1 cm 的气垫膜覆裹 2 层以上，形成覆裹层 0.8 cm 以上厚度的茧状覆裹件。对于带有电池的商品，应分别对主机和随机电池分别进行覆裹。

（3）密封处理对未进行防潮处理的商品，应按照完成覆裹的茧状覆裹件或商品销售包装规格，选取适宜尺寸的防潮、防泄漏塑封袋，密封处理。

（4）封合使用宽 4 cm 以上聚丙烯或聚乙烯胶带，压盖茧状覆裹件、经过密封处理的茧状覆裹件或商品销售包装，进行封合。

（5）外包装箱内壁封栏按照茧状覆裹件成茧规格或商品销售包装规格，选取适宜尺寸、强度的 5 层及 5 层以上瓦楞纸箱为外包装箱；截取 1 cm 及以上厚度的蜂窝纸板或 EPS 板，对外包装箱进行封栏处理。截取蜂窝纸板或 EPS 板时，可多层黏合形成。对外包装箱内置多个待封装物、外包装箱体积较大的，待封装物间（包括商品的底部和顶部）应使用 0.3 cm 及以上厚度的瓦楞纸板或 EPS 板交叉竖立在箱内，将箱内空间分割成一层或多层若干个（视内装商品数量而定）网格状空间，将待封装物置入。

（6）填充外包装箱。在外包装箱已封栏底面，铺衬 2 cm 及以上厚度的气垫膜、聚氨酯泡沫或 EPS 板，使用气垫厚度为 0.4 cm 以上、直径为 1 cm 气垫膜，严实填充。

（7）封合外包装箱使用宽 4 cm 以上聚丙烯或聚乙烯胶带，封合外包装箱；粘贴特快专递业务专用单式，形成邮件。

（8）填充、封合内封装盒遇客户要求对商品内件包裹进行内封装盒封装时，应按照茧状覆裹件成茧规格，选取适宜尺寸的 3 层瓦楞纸箱为内封装盒，并进行内封装盒填充。填充时，应使用气垫厚度为 0.4 cm 以上、直径为 1 cm 气垫膜严实填充待封装物与内封装盒间隙；填充完毕，闭合内封装盒。

（9）发泡包裹。发泡处理按上述现场发泡过程处理。

（10）包装完毕。

四、技能训练

1. 训练目标

通过实践训练，能够进行易碎物品的包装，为易碎货物运输企业提供高端技能型人才。

2. 训练准备

（1）分组：每组 10 人，一起进行讨论并设计。

（2）准备好易碎物品，如陶瓷、玻璃等。

3. 训练项目

现有 200 套茶具需要从福建德化运往上海。产品包括大茶盘 1 只，直径为 23 cm，高为 2 cm；茶杯 4 个，直径为 6.5 cm，高为 8 cm；提梁壶 1 把，最大直径为 17 cm，高为 15 cm。质量：1.2 kg/套。请进行包装设计。

4. 训练评价

训练评价的方式有教师评价、小组内部成员评价和第三方评分组成员评价三种。建议教师评价占60%权重，小组内部成员评价占20%的权重，第三方评分组成员评价占20%的权重，将三者综合得分作为学生在该项目的评价分。训练评价表见表9-1。

表9-1 训练评价表

考评人		被考评人	
考评地点			
考评内容	易碎物品的包装设计		
考评标准	具体内容	分值	实际得分
	工作态度	15	
	沟通水平	15	
	包装材料的选用	30	
	包装的缓冲效果	40	
	合计	100	

注：考评满分为100分，60分以下为不及格，60~69分为及格，70~79分为中，80~89分为良，90分以上为优。

任务二 易碎物品的运输

教学要点

1. 了解易碎物品的运输特点。
2. 掌握易碎物品的运输作业要求。
3. 学会对易碎物品运输现状进行分析。

教学方法

一般采用讲授、情境教学、案例教学和分组讨论等方法。

教学内容

一、易碎物品运输概述

由于易碎物品的易碎性较大，因此易碎物品的运输与普通货物运输有很大的不同。

1. 运输工具的选择要以快速、安全为主

易碎物品运输时要根据不同地区、路途远近、不同季节等因素，选用适当的运输用具。长途运输以火车、轮船为主，短途运输以汽车为主。无论采用何种运输工具，在运输过程中都须注意下列事项：运输要快；搬运装卸要轻稳；运输过程要防止雨淋、日晒、灰尘和震动；装运易碎品的车船等装运工具要清洁干燥，凡装过农药、汽油、煤油等有毒、有异味的车船，一定要冲洗干净后再使用。

2. 运输包装要求高
（1）运输包装要具有足够的强度、刚度与稳定性。
（2）具有防水、防潮、防虫、防腐、防盗等防护能力。
（3）包装材料选用符合经济、安全的要求。
（4）包装重量、尺寸、标志、形式等应符合国际与国家标准，便于搬运与装卸。
（5）能减轻工人劳动强度，使操作安全便利。
（6）包装还要符合环保要求。

3. 尽量减少中转搬运次数
尽量减少中转搬运次数，即减少装卸搬运次数。在装卸搬运过程中，易碎物品容易破碎，减少装卸搬运次数目的就是降低易碎物品的破损率。

二、易碎物品运输作业要求

易碎物品运输的环节主要包括受理托运、仓储保管、货物装卸、货物运送、货物交付等。其中，受理托运、货物装卸、货物运送、货物交付工作环节尤其重要，因此需加强管理。

（一）受理托运

操作内容：托运人填写易碎物品托运单，承运人审核托运单，验货。

操作要求：

（1）托运人填写易碎物品货物托运单，在托运单上填写清楚易碎物品的品名、规格、件重、件数、包装方法、起运日期、收发货人详细地址及运输过程中的注意事项。

（2）承运人应认真核对运单上所填写货物的编号、品名、规格、件重、净重、总重、体积、收发货地点、时间及所提供的单证是否符合规定。审核运单上所填写信息与实际物品是否相符。

（3）易碎物品在受理托运时应严格检查货物包装，要仔细查看是否符合易碎物品的包装要求，包装标志是否符合国家易碎物品的规定要求，如包装或包装标志不合理，可要求托运人对物品进行重新包装或重新刷贴包装标志后再受理。

（4）签订易碎物品保函。易碎物品在运输和装卸过程中容易破损，因此一般在受理托运时签订一份"易碎物品保函"，为了确认运输过程易碎物品的损坏由谁承担。

"易碎物品保函"范例如下：

易碎物品保函

致：

我司＿＿＿＿＿＿＿＿＿＿＿＿＿＿＿＿＿＿＿＿＿委托贵司出运货物＿＿＿＿＿＿＿

＿＿＿＿＿＿＿＿＿＿＿＿＿＿＿＿＿＿＿＿＿。

进仓编号＿＿＿＿＿＿＿＿＿＿＿＿＿＿件数＿＿＿＿＿＿＿＿＿＿毛重＿＿＿＿

＿＿＿＿＿＿＿尺码＿＿＿＿＿＿＿＿＿＿。

因该货物为易碎品，我司已经知晓在运输过程中可能出现的风险，我司保证对货物加强包装，适合海运拼箱运输要求。现请贵司仓库按照装箱要求小心轻放并安排收货出运。对此我司保证如下：

①货物在××仓库装、卸过程中有任何损坏与贵司无关。

②货物在目的港拆卸过程中有任何损坏与贵司无关。

③货物在集装箱运输途中颠簸所造成的损坏与贵司无关。

④由于我司易碎品的原因造成集装箱中其他货物的破损以及造成箱体破损、污损、划伤等于贵司无关。全部由我司自行承担，如由此造成第三方向贵司索赔，我司将承担一切法律责任和费用风险。

发货人公章：
日期：

（二）货物装车

操作内容：托运人进行易碎物品装车。

操作要求：易碎物品在装车时要注意以下几点。

（1）装卸时必须轻拿轻放，平搬平放，不拖不拉，双手搬运，机械作业要稳铲、稳吊、稳放。禁止扔、摔、碰等野蛮装车行为。

（2）装车或装船时，严格按堆码层数限制要求，不得多堆。箱子必须放平放稳，顺序卡紧，不要歪倒放置，以防晃动。

（3）装卸堆码时，必须稳固，骑缝交叉，防止倒垛。箱装以井字形为宜，篓装以品字形上下错开装载为宜。箱混装时，耐压的木箱应放在底层，纸箱放在上层。

（4）装卸堆码时，须有不可倒置、勿压、轻拿轻放等标志。

（三）货物运送

操作内容：承运人运送易碎物品。

操作要求：

（1）根据托运人的要求及易碎物品的性质安排车班、车次，如无法按要求安排作业，应及时与托运人联系进行协商处理。

（2）要注意天气预报，掌握雨雪天气，以免影响运送。

（3）货物运输工具，如选择公路运输，在行驶过程中要注意选择平坦路面、匀速行驶，避免紧急刹车。

（4）在运输途中，要经常检查易碎物品状况，发现包装或内部货物破损，一方面要采取措施解救，另一方面要联系托运人商量解决。

（四）货物交付

操作内容：收货人核对运单，组织卸货人员卸车、验货、收货。

操作要求：

（1）到达目的地时承运人应及时联系收货人收货，及时组织卸货人员对易碎物品进行卸车和交付。

（2）易碎物品在卸货时要轻拿轻放，杜绝野蛮装卸。堆码时，必须稳固，骑缝交叉，防止倒垛，严格按堆码层数限制堆码。

（3）收货人在货物签收时，要亲自对易碎物品进行完好性检查。

三、技能训练

1. 训练目标

通过实践训练，能够进行易碎物品运输组织，为易碎物品运输企业提供高端技能型人才。

2. 训练准备

（1）分组：每组10人，一起进行讨论设计。
（2）选择合适的运输路线、运输方式。
（3）准备托运单、易碎物品保函等。

3. 训练项目

现有一批陶瓷从中国淄博往美国洛杉矶发运。托运人：中国淄博陶瓷城；中国承运人：淄博小火物流公司；收货人：美国洛杉矶物流公司；产品：陶瓷；数量：5 000套；托运时间：2018年5月12日；到达时间：2018年7月11日。

试选择合理的运输路线和运输方式。试填写托运单、易碎物品保函、货物装载设计和写出途中管理要求说明。

4. 训练评价

训练评价的方式有教师评价、小组内部成员评价和第三方评分组成员评价三种。建议教师评价占60%权重，小组内部成员评价占20%的权重，第三方评分组成员评价占20%的权重，将三者综合得分作为学生在该项目的评价分。训练评价表见表9-2。

表9-2 训练评价表

考评人		被考评人	
考评地点			
考评内容	易碎货物的运输		
考评标准	具体内容	分值	实际得分
	工作态度	15	
	沟通水平	15	
	运输路线和运输方式的选择	25	
	托运单、易碎物品保函的填写	25	
	货物装载设计	20	
	合计	100	

注：考评满分为100分，60分以下为不及格，60~69分为及格，70~79分为中，80~89分为良，90分以上为优。

思考练习

一、简述题

1. 什么是易碎物品？其有何特征？
2. 易碎物品有哪些包装方法？
3. 简述易碎物品的货物受理托运要求。
4. 简述易碎物品的装卸注意事项。

二、案例分析题

不管赔

"来取货了才说属于易碎物品，不保价、不赔偿，这叫什么事儿啊！"市民曹女士日前想快递一台电脑，结果却被快递员告知，电脑属于易碎物品，不能保价，损坏后不赔偿。曹女士从快递公司收货单据背后的《快件运单契约条款》中发现，其中约定"若因本公司的过错造成托寄物毁损、灭失的，本公司将免除本次运费；若寄件人未选择保价，则本公司对月结客户在不超过运费9倍的限额内，非月结客户在不超过运费7倍的限额内赔偿托寄物损失的实际价值。若寄件人已选择保价，则本公司按托寄物的生命价值和损失比例赔偿。"

"这是不是说电脑快递给弄碎了、弄丢了，最多赔我210元？"曹大姐问。

顺丰速运区域负责人在电话中说，此前顺丰曾经接过不少易碎物品的单子，也赔过不少。从今年4月起，公司要求所有易碎物品都不能再保价，而这也给他们的业务带来了一定程度上的损失。据另外一名工作人员解释，实际从4月起，就已要求收件员不再收包括液晶屏在内的易碎物品了。如果客户坚持要快递，那得让客户在托寄物写上"破损自负"并签字。

记者拨打了其他几家快递公司的电话。

申通公司客服人员说，虽然公司规定易碎物品可以保价，但"劝您谨慎考虑一下，最好还是不要寄"。她说，由于快递时很难说得清是谁弄碎的，索赔也有难度。

天天快递顺义区收件人说，虽然易碎品可以保价，但万一损坏公司会以"易碎品"说事儿，"最终也是拿不到赔偿的"。

中通快递客服人员则称，保价以后是"管丢不管碎"，"说白了得您自己包好了，否则中间就算是摔得粉碎，只要我们把件儿运到了就没我们的事儿。"

一名业内人士说，之所以快递不敢给易碎物品保价，甚至把一些"还算结实"的托寄物算成易碎物品，实在是因为国内的快递物流管理太粗放："连个章法都没有，怎能管得好复杂的物流？"

从淘宝网上买花瓶，收到的却是一箱碎碴子；大老远从广东定的水晶灯，签收时却发现有几个坠儿已经磕裂了；同城水果快递当天抵达，却发现几乎被摔成了烂渣。从去年开始，各地快递公司野蛮装卸的现场视频多次被人传到网上。

但业内人士说，如果不从根源上改进快递行业的管理现状，毫无疑问这种"易碎物品不赔"的条款还将持续。

（来源：北京日报，耿诺）

请问：如何解决易碎物品物流难的问题？

项目十

贵重物品运输实务

内容简介

随着经济的发展,人们对贵重物品的需求日益增多,运输企业承运贵重物品的机会也越来越大。本项目主要介绍贵重物品的概念、贵重物品的包装及运输中要求。

教学目标

知识目标
1. 理解贵重物品的内涵。
2. 掌握贵重物品的运输组织方法。

技能目标
1. 能够进行贵重物品的包装设计和装卸。
2. 能够进行贵重物品运输组织。

案例导入

托运丢失贵重物品,未作声明获赔甚微

肝素钠是从猪或牛肠黏膜中提取的硫酸氨基葡聚糖的钠盐。因肝素钠提取工艺复杂且具有广泛的药用价值,所以价格不菲,市价为每千克2.5万元左右。2010年12月30日,原告广汉某食品有限公司与被告某运输服务有限公司订立运输合同,约定被告通过航空托运运送肝素钠10 kg至江苏省吴江市某生化制品有限公司。被告在向原告出具的货运单上载明了运送货物的品名、件数、重量、航空运费等信息。原告也依合同约定向被告支付了运费130元。2011年1月2日,原告指定的收货人在收货时发现托运的肝素钠丢失了6.2 kg,价值15.81万元。原告得知此情况后,多次就赔偿问题与被告交涉未果,后诉至法院要求被告

赔偿货物损失 15.81 万元。

法院审理后查明，2010 年 12 月 30 日，被告承接了原告代理货运的业务，并向原告出具了货运单。该运单上载明了运送货物的品名、件数、重量、航空运费等信息，但并未在货运单上的运输声明价值栏和运输保险价值栏做相应记载。原告也未向被告声明货物的价值或办理运输保险价值。

法院审理认为，原告的收货人在收货时发现交由被告运输的肝素钠遗失了 6.2 kg。对此，被告未能举证证明货物的遗失是因不可抗力、货物本身的自然性质或者合理损耗以及托运人、收货人的过错造成的，故应予赔偿。原告所交托运货物为贵重物品，应申报货物价值，并支付运输声明价值费或保险费。但原告没有申报货物价值也没有对货物进行投保，因此原告应承担货物遗失后因未办理声明运输价值和运输保险价值而造成的法律后果。根据合同法、《中国国际航空公司货物国内运输总条例》的相关规定，被告只是按照货物的重量标准收取了运费，并不知道货物的实际价值，原告仅凭向被告支付的运费要求被告赔偿遗失货物的实际价值不合理，故按每千克赔偿 100 元的标准，判令被告赔偿原告损失费 620 元。

（摘自：http://www.enorth.com.cn）

引导思路

1. 托运人在托运贵重物品时，应做好哪些工作？
2. 某运输服务有限公司在运输过程中要如何操作才能保证贵重物品不受损坏？

任务一　认识贵重物品

教学要点

1. 了解贵重物品的定义、种类及特性。
2. 学会对贵重物品的包装进行设计。

教学方法

一般采用讲授、情境教学、案例教学和分组讨论等方法。

教学内容

一、贵重物品概述

（一）贵重物品的定义

根据《民用航空货物运输术语》（GB/T 18041—2000）的规定，贵重物品是指毛重每千克运输声明价值，国际货超过 1 000 美元或等值货币、国内货超过 2 000 元人民币的货物，以及含有下列物品中的一种或多种的货物：

(1) 黄金、白金、铱、铑、钯等稀贵金属及其制品。
(2) 各类宝石、玉器、钻石、珍珠及其制品。
(3) 珍贵文物（包括书、古玩、字画等）。
(4) 现钞、有价证券。

贵重物品

（二）贵重物品的种类

1. 稀贵金属及其制品

稀贵金属是稀有金属和贵金属的统称，稀有金属通常是指在自然界中含量较少或分布稀散的金属。贵金属主要是指金、银和铂族金属（铂、钯、铑、钌、铱、锇）。

稀有金属根据各种元素的物理和化学性质，赋存状态，生产工艺以及其他一些特征，一般从技术上分为以下五类。

（1）稀有轻金属：包括锂、铷、铯、铍。其相对密度较小，化学活性强。

（2）稀有难熔金属：包括钛、锆、铪、钒、铌、钽、钼、钨。其熔点较高，与碳、氮、硅、硼等生成的化合物熔点也较高。

（3）稀有分散金属：简称稀散金属，包括镓、铟、铊、锗、铼以及硒、碲。大部分赋存于其他元素的矿物中。

（4）稀有稀土金属：简称稀土金属，包括钪、钇及镧系元素金属。它们的化学性质非常相似，在矿物中相互伴生。

（5）稀有放射性金属：包括天然存在的钫、镭、钋和锕系金属中的锕、钍、镤、铀，以及人工制造的锝、钷、锕系其他元素金属和104号至107号元素金属。

2. 宝石及其制品

宝石指的是色彩瑰丽、坚硬耐久、稀少，并可琢磨、雕刻成首饰和工艺品的矿物或岩石，包括天然的和人工合成的，也包括部分有机材料。

现代宝石学最新根据宝石的用途将宝石分为三个类别，即钻石、彩色宝石和玉石。另外，还有其他材质的宝石。

（1）钻石：透明色美的钻石是贵重的宝石，因其具很高的硬度、辉度和火彩（具强色散性），在宝石中是无与伦比的，因此成为最受人们欢迎的宝石。其中，透明物色或蓝色者价值最高。评价钻石主要依据是重量、颜色、洁净度和切工四大因素。

（2）彩色宝石：指那些有颜色的宝石，比如红宝石、蓝宝石、祖母绿、海蓝宝石、猫眼宝石、变色宝石、黄晶宝石、欧泊、碧玺、尖晶宝石、石榴石宝石、锆石宝石、橄榄绿宝石、翡翠绿宝石、石英猫眼、绿松石、青金石等。

（3）玉石：指翡翠和白玉等多晶体集合体矿物。而钻石和彩色宝石都是单晶体。玉从色彩上分有白玉、碧玉、青玉、墨玉、黄玉、黄岫玉、绿玉、京白玉等。从地域上分有新疆玉、河南玉、岫岩玉（又名新山玉）、澳洲玉、独山玉、南方玉、加拿大玉等，而其中新疆和田玉是我国的著名特产。

（4）玛瑙：从色彩上分有白、灰、红、蓝、绿、黄、羊肝、胆青、鸡血、黑玛瑙等。从花纹上分有灯草、藻草、缠丝、玳瑁玛瑙等。在我国东北地区、内蒙古、云南、广西均有出产，且有含水玛瑙，称为水胆玛瑙。

（5）石：寿山石、绿松石、青金石、芙蓉石、木变石（又名虎皮石）、桃花石（又称京粉翠）、孔雀石、兰纹石、羊肝石、虎睛石、东陵石等，其中绿松石是我国湖北郧阳一带的名产。

（6）晶：白水晶、紫水晶、黄水晶、紫黄晶、红水晶、粉晶、蓝水晶、钛晶、墨晶、幽灵晶、茶晶（又名烟晶）、软水晶、鬃晶、发晶。我国南方北方各地均有出产，其中江苏东海县盛产天然水晶。

（7）翡翠：具有紫、红、灰、黄、白等色，但以绿色为贵，它是我国近邻缅甸地区的名特产。

（8）珊瑚：分为红、白两色。它是一种海底腔肠动物化石，我国台湾出产的珊瑚质量较好。

（9）珠：珍珠（海水珍珠、淡水珍珠），养珠（海水养珠、淡水养珠）。

3. 珍贵文物

珍贵文物分为一、二、三级。具有特别重要历史、艺术、科学价值的代表性文物为一级文物；具有重要历史、艺术、科学价值的为二级文物；具有比较重要历史、艺术、科学价值的为三级文物。另外，具有一定历史、艺术、科学价值的为一般文物。

4. 现钞、有价证券

有价证券是指标有票面金额，证明持有人有权按期取得一定收入并可自由转让和买卖的所有权或债权凭证。有价证券是虚拟资本的一种形式，它本身没价值，但有价格。有价证券按其所表明的财产权利的不同性质，可分为商品证券、货币证券以及资本证券三类。

（1）商品证券：指证明持券人有商品所有权或使用权的凭证，取得这种证券就等于取得这种商品的所有权，持券者对这种证券所代表的商品所有权受法律保护。属于商品证券的有提货单、运货单、仓库栈单以及商业汇票等。

（2）货币证券：指本身能使持券人或第三者取得货币索取权的有价证券。货币证券主要包括两大类：一类是商业证券，主要包括商业汇票和商业本票；另一类是银行证券，主要包括银行汇票、银行本票和支票。

（3）资本证券：指由金融投资或与金融投资有直接联系的活动而产生的证券。持券人对发行人有一定的收入请求权，它包括股票、债券及其衍生品种，如基金证券、可转换证券等。

5. 其他高价值货物

其他高价值货物是指毛重每千克运输声明价值，国际货超过1 000美元或等值货币、国内货超过2 000元人民币的货物。例如，冬虫夏草、案例导入中的肝素钠等。

（三）贵重物品的特性

（1）高价值性。贵重物品单价一般比较高，有的每克高达几百元，甚至上千元。

（2）高安全性。贵重物品一旦发生毁损，承运人和托运人往往面临巨大的损失。因此，在保管、装卸、交接和运输过程中要加强安全防护，一切要小心翼翼，避免事故发生。

二、贵重物品的包装

为了保护贵重物品的完好无损，在对贵重物品进行包装时要认真严密，保证不因包装不良而发生重大损失。贵重物品的包装分为外包装和内包装。

（一）外包装

贵重物品的外包装一般采用金属包装或木质包装，也有用复合材料制作的。金属包装因其材质特性，比一般包装抗压能力更好，方便运输，不易破损，还可以反复使用。目前，铁箱、铝箱是贵重物品常用的外包装，但其存在重量大、搬运不方便的缺点，通常用于小件的贵重物品。木质包装轻便、价格低，在贵重物品也常用，但其抗压能力比金属包装差，通常用于普通的、大件的贵重物品。使用复合材料是一种发展趋势，复合材料在保证金属包装抗压能力时，降低了包装的重量，保证贵重物品的安全。

瑞典 SQS 安全 Qube 系统公司已研究出使用玻纤增强塑料（GRP）一系列运输钞票、武器和其他贵重物品的复合材料箱。第一种复合材料箱于 1996 年开始生产，自此之后已开发了完整的产品线包括存款箱、贵重物品运输箱、武器运输箱和自动检重机（ATM）安全系统。可买到不同尺寸的箱，由 328 mm×145 mm×120 mm、重量为 2.9 kg，到尺寸为 407 mm×868 mm×170 mm、重量为 20 kg 以上的极大型箱。这些箱由 GRP 制外壳和嵌入的"电子盾牌"系统组成。只要电子盾牌破裂至 1 mm，它就会被立即检查出并触发 SQS 箱中破坏—跟踪系统。SQS 安全 Qube 系统在其箱体结构中使用 Reichhold 公司的 Norpo170345 和 GS70345S 树脂。另外，瑞典 SQS 安全 Quhe 系统公司专门开发了一种 ISO 级的 Polylite PI – 3104 树脂。

（二）内包装

贵重物品的内包装一般采用薄膜包装或泡沫包装，也有用海绵等其他材料制作的。其目的主要是防尘、防水和防震，也有的贵重物品要求防虫、防霉，如冬虫夏草。

三、技能训练

1. 训练目标

通过实践训练，能够判定贵重物品，并进行贵重物品的包装，为货物运输企业提供高端技能型人才。

2. 训练准备

（1）分组：每组 10 人，一起进行讨论设计。

（2）准备好一个物品，用来模拟贵重物品。

3. 训练项目

某人现有 200 g 冬虫夏草需要从宁夏运往上海。请学生为其进行贵重物品的包装设计。

4. 训练评价

训练评价的方式有教师评价、小组内部成员评价和第三方评分组成员评价三种。建议教师评价占 60% 的权重，小组内部成员评价占 20% 的权重，第三方评分组成员评价占 20% 的权重，将三者综合得分作为学生在该项目的评价分。训练评价表见表 10 – 1。

表 10 – 1　训练评价表

考评人		被考评人	
考评地点			
考评内容	贵重物品的包装设计		
考评标准	具体内容	分值	实际得分
	工作态度	15	
	沟通水平	15	
	外包装的选用	30	
	内包装的设计	40	
	合计	100	

注：考评满分为 100 分，60 分以下为不及格，60～69 分为及格，70～79 分为中，80～89 分为良，90 分以上为优。

任务二　贵重物品的运输

教学要点

1. 了解贵重物品的运输特点。
2. 掌握贵重物品的运输作业要求。

教学方法

一般采用讲授、情境教学、案例教学和分组讨论等方法。

教学内容

一、贵重物品运输概述

由于贵重物品的高价值性，因此贵重物品的运输与普通货物运输有很多的不同点。

1. 特别的操作程序

贵重物品包括货币、证券、贵重金属及稀有金属、珍贵艺术品、贵重药材和药品、贵重毛皮、珍贵食品、高级精密机械和仪表、高级光学玻璃以及高档日用品等。它们单位价值都很高，因此需要用特别的操作程序来保证贵重物品的安全运输。

2. 交货速度快

为了减少承运风险，承运人一般会尽量缩短承运责任期，尽快将货物交付收货人手中。

3. 运费率高

贵重物品对承运人来说，责任比较重大，运输过程成本比较高，因而运费率也比较高。

二、贵重物品运输作业要求

贵重物品运输的环节主要包括托运、收运、仓储保管、货物装卸、货物运送、中转、货物交付等。其中，收运、货物装卸、货物运送、货物交付工作环节尤其重要，因此需加强管理。其具体要求如下。

1. 托运

操作内容：托运人填写贵重物品托运单。

操作要求：

（1）贵重物品托运人要提前向货物运输企业收运人员领取运单号，并向调度控制室提前订好全程舱位。

（2）托运人填写贵重物品托运单，在托运单上填写清楚贵重物品的品名、规格、件重、件数、包装方法、起运日期、收发货人详细地址及运输过程中的注意事项。

（3）如果是航空运输，托运人则应在货运单"航班/日期"栏内应填写已订妥舱位的航班号和日期。在货运单"Nature & Quantity of Goods（货物的性质与数量）"一栏中填入特殊运输代码"VAL"。

（4）除法定的银行钞票和其他证券等不易损坏的物品，其外包装可用结实的麻、布袋包装外，其他贵重物品应根据其性质采用坚固、严密的包装箱包装，外包装应用"井"字形铁条捆紧并在接口处加托运人铅封或火漆封志，封志应当完好，封志上应有托运人的特别标识。包装件内应用衬垫材料填塞严实,使其中的货物不致移动或互相碰撞。贵重物品外包装上必须清楚详细地写明收货人姓名、地址。贵重物品只允许使用挂签,不允许使用贴签。外包装上不允许有任何粘贴物。贵重物品的外包装上每件货物上应使用两个挂牌,拴挂在货物的两侧。

(5) 托运人交运贵重物品自愿办理声明价值。如有声明价值的,必须在托运单上注明货物的声明价值。注意:承运人对贵重物品的声明价值往往有限制,如航空运输中规定,"除非事先做出安排,每票贵重货物的运输声明价值不得超过人民币 400 万元或其等值货币"。

(6) 托运人可以安排押运人负责贵重物品安全,但必须承担相关费用。

2. 收运

操作内容:承运人检查贵重物品托运单填写情况,验收贵重物品。

操作要求:

(1) 检查托运单:承运人在托运单"路线及目的站"栏内填明所有承运人。在托运单"航班/日期"栏内有无注明所有航班及日期。在托运单"品名"栏内有无加注"VAL"(贵重物品三字代码)。

(2) 检查包装:承运人有无使用质地坚硬且不易损坏的材料包装贵重物品。贵重物品有无密封包装,并在包装件的封口和(或)接缝处使用封志。外包装上有无清楚地注明托运人和收货人的名称、详细地址等运输标志。

(3) 计重:承运人要用精确的磅秤逐件称重,按实际毛重计算,精确到 0.1 kg。计费重量以 0.5 kg 为单位,0.5 kg 以下按 0.5 kg 计算,0.5 kg 以上进升为整数。

(4) 验货:承运人应认真核对托运单上所填写货物的名称是否准确,与实际物品是否相符;运输文件是否准确、齐全。

值得注意的是,在航空运输中规定,与其他货物一起集中托运的贵重物品不得收运,除非整票集运货物全部都属于贵重物品。

(5) 收费:在国内货物运输中,贵重物品运价一般按普货运价的 150% 计收。贵重物品可以办理运费到付。保价费一般按声明价值的 5‰ 计收。

3. 仓储保管

操作内容:承运人妥善保管贵重物品。

操作要求:

(1) 贵重物品应放置在有保安设施的仓库或专用区域内。如果因为货物包装尺寸或其他原因不能将贵重物品放置到仓库或专用区域内,承运人则应采取措施保障货物安全。

(2) 贵重物品的交接应有交接记录,记录至少应包括下列内容:

①托运单号码、货物件数、质(重)量等。

②交接时间。

③交接双方签字,签字应清晰,易辨认。

(3) 贵重物品在货库与运输工具之间或不同货库之间的运输应有专人押运。

(4) 贵重物品的信息传递应符合下列要求:

①将贵重物品的装机(车)信息及时通知到机长(驾驶员)及有关航站(车站)。

②装机(车)站填制货邮舱单时,在"备注"栏内应注明"VAL"字样。

4. 装卸

操作内容：承运人装卸贵重物品。

操作要求：

（1）装卸时，必须严格按储运标志作业，轻拿轻放，平搬平放，不拖不拉，机械作业要稳铲、稳吊、稳放。禁止扔、摔、碰等野蛮装车行为。

（2）装卸操作负责人应在贵重物品装机（车）前，检查其封志是否完好。

（3）贵重物品不应装在客舱及驾驶舱内。

（4）贵重物品应装在带有安全装置的集装箱或保险箱内或飞机货舱内承运人指定的区域。

（5）带有安全装置的集装箱应装在承运人指定的位置。

（6）装机（车）站完毕，必须填写"贵重物品交接单"，通知机长（驾驶员）该航班（车）上装载了贵重物品。

（7）若贵重物品在中转站更换承运人运输，续程承运人应检查货物的外包装并核对质（重）量。

（8）卸机（车）时装卸人员应检查贵重物品的外包装和封志。

5. 货物运送

操作内容：承运人运输贵重物品，途中进行安全检查。

操作要求：

（1）要做好贵重物品运输的保密工作。

（2）承运人应根据托运单要求安排运输，制订运输路线和运载工具方案。如无法按要求安排作业，应及时与托运人联系进行协商处理。

（3）在运输途中，承运人和押运人要注意防盗、防丢失。要经常检查贵重物品状况，发现包装或内部货物破损、货物丢失，一方面要采取措施解救，另一方面要联系托运人商量解决。

（4）贵重物品的运送尽量缩短运输前的准备时间，避免周末与节假日交运。

6. 货物交付工作

操作内容：承运人交付贵重物品。

操作要求：

（1）货物到达后，应立即与仓库保管室联系，安排货物入贵重物品仓库，并做好记录和交接工作。

（2）应及时联系收货人提货，提货人必须是托运单上的指定收货人。

（3）收货人提货时应出具身份证明；在货物签收时要亲自对贵重物品进行完好性检查。

三、技能训练

1. 训练目标

通过实践训练，能够进行贵重物品运输组织，为贵重物品运输企业提供高端技能型人才。

2. 训练准备

（1）分组：每组10人，一起进行讨论设计。

(2) 选择合适的运输路线、运输方式。

(3) 准备好托运单、几种不同形式的包装箱，如木制、金属制、纸制等。

3. 训练项目

现有一批玉石从新疆和田发往上海。托运人：新疆和田新时代玉石有限公司；承运人：新疆安全物流公司；收货人：上海东方珠宝公司；产品：和田玉原石；数量：518.3 kg；价值约500万元。托运时间：2018年5月12日。

如果您是新疆安全物流公司工作人员，试选择合理的运输路线和运输方式。同时，试填写托运单、货物包装设计和写出途中管理要求说明。

4. 训练评价

训练评价的方式有教师评价、小组内部成员评价和第三方评分组成员评价三种，建议教师评价占60%权重，小组内部成员评价占20%的权重，第三方评分组成员评价占20%的权重，将三者综合得分作为学生在该项目的评价分。训练评价表见表10-2。

表10-2 训练评价表

考评人		被考评人	
考评地点			
考评内容	贵重货物的运输		
考评标准	具体内容	分值	实际得分
	工作态度	15	
	沟通水平	15	
	运输路线和运输方式的选择	25	
	托运单的填写和包装设计	25	
	货物途中管理说明	20	
	合计	100	

注：考评满分为100分，60分以下为不及格，60~69分为及格，70~79分为中，80~89分为良，90分以上为优。

思考练习

一、简述题

1. 什么是贵重物品？其有何特性？
2. 贵重物品如何包装？
3. 贵重物品如何收运？

二、案例分析题

"挣钱"之道

有个货运站老板的朋友去站点玩儿，看到有箱鼠标配件，就跟老板要了这批货，并付了几万块钱作为感谢费。老板把配件全部拿出来，放了几个大石头进去，然后交代业务员这批货一定要在收件方最忙的时候才送过去。业务员照做，收件方新来的前台没有开箱验货，直接搬到仓库。等到几天后才发现问题。打电话投诉时已经晚了，"谁叫你签收了，不负责了"。

  如果在吞货后实在赖不掉的，则赔点运费了事。据发帖人介绍，有次快递站点送来12台东芝牌复印机，要送到某电脑城。业务员把货搬上车时被老板看到了，老板硬要留下一件，说交给他处理。客户在追查时，老板开始说只收到11件，后来又说是司机没关紧车门，货飞出去了。由于客户在签收单上备注少一件，公司只得赔偿，可赔偿标准只是运费的5倍。就这样，一台东芝牌复印机只花几百元就到手了。

  请问：如果您是贵重物品的托运人，如何保障自己的利益？

项目十一

货物运输合理化组织

内容简介

货物运输合理化可以充分利用运输能力，提高运输效率，节约运力和劳动力，避免不合理运输造成的大量人力、物力、财力的浪费。本项目主要介绍影响货物运输合理化的因素，货物合理运输化的主要表现，货物运输合理化的有效措施形式和组织货物运输合理化的方法等内容。

教学目标

知识目标

1. 理解货物运输合理化的内涵。
2. 熟悉货物运输合理化的具体内容。
3. 掌握货物运输合理化方法。

技能目标

1. 能够组织货物合理化运输。
2. 能够对目前企业货物运输是否合理化进行分析。

案例导入

韩国三星公司合理化运输

企业的物流工作的根本目标是通过在采购、销售过程中有效地掌握物流、信息流以满足客户的需求，也就是在最合适的时间、最合适的地点提供给客户需要的产品。现在市场竞争愈加激烈，客户的期望值日益提高。企业的物流工作必须创建出一种适合企业发展、让客户满意的物流运输合理化系统。

三星公司于1989—1993年实施了物流运输工作合理化的第一个"五年计划"。这期间进行了"节约成本200亿""全面提高物流劳动生产率劳动"等活动,最终降低了成本,缩短了前置时间,减少了40%的存货量,并使三星公司获得首届韩国物流大奖。1994—1998年三星公司实施物流运输工作合理化的第二个"五年计划",重点是将销售、配送、生产和采购有机结合起来,实现公司的目标——将客户的满意程序提高到100%,同时将库存量再减少50%。为了这一目标,三星公司将进一步扩展和强化物流网络,同时建立了一个全球性的物流链使产品的供应路线最优化,并设立全球物流网络上的集成订货—交货系统,从原材料采购到交货给最终客户的整个路径上实现物流和信息流一体化,这样客户就能以最低的价格得到高质量的服务,从而对企业更加满意。基于这种思想,三星公司物流工作合理化革新小组在配送选址、实物运输、现场作业和信息系统四个方面进行物流革新。

引导思路

1. 运输成本节约的途径有哪些?
2. 如何优化运输线路?

任务一　货物运输合理化的识别和选择

教学要点

1. 了解物流运输合理化的定义、要素、表现形式。
2. 熟悉物流运输合理化的具体内容。
3. 掌握物流运输合理化实施的措施。
4. 学会对物流运输合理化进行分析。

教学方法

一般采用讲授、情境教学、案例教学和分组讨论等方法。

教学内容

一、货物运输合理化基本知识

(一) 货物运输合理化的意义与影响因素

1. 货物运输合理化的意义

运输合理化之路

货物运输合理化是在保证物资流向合理的前提下,在整个运输过程中,确保运输质量,以适宜的运输工具、最少的运输环节、最佳的运输线路、最低的运输费用将物资运至目的地。其意义体现在以下几个方面:

(1) 可以充分利用运输能力,提高运输效率,促进各种运输方式的合理分工,以最小的社会运输劳动消耗,及时满足国民经济的运输需要。

(2) 可以使货物走最合理的路线,经过最少的环节,以最快的时间,取最短的里程到达目的地,从而加速货物流通。既可以及时供应市场,又可以降低物资部门的流通费用,加速资金周转,减少货损货差,取得良好的经济效益和社会效益。

(3) 可以充分发挥运输工具的效能,节约运力和劳动力。否则,不合理运输将造成大量人力、物力、财力浪费,并相应地转移和追加到产品中去,人为地加大了产品的价值量,提高产品价格,从而加重需求方的负担。

2. 货物运输合理化影响因素

货物运输合理化,是各种经济的、技术的和社会的因素相互作用的结果。影响货物运输合理化的主要因素如下:

(1) 运输距离。在运输活动中,运输时间、运输货损、运费、车辆周转等运输的若干技术经济指标,都与运输距离有一定比例关系,运输距离长短是运输是否合理的一个最基本因素。因此,物流公司在组织商品运输时,首先要考虑运输距离,尽可能实现运输路径优化。

(2) 运输环节。在运输业务活动中,需要进行装卸、搬运、包装等工作,多一道环节,就会增加起运的运费和总运费。因此,减少运输环节,尤其是同类运输工具的运输环节,对合理运输有促进作用。

(3) 运输时间。"时间就是金钱,速度就是效益。"运输不及时,容易失去销售机会,造成商品积压或脱销,尤其是国际贸易市场。运输时间过长,还不利于运输工具周转和货主资金周转。

(4) 运输工具。各种运输工具都有其使用的优势领域,对运输工具进行优化选择,要根据不同的商品特点,分别利用铁路、水运、汽运等不同的运输工具,选择最佳的运输线路合理使用运力,以最大限度地发挥所用运输工具的作用。

(5) 运输费用。运费在全部物流费用中占很大比例,是衡量物流经济效益的重要指标,也是组织合理运输的主要目的之一。

上述因素,既相互联系,又相互影响,有的还相互矛盾。运输时间短了,费用却不一定省,这就要求人进行综合分析,寻找最佳方案。在一般情况下,运输时间短,运输费用省,是考虑合理运输的关键点,这两项因素集中体现了物流过程中的经济效益。

(二) 物流运输合理化的主要形式

合理运输的主要形式有以下几种:分区产销平衡合理运输、直达运输、"四就"直拨运输、合装整车运输、提高技术装载量的运输。

1. 分区产销平衡合理运输

分区产销平衡合理运输是指在物流活动中,对于某种货物,使其一定的生产区固定于一定的消费区。在产销平衡的基础上,遵循近产近销的原则,使货物运输走最少的里程。

分区产销平衡合理运输方式加强了产、供、运销的计划性,消除过远、迂回、对流等不合理运输,降低了物流费用、节约运输成本及运输耗费。在实际工作中,这种方式主要适用于品种单一、规格简单、生产集中、消费分散或生产分散、消费集中且调动量大的货物,如煤炭、木材、水泥、粮食、矿建材料等。

2. 直达运输

直达运输是指物品由发运地到接收地,中途不需要换装或在储存场所停滞的一种运输方式。其优点如下:缩短运输距离,减少中间环节,加速商品流转,减少商品损耗,节约运力,降低费用支出。直达运输通常适用于某些体积大、笨重的生产资料运输,如矿石等。对于出口货物也多采用直达运输方式。

3. "四就"直拨运输

"四就"直拨运输是指物流经理在组织货物调运的过程中，当地生产或外地到达的货物不运进批发站仓库。"四就"直拨运输主要内容见表 11-1。

表 11-1 "四就"直拨运输主要内容

类型	含义	具体方式
就厂直拨	物流部门从工厂收购产品，在经厂验收后，不经过中间仓库和不必要的转运环节，直接调拨给销售部门或直接送到车站码头运往目的地	厂际直拨、厂店直拨、厂批直拨、用工厂专用线、码头直接发运
就车站直拨	物流部门对外地到达车站的货物，在运输部门允许占用货位的时间内，经交接经验收后，直接分拨或运给各销售部门	直接运往市内各销售部门直接运往外埠要货单位
就仓库直拨	在货物发货时越过逐级的层层调拨，省略不必要的中间环节，直接从仓库拨给销售部门	仓库对需要储存保管、更新库存的货物、对常年生产、常年销售货物就仓库直拨；对季节生产、常年销售货物就仓库直拨
就车船过载	对外地用车、船运入的货物，经交接验收后，不在车站或码头停放，不入库保管，随即通过其他运输工具换装置直接运至销售部门	就火车直装汽车、就船直装火车或汽车、就大船过驳小船

运用直拨的办法，把货物直接分拨给基层批发、零售中间环节。这种方式可以减少一道中间环节，在时间等各方面收到双重的经济效益。在实际的物流工作中，物流经理可以根据不同的情况，采取就厂直拨、就车站直拨、就仓库直拨、就车船过载等具体运作方式。

4. 合装整车运输

合装整车运输是指在组织铁路货运适当中，同一发货人的不同品种发往同一到站、统一收货人的零担托运货物，由物流部门组配，放在一辆车内，以整车运输的方式托运到目的地；或将同一方向、不同到站的零担货物，集中组配在一辆车内，运到一个适当的车站再中转分运。采用合装整车运输的方法，可以减少一部分运输费用，节约劳动力。

这种方式主要适用于商业、供销部门的杂货运输。根据不同的实际情况，可采取四种方法：主要零担货物拼整车直达运输；零担货物拼整车直达或中转分运；整车分卸（二、三站分卸）；整装零担。

5. 提高技术装载量的运输

这种方式充分利用车船载重吨位和装载容积，对不同的货物进行搭配运输或组装运输，使同一运输工具能装载尽可能多的货物。这种方式，一方面最大限度地利用了船的载重吨位，另一方面充分使用车船的装载容积，提高了运输工具的使用效率。

这种方式的主要做法有以下三种：将重货物和轻货物组装在一起；对一些体大笨重、容易致损的货物解体运输，分别包装，使之易于装卸和搬运；根据不同货物的包装形状，采取各种有效的堆码方法。

二、物流不合理运输的表现及产生的原因

物流中的运输不合理是指不注重经济效果，造成运力浪费、运费增加、货物流通速度降低、货物损耗增加的运输现象。物流经理应在实际工作中尽量避免，力争使其出现的概率降低到零。物流运输不合理的表现主要有以下几种类型。

1. 对流运输

对流运输是指同一种货物或可以相互代用的货物在同一条运输路线或平行运输路线上做相对方向运送的不合理运输方式。对流运输主要有以下两类形式：

（1）明显的对流运输。即在同一运输路线上的对流，如图11-1（a）所示。

（2）隐含的对流运输。即违背就近产销原则。在平行路线上朝着相对方向上的运输，如图11-1（b）所示。

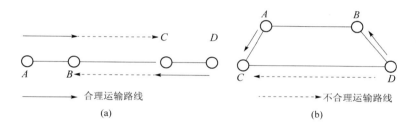

图11-1 对流运输

(a) 明显的对流运输；(b) 隐含的对流运输

2. 迂回运输

迂回运输是指货物绕道运物的不合理运输方式。由于增加了运输路线，延长了解货物在途时间，造成了运输能力的巨大浪费。迂回运输如图11-2所示。

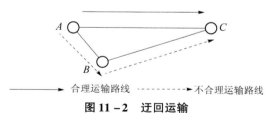

图11-2 迂回运输

3. 倒流运输

倒流运输是指货物从销地向产地或其他地点向产地倒流的不合理运输方式。倒流运输导致运力浪费、增加运费开支等。倒流运输如图11-3所示。

4. 重复运输

重复运输是指一种货物本可直达目的地，但因物流仓库设置不当或计划不周使其在中途卸下，再重复装运送达目的地的运输方式。重复运输导致增加运输环节、浪费运输设备和装卸运输能力，延长了运输时间，增加了运输费用。重复运输如图11-4所示。

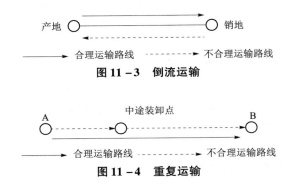

图 11-3 倒流运输

图 11-4 重复运输

5. 过远运输

过远运输是指相同质量、价格的货物舍近求远的不合理运输方式。即：货物销售地完全有可能由距离较近的供应地购进，所需要的相同质量的物美价廉的货物，却超出货物合理走向的范围，从远距离的地区运进来，或者两个生产地生产同一货物，它们不是就近供应邻近的消费地，却调到较远的消费地。过远运输延长了货物运程和在途时间，导致了运力的浪费和资金的积压，增加了运输费用。过远运输如图 11-5 所示。

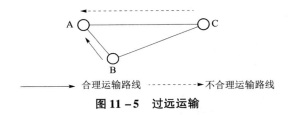

图 11-5 过远运输

6. 无效运输

无效运输是指被运输的货物杂质过多，使运输能力浪费于不必要物资运输的方式。例如，煤炭中的矸石运输。

7. 运力选择不当

运力选择不当是指未考虑各种运输工具的优劣势而不正确选用了运输工具造成的不合理现象。常见的有弃水走陆；铁路、水路大型船舶的过近运输；运输工具承载能力选择不当等。

8. 托运方式选择不当

货主在托运货物时没有选择对自己最有利的运输方式，从而造成运力浪费以及费用支出加大。例如，有条件选择整车却采取零担托运；可采用直达运输而选择了中转运输或应中转运输却选择了直达运输。

分析造成物流工作中不合理运输的主要原因：一方面在主观上对合理运输的重视不够，不了解所需货物的货源分布，不研究各种运输工具和运输方式的特点及费用情况；另一方面受自然条件和地理因素的影响。另外，还有我国目前交通运输条件的有限所造成的制约因素。

三、货物运输合理化的有效措施

货物运输合理化是一个系统分析过程，常采用定性与定量相结合的方法，对运输的各个环节和总体进行分析研究，主要有以下几点：

1. 合理选择运输方式

各种运输方式都有各自的使用范围和不同的技术经济特征，选择时应进行比较和综合分析。首先要考虑运输成本的高低和运行速度的快慢，甚至还要考虑商品的性质，数量的大小，运距的远近，货主需要的缓急及风险程度。

2. 合理选择运输工具

根据商品的性质、数量选择不同类型、额定吨位及对温度、湿度等有要求的运输车辆。

3. 正确选择运输线路

运输线路的选择，一般应尽量安排直达、快速运输，尽可能缩短运输时间，否则可安排沿路和循环运输，以提高车辆的容积利用率和车辆的里程利用率，从而达到节省运输费用，节约运力的目的。

4. 提高货物包装质量，并改进配送中的包装方法

货物运输线路的长短、装卸次数的多少都会影响商品的完好，因此应合理地选择包装物料，以提高包装质量。另外，有些商品的运输线路较短，且要采取特殊放置方法（如熨好的衣服应垂挂），则应改变相应的包装，货物包装的改进，对减少货物损失，降低运费支出，降低商品成本有明显的效果。

5. 混合配送，提高运输工具的实载率

混合配送是把许多同一运输路线可以拼装的货物同车装运，提高运输工具实际载质量。混合配送可以充分利用运输工具的额定能力，减少空驶和不满载行驶的时间，从而求得运输的合理化。

6. 采用大吨位运输工具，增加运输能力

大吨位运输工具具有单位运输成本低的特点，从而大大节约运费，达到合理化的目的。例如，在铁路运输中，在机车能力允许的情况下，多加挂车皮；在内河运输中，将驳船编成队行，由机运船顶推前进；在公路运输中，实行汽车挂车运输，以增加运输能力等。

7. 发展社会化的运输体系

单个物流公司车辆往往自我服务，不能形成规模，且运量需求有限，难于自我调剂，因而经常出现运力空缺，不能满载等浪费现象，且配套的接、发货设施、装卸搬运设施也很难有效地运行。实行运输社会化，可以统一安排运输工具。这样不但可以追求组织效益，而且可以追求规模效益。

8. 开展中短距离铁路、公路分流，在公路运输经济里程范围内，应利用公路运输

这种运输合理化的表现主要有两点：一是对于比较紧张的铁路运输，用公路分流后，可以得到一定程度的缓解，从而加大这一区段的运输通过能力；二是充分利用公路从门到门和在中途运输中速度快且灵活机动的优势，实现铁路运输难以达到的水平。目前，在杂货、日用百货及煤炭等货物运输中较为普遍地运用公路运输。一般认为，目前的公路经济里程为 200～500 km，随着高速公路的发展，高速公路网的形成，新型货车与特殊货车的出现，公路的经济里程甚至可达 1 000 km 以上。

9. 采用专用车辆运输

专用车辆具有普通车辆不可比拟的优势。它一方面可最大限度地利用运输工具的载重吨位和装载容量；另一方面又可提高装卸效率，减少货损货差。例如，专用散装及罐车，解决了粉状、液体物运输损耗大，安全性差等问题；袋鼠式车皮，大型拖挂车解决了大型设备整体运输问题；集装箱船比一般船能容纳更多的箱体，集装箱高速直达加快了运输速度等。

10. 进行必要的流通加工

有不少产品由于产品本身形态及特性问题，很难实现运输的合理化，如果针对货物本身的特性进行适当加工，就能够有效解决合理运输的问题。例如，将造纸材在产地先加工成纸浆，压缩体积后再运输。

四、技能训练

1. 训练目标

通过实践作业，能够理解货物运输合理化的意义，能够进行货物运输合理化行为，为货物运输企业降低运输成本提供保证。

2. 训练准备

（1）正确理解货物运输合理化的意义，懂得货物运输合理化的措施。

（2）将全班学生分成若干组，每组 10 人，选组长 1 人。

（3）联系货物运输企业，让学生为其进行运输合理化设计。

3. 训练项目

（1）在货物运输企业，接待客户，帮助客户进行物流运输合理化设计。

（2）福州某货物运输企业有 10 辆 10 t 的普通货车、5 辆 5 t 的厢式货车，通常从事福州到广州的货物运输。现接到三批货物，50 t 的钢材从福州发到上海、3 t 的服装由福州发到杭州，30 箱的药品（约 1 t）由福州发到宁波，请进行运输合理化设计。

4. 训练评价

训练评价的方式有教师评价、小组内部成员评价和第三方评分组成员评价三种。建议教师评价占 60% 权重，小组内部成员评价占 20% 的权重，第三方评分组成员评价占 20% 的权重，将三者综合得分作为学生在该项目的评价分。训练评价表见表 11-2。

表 11-2 训练评价表

考评人		被考评人	
考评地点			
考评内容	货物运输合理化设计		
考评标准	具体内容	分值	实际得分
	工作态度	15	
	沟通水平	15	
	训练项目（1）完成情况	50	
	训练项目（2）完成情况	20	
	合计	100	

注：考评满分为 100 分，60 分以下为不及格，60~69 分为及格，70~79 分为中，80~89 分为良，90 分以上为优。

任务二　货运车辆合理化调运方法

教学要点

（1）掌握车辆调度的原则、方法。
（2）能够进行车辆的合理调度。
（3）掌握图上作业法和表上作业法。
（4）学会车辆运行线路设计。

教学方法

一般采用讲授、情境教学、案例教学和布置练习等方法。

教学内容

一、车辆调度工作概述

车辆调度工作是通过车辆运行作业计划和调度命令，将企业内部的各个生产环节，特别是车站、车队、车场、装卸等部门做出合理安排，使其在时间、空间上平衡衔接，组成一个动作协调的整体，以保证运输生产的连续性和均衡性。

（一）车辆调度工作的作用

（1）保证运输任务按期完成。
（2）能及时了解运输任务的执行情况。
（3）促进运输及相关工作的有序进行。
（4）实现最小的运力投入。

（二）车辆调度工作的基本原则

（1）按制度调度：坚持按制度办事，根据车辆使用的范围和对象派车。
（2）科学合理调度：所谓科学性，是要掌握单位车辆使用的特点和规律。调度合理是要按照现有车的行驶方向，选择最佳行车路线，不跑弯路和绕道行驶；不在一条线路上重复派车。在一般情况下，车辆不能一次派完，要留备用车辆，以应急需。
（3）灵活机动：所谓灵活机动，是对于制度没有明确规定而确定需要用车的、紧急的，要从实际出发，恰当处理，不能误时误事。灵活机动调度也有一些具体要求，如要调整运输计划时，要做到宁打乱少数计划，不打乱多数计划；宁打乱局部计划，不打乱整体计划；宁打乱次要环节，不打乱主要环节；宁打乱当日计划，不打乱以后计划；宁打乱可缓运物资的计划，不打乱急需物资运输计划；宁打乱整批货物运输计划，不打乱配装货物运输计划；宁使企业内部工作受影响，不使客户受影响。

（三）车辆调度程序

（1）做好用车预约：应坚持做到当班用车提前 1 h 预约，下午用车上午预约，次日用车当日预约，夜间用车下班前预约，集体活动用车两天（三天）前预约，长途用车三天或七天前预约等。调度对每日用车要心中有数，做好预约登记工作。
（2）做好派车计划：调度根据掌握的用车时间、等车地点、乘车人单位和姓名、乘车人数、行车路线等情况,做计划安排,并将执行任务的司机姓名、车号、出车地点等在调度办公室公布或口头通知司机本人。

(3) 做好解释工作:对未能安排上车辆,或变更出车时间的人员,要及时说明情况,做好解释工作,以减少误会,避免误事。

调度工作应做到原则性强,坚持按制度办事,不徇私情;要有科学性,即掌握单位车辆使用的特点和规律,还要加强预见性,做好车辆利用强度的准备工作。

(四) 车辆调度要求

1. 车辆调度的总体要求

各级调度应在上级领导下,进行运力和运量的平衡,合理安排运输,直接组织车辆运行并随时进行监督和检查,保证月度生产计划的实现。

(1) 根据运输任务和运输生产计划,编制车辆运行作业计划,并通过作业运行计划组织企业内部的各个生产环节,使其形成一个有机的整体,进行有计划的生产,最大限度地发挥汽车运输潜力。

(2) 掌握货物流量、流向、季节性变化,全面细致地安排运输生产,并针对运输工作中存在的主要问题,及时反映,并向有关部门提出要求,采取措施,保证运输计划的完成。

(3) 加强现场管理和运行车辆的调度指挥,根据调运情况,组织合理运输,不断研究和改进运输调度工作,以最少的人力、物力完成最多的运输任务。

(4) 认真贯彻汽车预防保养制度,保证运行车辆能按时调回进行保养,严禁超载,维护车辆技术状况完好。

2. 车辆调度人员的责任

为了做好各项工作,一般调度部门设置计划调度员、值班调度员、综合调度员和调度长。

(1) 计划调度员责任。

①编制、审核车辆平衡方案和车辆运行作业计划,并在工作中贯彻执行,检查总结。

②掌握运输计划及重点物资完成情况,及时进行分析研究,提出措施和意见。

(2) 值班调度员责任。

①正确执行车辆运行计划,发布调度命令,及时处理日常生产中发生的问题,保证上下级调度机构之间的联系。

②随时了解运输计划和重点任务完成进度,听取各方面反映,做好调度记录,发现有关情况及时向领导指示、汇报。

③随时掌握车况、货况、路况,加强与有关单位的联系,保证单位内外协作。

④签发行车路单,详细交代任务和注意事项。

⑤做好车辆动态登记工作,收集行车路单及有关业务单据。

(3) 综合调度员责任。

①及时统计运力及其分布、增减情况和运行效率指标。

②统计安全运输情况。

③统计运输生产计划和重点运输完成进度。

④统计车辆运行作业计划的完成情况及保养对号率。

⑤及时绘制有关资料的汇总和保管。

（4）调度长责任。全面领导和安排工作，在调度工作中正确地贯彻执行有关政策法令，充分地发挥全组人员的积极性，确保运输任务的完成。

3. 调度工作的"三熟悉、三掌握、两了解"

调度人员通过调查研究，对客观情况必须做到"三熟悉、三掌握、两了解"。

（1）三熟悉。

①熟悉各种车辆的一般技术性能和技术状况、车型、技种、吨位容积、车身高度、自重、使用性能、拖挂能力、技术设备、修保计划、自编号与牌照号以及驾驶员姓名。

②熟悉汽车运输的各项规章制度、安全工作条例、交通规则、监理制度的基本内容。

③熟悉营运指标完成情况。

（2）三掌握。

①掌握运输路线、站点分布、装卸现场的条件及能力等情况并加强与有关部门的联系。

②掌握货物流量、流向、货种性能、包装规定，不断地分析研究货源物资的分布情况，并能加强有关部门的联系。

③掌握天气变化情况。

（3）两了解。

①了解驾驶员技术水平和思想情况、个性、特长、主要爱好、身体情况、家庭情况等。

②了解各种营运单据的处理程序。

4. 车队的工作要求

车队在生产上的工作应围绕和服务于汽车运行，为使运行安排和调度命令能够顺利实施，应做好如下工作：

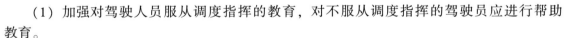

运输调度——接受运输任务

（1）加强对驾驶人员服从调度指挥的教育，对不服从调度指挥的驾驶员应进行帮助教育。

（2）车队应经常和调度室取得联系，及时将车队的车辆技术状况，驾驶员身体情况和完成任务等情况告诉调度室，并出席有关业务会议。

（3）驾修合一，车队应按计划保修车辆，提高修保质量，为运输生产提供安全、质好、量大的运车。

（4）及时收集和反映对调度工作的意见，帮助改进调度工作。

（5）车队应主动配合调度部门的工作，不要干预车辆运行。驾驶人员应服从调度指挥，严禁无调度行车，对调度如有意见应向车队和调度室反映，在调度未做更改以前仍不得拒绝执行。

调度部门编制好车辆运行计划，仅仅是调度工作的开始，更主要的是要保证车辆运行计划的全面实施。在运输生产过程中，调度员既是运输生产的参谋，又是车辆运行的指挥员；既是工人、驾驶员的勤务员，又是宣传员。驾驶员必须听从调度员的指挥。

运输调度——异常情况处理

在行车作业中，驾驶员遇到各种障碍，调度员可以从组织上、技术上给予帮助，消除障碍。凡是作业计划做打乱，不能及时完成，调度员可以适当采取措施，调剂运力，恢复正常运行；如果车辆发生故障，也可与调度员联系派车修理。另外，调度员还可以将各种道路、货源、现场、装卸等变化及时通知驾驶员,以免造成不必要的损失。驾驶员在行车中必须听从调度员的指挥,驾驶员还应将行车中发生的千变万化的情况,及时反映给调度部门,以进一步完善货运计划。

(五) 调度工作制度和调度的工作方法

对于工厂、企业,特别是冶金、有色金属企业内部的汽车运输工作,具有货源充分、运量大、运距短、货物单一、作业地点相对稳定等特点。因此,调度工作制度除了要符合专业运输规定以外,也要符合工矿运输生产的特殊情况和要求。一般要建立以下两种制度:调度岗位责任制和调度室交接班制。各种制度,都必须有利于调度工作的进行和确保调度的权威,以保证调度员顺利履行其职责。

1. 车辆调度的岗位责任制

这项制度规定了调度员的工作责任、正确的工作方法及负责的工作范围,以保证调度工作正常进行。其具体内容如下:

(1) 调度员的责任。调度员是生产的直接指挥者,必须对完成生产作业计划负责。调度员不但应组织好当班生产,而且应为下一班作业创造有利条件,以实现全面均衡地完成计划。具体来说,调度员的责任有以下几个方面:对劳务的质量和工作质量负责;对出现不及格的工作质量负监督的责任,并做好善后处理;对生产中出现的技术问题、生产问题、设备问题等,负组织解决的责任,并向企业领导和上级报告;对生产中的安全事故,负组织抢救、保护现场、向上级和有关上级部门报告的责任;负责填写当班的记录与记事,对调度日报、台账的准确性和真实性负责。

(2) 工作范围。如货运作业计划由企业总调度室进行货源平衡后,应会同各分公司调度室共同研究编制。总调度室的工作应侧重于作业计划编制的合理性和监督,以及执行中发生问题时的补救方法;分公司(或车队)的调度则主要是作业计划的平衡和实施,以及监督作业的质量。

(3) 工作权利。调度员是企业经营者在当班时的全权代表。调度员有权向生产部门或个人发布调度命令;有权根据现场实际情况调配车辆和其他设备;有权根据生产需要或上级指示,调整汽车的工作循环,以及调动人员和车辆设备去突击生产关键。调度员应准确掌握生产和管理信息,做到充分了解生产现场的确切情况,并使生产、管理信息及时反馈给有关业务部门和有关领导。各业务部门的指导性工作指令,则通过调度员及时下达到各生产部门,起到联络和纽带的作用。调度员应经常深入现场,了解生产实际,与生产保持密切联系。调度室所使用的设备、工具、通信设施或电子计算机等,调度员负责其使用和保管,并保持其完好、可靠。调度员主持调度会,掌握生产进度。

2. 调度室的交接班制度

企业的生产是连续性的,其运输部门也实行两班或三班连续作业,因此调度工作也必须有相应的工作时间制。为确保调度有条不紊地进行工作,必须有一个严格、责任分明的交接班制度,使每位调度员之间能相互协调,使每位调度员对企业生产情况都有基本的了解,并养成通盘考虑工作的习惯。交接班制度应包括以下内容:

(1) 对上级指示或领导的有关部署工作,以及经营管理方针,要向下班详细交代,并做好记录。

(2) 对调度室使用的设备、用具、通信设施的使用和运行情况,要向下班交代清楚。

对损坏的用具、设备，要做详细说明和做好记录，并汇报领导处理。

（3）对生产、质量、车辆、设备、安全情况等进行交接。将当班情况介绍给下班，如出现了哪些问题，解决的程度及效果如何等。对无解决条件的要详细交代，并应提出如何解决、组织哪些部门解决的建议，还要做好记录。

3. 车辆调度的工作方法

调度是运输生产的直接指挥者，担负着组织指挥、管理生产的任务，涉及生产、质量、技术、车辆、设备、安全、检修等部门。因此，调度部门必然要与有关业务部门发生密切的联系，才能做到互通情报，及时解决生产问题。

（1）与车辆设备管理部门联系。企业的生产机械化程度比较高，机械、电气设备也不断增加，自动化水平也不断提高。这些设备，不但需要检修、维护，还需要具备完善的管理制度。调度对生产中的设备状况、检修、维护状况要有充分了解，才能保证生产指挥的准确无误。同时，调度要密切与车辆及设备管理部门的联系。因为车辆及设备的检修计划是由车辆及设备管理部门通知调度部门来安排实现的，所以调度对车辆及设备发生的问题，应反馈给车辆及设备管理科室。

（2）与计划部门联系。在工厂企业，计划部门是生产的主管部门。调度部门在指挥、组织生产时，必须以计划部门提出的月度、年度计划为依据来组织和指挥生产，并根据现场客观情况制订保证计划完成的有效措施（如作业场地的条件准备、足够的货运量、卸货场地的设置与管理等），然后由调度具体制订运输方案。因此，两者必须紧密配合，才能切实保证生产的正常进行。

（3）与技术部门联系。技术科室具体负责生产中的技术工作，如提出技术要求，监督执行情况，贯彻规范作业等。通过调度，将其贯彻到生产实践中去，为生产创造条件，并及时将生产中技术难题的解决情况、技术要求贯彻的情况反馈给技术部门。对技术性较强的问题，应协同技术部门到现场了解情况，及时解决问题。

（六）车辆调度工作特点

（1）计划性。车辆运输调度工作，必须以生产经营计划特别是运行作业计划为依据，要围绕完成计划任务来开展调度业务。同时，调度人员要不断总结经验，协助计划人员提高生产经营计划的编制质量。

（2）权威性。调度工作必须高度集中统一。要建立一个强有力的生产调度系统，各级调度部门是同级生产指挥员的有力助手。他们应按照计划和临时生产任务的要求，发布调度命令，下一级生产部门和同级有关职能部门必须坚决执行。各级领导应当维护调度部门的权威。

二、车辆调度方法

车辆调度的方法有多种，可根据客户所需货物、配送中心站点及交通线路的布局不同而选用不同的方法。简单的运输可以采用定向专车运行调度法、循环调度法、交叉调度法等。如果运输任务较重，交通网络较复杂时，则要合理调度车辆的运行，可运用运筹学中线性规划的方法，如最短路径法、图上作业法、表上作业法等。

（一）循环调度法

循环调度法是当车辆在目的地卸货完毕后，安排车辆空驶到其他地点装货，而不直接回出发地的调度方法。它比专车调度提高了里程利用率。循环调度法如图11-6所示。

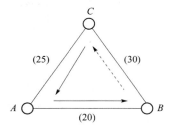

图11-6 循环调度法

在图11-6循环调度法中，A、B、C三个货运点，A-B重载，B-C空驶，C-A重载。循环调度里程利用率=(20+25)÷(20+30+25)=60%，而专车调度里程利用率仅为50%。

（二）交叉循环调度法

公司甲有货从A到D，公司乙有货从B到C，其线路形成交叉型，如图11-7所示。若采用分散调度，则两公司的里程利用率各为50%；若统一用车，采用交叉循环调度，从甲公司A地出发，运输线路为：A→D→B→C→A，则里程利用率可达70.1%。

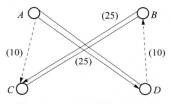

图11-7 交叉循环调度法

（三）最短路径法

目前解决最短线路问题的方法有很多，如位势法、"寻"形法、动态法等。现以位势法为例，介绍如何解决物流网络中的最短线路问题。

寻找最短线路的方法步骤如下：

第一步：选择货物供应点为初始结点，并取其位势值为"零"即$V_i=0$。

第二步：考虑与i点直接相连的所有线路结点。设其初始结点的位势值为V_i，则其终止结点j的位势值可按下式确定：

$$V_j = V_i + L_{ij}$$

式中 L_{ij}——i点与j点之间的距离。

第三步：从所得到的所有位势值中选出最小者，此值即为从初始结点到该点的最短距离，将其标在该结点旁的方框内，并用箭头标出该连线了$i—j$以此表示从i点到j点的最短线路走法。

第四步：重复以上步骤，直到物流网络中所有的结点的位势值均达到最小为止。

最终，各结点的位势值表示从初始结点到该点的最短距离。带箭头的各条连线则组成了从初始结点到其余结点的最短线路。分别以各点为初始结点，重复上述步骤，即可得各结点之间的最短距离。

【例 11-1】 在物流网络图 11-8 中，试寻找从供应点 A 到客户 K 的最短线路。

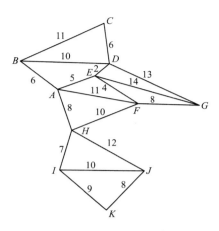

图 11-8 物流网络示意图

解：根据以上步骤，计算如下：

(1) 取 $V_A = 0$；

(2) 确定与 A 点直接相连的所有结点的位势值：

$$V_B = V_A + L_{AB} = 0 + 6 = 6$$
$$V_E = V_A + L_{AE} = 0 + 5 = 5$$
$$V_F = V_A + L_{AF} = 0 + 11 = 11$$
$$V_H = V_A + L_{AH} = 0 + 8 = 8$$

(3) 从所得的所有位势值中选择最小值值 $V_E = 5$，并标注在对应结点 E 旁边的方框内，并用箭头标出连线 AE。即

$$\min \{V_B, V_E, V_F, V_H\} = \min \{6, 5, 11, 8\} = V_E = 5$$

(4) 以 E 为初始结点，计算与之直接相连的 D、G、F 点的位势值（如果同一结点有多个位势值，则只保留最小者）。

$$V_D = V_E + L_{ED} = 5 + 2 = 7$$
$$V_G = V_E + L_{EG} = 5 + 14 = 19$$
$$V_F = V_E + L_{EF} = 5 + 4 = 9$$

(5) 从所得的所有剩余位势值中选出最小者 6，并标注在对应的结点 B 旁，同时用箭头标出连线 AB，即

$$\min \{V_B, V_H, V_D, V_G, V_F\} = \min \{6, 8, 7, 19, 9\} = V_B = 6$$

(6) 以 B 点为初始结点，与之直接相连的结点有 D、C，它们的位势值分别为 16 和 17。从所得的所有剩余位势值中取最小，即

$$\min \{8, 7, 19, 9, 17\} = V_D = 7$$

将最小位势值 7 标注在与之相应的 D 旁边的方框内，并用箭头标出其连线 ED，如此继续计算，可得最优路线如图 11-9 所示，由供应点 A 到客户 K 的最短距离为 24。

依照上述方法，将物流网络中的每一结点当作初始结点，并使其位势值等于"0"，然后进行计算，可得所有结点之间的最短距离，见表 11-3。

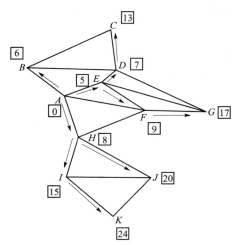

图 11-9 最优线路图

表 11-3 结点之间的最短距离

物流网结点	A	B	C	D	E	F	G	H	I	J	K
A	0	6	13	7	5	9	17	8	15	20	24
B	6	0	11	10	11	15	23	14	21	26	30
C	13	11	0	6	8	12	19	21	28	33	37
D	7	10	6	0	2	6	13	15	22	27	31
E	5	11	8	2	0	4	12	13	20	25	29
F	9	15	12	6	4	0	8	10	17	22	26
G	17	23	19	13	12	8	0	15	22	27	31
H	8	14	21	15	13	10	15	0	7	12	16
I	15	21	28	22	20	17	22	7	0	10	9
J	20	26	33	27	25	22	27	12	10	0	8
K	24	30	37	31	29	26	31	16	9	8	0

（四）图上作业法

图上作业法既可以用来进行物资合理化调运，也可以进行空车合理化调运。下面以空车调运为例，说明图上作业法。

1. 空车调运数学模型

设：i——空车收点（即装货点）标号，$i = 1, 2, \cdots, m$；

j——空车发点（即卸货点）标号，$j = 1, 2, \cdots, n$；

Q_{ij}——由第 j 点发到第 i 点的空车数（辆）或吨位数（吨位）；

q_i——第 i 点所需车数（辆）或吨位数（吨位）；

Q_j——第 j 点空车发出数量（辆）或吨位数（吨位）；
L_{ij}——第 j 点至 i 点的距离（km）。
则空车调运最佳行驶线路选择问题可得如下的数学模型：
（1）约束条件的数学模型。
①某空车发点向各空车收点调出空车的总数，等于该点空车发量，即

$$\sum_{i=1}^{m} Q_{ij} = Q_j \ (i = 1, 2, \cdots, m)$$

②某空车收点调入各空车发点空车的总数，等于该点空车收量，即

$$\sum_{i=1}^{n} Q_{ij} = q_j \ (j = 1, 2, \cdots, n)$$

③上述各式中各个变量 Q_{ij} 必须不是负数，即

$$Q_{ij} \geqslant 0$$

④各空车发点调出空车的总数，等于各空车收点调入空车总数，即

$$\sum_{j=1}^{n} Q_i = \sum_{i=1}^{m} q_j$$

（2）目标函数的数学模型。确定以全部空车调运里程（ΣL_k）最小为求解目标。即

$$\Sigma L_k = \Sigma Q_{ij} \cdot L_{ij} = X(\min)$$

2. 图上作业法的空车调运求解

这是一种借助于货物流向—流量图而进行车辆合理规划的简便线性规划方法，它能消除环状交通网上物资运输中车辆的对流运输（包括隐蔽对流运输）和迂回运输问题，得出空车调运总吨千米数最小的方案。所谓对流，就是在一段路线上有车辆往返空驶。所谓迂回，就是成圈（构成回路）的道路上，从一点到另一点可以有两条路线，一条是小半圈，一条是大半圈。如果选择的路线的距离大于全回路总路程的一半，则就是迂回运输。运用线性规划理论可以证明，一个运输方案，如果没有对流和迂回，则它就是一个运力最省的最优方案。

（1）图上作业法的基本知识。
①图上作业法的常用符号。为了表达方便，交通网络使用下列符号：
"○"表示货物装车点，即空车接受点；
"×"表示货物卸车点，即空车发出点；
"⊗"表示货物装卸点，即空车收发点；
"→"表示重车流向线，"⇢"表示空车流向线；
"（××）"表示某段流向线的千米数；
"△"表示车场位置。
②线形分类。图上作业法根据交通图的点和线的关系，把各种线形归纳为道路不成圈（无圈）和道路成圈两类。
道路不成圈，就是没有回路的"树"形路线，包括直线（实际上是曲线）、丁字线、交叉线、分支线等。直线为图上作业法的基本路线，不论何种线形，都要采取一定的办法，将它化为一条直线的运输形式，以便作出流向线。无圈的流向图，只要消灭对流，就是最优流向图。
道路成圈，就是形成闭合回路的"环"状路线，包括一个圈（有三角形、四边形、

多边形）和多个圈。成圈的流向图要达到既没有对流，又没有迂回的要求，才是最优流向图。

（2）交通图不含圈的图上作业法。任何一张交通网络图，其线路分布形状可分成圈和不成圈两类，对于不成圈的交通网络图，根据线性规划原理，物资调拨或空车调运线路的确定可依据"就近调空"原则进行。

此网络只要使方案中不出现对流情况，即是最优方案。根据图 11-10 所示要求，就可得到图 11-11 所示的调运方案，其运力消耗最少，即吨位千米数最小。

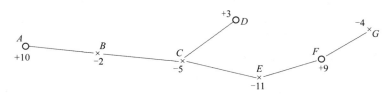

图 11-10　物资调运示意图

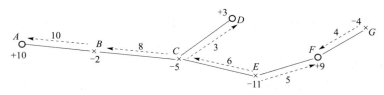

图 11-11　空车调运最优示意图

在图 11-11 中，最优空车调运方案之一如下：$B \to A$：2 个；$C \to A$：5 个；$E \to A$：3 个；$E \to D$：3 个；$E \to F$：5 个；$G \to F$：4 个。

（3）交通图含圈的图上作业法。

①假设某两点间线路"不通"，将成圈问题简化为不成圈问题考虑，得到一个初始的调运方案。在绘制初始方案交通图时，凡是按逆时针方向调运的空车调运线路，其调运箭头线都画在圈外，称为外圈；否则，其调运箭头线都画在圈内，称为内圈，或者两种箭头相反方向标注即可。

②检查初始调运方案是否可行。里圈、外圈的流向线之和是否超过其周长之一半，如均小于周长一半，则初始方案为最优方案。如外圈流向线总长超过全圈周长的一半，则缩短外圈流向；反之，就应缩短里圈流向。

③调整超长圈，具体方法是选该圈流向线中流量最小的进行调整，在超长圈各段流向线上减去最小的运量，然后再在相反方向的圈流向线和原来没有流向线的各段，加上同样数目的运量，就可得到一个新的调拨方案。然后再用上述方法处理，直到内、外圈空车流向线之和均小于周长之一半，此时，得到的调运方案为最优方案。

对于有几个圈的交通网络，则应逐圈检查并调整，直到每一圈都能符合要求，此时才能得到空车调拨的最优方案。

【例 11-2】　在给定交通图（图 11-12）上，要求完成表 11-4 所列的货物运输任务，根据上述方法求解空车最优调运方案。

表 11-4 物资调运表

装货点	卸货点	运量/t
A	C	20
D	B	20
F	E	20
F	I	30
F	G	50
H	B	10
H	C	30
H	G	20

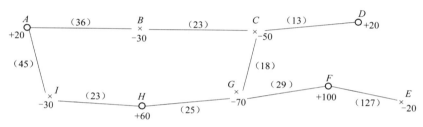

图 11-12 物资调运示意图

第一步，做初始方案。

先假设 A-B 不通，用"就近调空"原则，得到一个初始的调运方案，如图 11-13 所示。

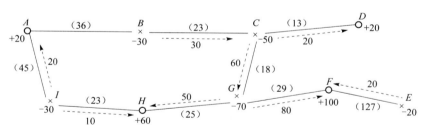

图 11-13 初始方案

第二步，检查初始方案。

求全圈周长的一半 = (45 + 23 + 25 + 18 + 23 + 36)/2 = 85（km）；

内圈流向线总长 = 45 + 23 + 18 + 25 = 111（km）；

外圈流向线总长 = 23 km；

内圈流向线总长超过全圈周长的一半，方案不是最优，需要调整。

第三步，调整流向。

在超长圈（内圈）各段流向线上减去最小的运量 20，然后再在相反方向的圈流向线和原来没有流向线的各段，加上同样数目的运量 20，可得到一个新的空车调运方案，如图 11-14 所示。

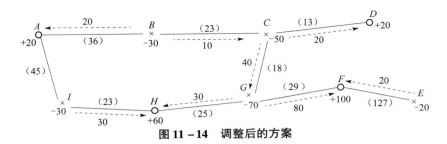

图 11-14 调整后的方案

第四步,检验新方案是否最优。

求全圈周长的一半 = (45 + 23 + 25 + 18 + 23 + 36)/2 = 85(km);

内圈流向线总长 = 25 + 18 + 23 = 66(km);

外圈流向线总长 = 23 + 36 = 59(km);

内、外圈流向线总长均小于全圈周长的一半,方案最优。

第五步,写出空车调运方案,见表 11-5。

表 11-5 空车调运方案

空车发出点	空车接收点	运量/t
B	A	20
B	F	10
C	D	20
C	H	30
I	H	30
E	F	20
G	F	70

大家试计算一下两种方案的空车行驶多少千米?(第 1 方案 9 270 t·km,第 2 方案 8 230 t·km)

(五)表上作业法

表上作业法是用列表的方法求解线性规划问题中运输模型的计算方法。当某些线性规划问题采用图上作业法难以进行直观求解时,就可以将各元素列成相关表,作为初始方案,然后采用检验数来验证这个方案,否则就要采用闭回路法、位势法或矩形法等方法进行调整,直至得到满意的结果。运输问题是一类常见且极其典型的路线问题。从理论上讲,运输问题可以用单纯型来求解。但由于运输问题数学模型具有特殊的结构,存在一种比单纯型法更简便的计算方法——表上作业法。用表上作业法来求解运输问题比单纯型可节约计算时间与计算费用,但表上作业法实质上仍是单纯型法。

表上作业法的基本程序如下:

(1) 列出供需平衡表。

(2) 在表上作出初始方案。

(3) 检查初始方案是否最优。

(4) 调整初始方案求得最优解。

【例11-3】 某企业有3个生产同类产品的工厂（装货点），生产的产品由4个销售点（卸货点）出售，各工厂的生产量、各销售点的销售量（假定单位均为t）以及各工厂到各销售点的单位运费（元/吨）见表11-6。试研究如何调运才能使空车总的费用最小？

表11-6 产销地运费运量表

卸货点 \ 装货点	B	D	E	收货量
A	70	230	80	40
C	140	100	230	30
F	60	190	80	50
G	160	90	180	80
发货量	80	90	30	200

注：左上角标注的是两点间的距离或费用，一般称为元素。

解：第一步：列出空车供需平衡表，并求得初始方案。

空车调拨的初始方案，可用最小元素法求。具体步骤如下：

先找出表中的最小元素，本例为60。

将这个最小元素所在行列的发量和收量尽量分配给它，填入该空格成为有数格。本例填50。

已得到分配数的有数格，它所在行、列的发量和收量必然有一个被分配完，就将被分配完的这行或列用粗线划去，另一行（列）的发（收）量应减去其分配量，列出剩余量，如行和列的发收量同时被分配完，也只划去其中之一。

从剩余行列中再找出最小元素，以同样的方法进行分配，直到全部分配完为止。

空车供需平衡表见表11-7。

表11-7 空车供需平衡表

空车发出点 \ 空车接收点	B	D	E	空车发量
A	70　㉚	230	80　⑩	40
C	140	100　⑩	230　⑳	30
F	60　㊿	190	80	50
G	160	90　㉚	180	80
空车收量	80	90	30	200

注：空车接收点即装货点，空车发出点即卸货点（下同）。

第二步，检验初始方案。

检验初始方案是否最优，常用的方法有闭回路法和位势法。现介绍位势法，其步骤如下：

（1）先按供需平衡表画出相同的表，作为检验用表。

（2）在初始方案的有数格标上"0"。

（3）在表的右方增加一列"行位势"（u_i），在表的下方增加一行"列位势"（v_j），并在行位势、列位势的方格中填上新的数值，这些数值应该使表中有"0"的方格内的元素（距离或费用），恰好等于它所在的行、列所填两个数字之和，即

$$u_i + v_j = c_{ij}$$

式中 c_{ij}——方格内的元素。

（4）将各空格的元素减去该格所对应的在行位势和列位势，便得到该空格的检验数。即检验数 $\lambda_{ij} = c_{ij} - (u_i + v_j)$。

如果检验数全部非负，则方案最优；否则，要进行调整。

本例检验数求解过程如下：

设：$u_1 = 0$；

则：$v_1 = c_{11} - u_1 = 70 - 0 = 70$
$v_3 = c_{13} - u_1 = 80 - 0 = 80$
$u_2 = c_{31} - v_1 = 230 - 80 = 150$
$v_2 = c_{22} - u_2 = 100 - 150 = -50$
$u_3 = c_{13} - v_1 = 60 - 70 = -10$
$u_4 = c_{23} - v_2 = 90 - (-50) = 140$

位势求出后，即可按检验数公式计算出空格的检验数。表 11-8 是检验数求得的结果。

表 11-8 检验数表

空车发出点＼空车接收点	B		D		E		空车发量	行位势 u_i
A	70	30	230		80	10	40	0
	0		280		0			
C	140		100	10	230	20	30	150
	-80		0		0			
F	60	50	190		80		50	-10
	0		250		10			
G	160		90	80	180		80	140
	-50		0		-40			
空车收量	80		90		30		200	
列位势 v_j	70		-50		80			

第三步，调整初始的调运方案。

当检验数有负数时，方案不是最优，应调整。调整方法如下：

（1）选取检验数负数的绝对值最大的空格，用闭回路法找出该空格的闭回路。

闭回路法：以空格为起点，沿水平或垂直方向移动，遇到有数格才作直角转弯，如在该有数格转弯后，不能形成闭回路，则暂不转弯，可跨越该有数格继续前进，再遇有数格才转

弯，如此行进，最后又回到起点的空格构成一个闭合回路。

本例闭合回路见表 11-9。

表 11-9 闭合回路

空车发出点 \ 空车接收点	B	D	E	空车发量	行位势u_i
A	70 ㉚ 0	230 280	80 ⑩ 0	40	0
C	140 -80	100 ⑩ 0	230 ⑳ 0	30	150
F	60 ㊿ 0	190 250	80 10	50	-10
G	160 -50	90 ⑧⓪ 0	180 -40	80	140
空车收量	80	90	30	200	
列位势v_j	70	-50	80		

（2）在闭回路的奇数角中，找出最小流量 X_{min}。本例为 20。

奇、偶数角：从空格起点移动（空格为 0），顺着一个方向数，凡 1、3、5、…为奇数角；凡 2、4、6、…为偶数角。

（3）每一个奇数角所在的格都减去最小流量 X_{min}，每一个偶数角所在的格都加上最小流量 X_{min}，得一新方案。

（4）对新方案进行检验，看检验数是否全部非负。

第四步，检验新方案。

检验过程、方法同上，表 11-10 是计算结果。

表 11-10 检验数表

空车发出点 \ 空车接收点	B	D	E	空车发量	行位势u_i
A	70 ⑩ 0	230 200	80 ㉚ 0	40	0
C	140 ⑳ 0	100 ⑩ 0	230 ⑳ 130	30	70
F	60 ㊿ 0	190 170	80 10	50	-10
G	160 30	90 ⑧⓪ 0	180 40	80	60
空车收量	80	90	30	200	
列位势v_j	70	30	80		

最优空车调运方案：$A \to B$ 10 t；$C \to B$ 20 t；$F \to B$ 50 t；$C \to D$ 10 t；$G \to D$ 80 t；$A \to E$ 30 t。

（六）基本循环线路的确定

基本循环线路就是暂不考虑组织循环运输的各项要求，可以将任何一个发出点作为起点，也不论运次多少，只要把重空车连接起来，经过循环运行回到原来的起点，成为一个最小单位的运行周期。

基本循环线路的确定依赖于重空车流表，重空车流表把重车运输任务和最优空车调运方案填入一张表中，见表11-11。

表 11-11 重空车流表

空车发出点\空车接收点	D	E	F	G	发量/t
A	40	35	5		40
B	40	35	10 10	14	59
C			100 86	14	100
收量/t	40	35	110	14	199

注：实箭头表示重车，其方向是货物运输方向，其上的数量为货物运输量。虚箭头表示空车，其方向是空车最优调运方向，其下的数量为空车调运量。

根据基本循环线路的确定要求，由表11-11可得五组基本循环线路：

①$B \rightarrow F \rightarrow B$　10 t。
②$C \rightarrow F \rightarrow C$　86 t。
③$A \rightarrow D \rightarrow B \rightarrow E \rightarrow A$　35 t。
④$A \rightarrow D \rightarrow B \rightarrow G \rightarrow C \rightarrow F \rightarrow A$　5 t。
⑤$C \rightarrow F \rightarrow B \rightarrow G \rightarrow C$　9 t。

基本循环线路未考虑停车场因素，不能作为车辆行驶线路，况且每条基本循环线路运距长短不一，作业点多少不同，车辆运行周期会有较大的差别，因此对基本循环线路应做适当调整。

调整原则：无论是使之分解还是合并，都不应违反合理的空车流向。调整后各条循环路的运行周期也应尽可能接近，并符合企业作息时间的规定。

调整是一项复杂的工作。每个人的认知不同和工作水平不同，调整后的结果也不同，只要符合调整原则即可。

(七) 发收车点的确定

调整好的车辆运行线路，要进行发收车点的确定。即考虑从停车场出发，向哪个装货点发车，完成运行任务后，从哪个卸货点收车。

"就近发车和收车"可作为确定第一个发车点和最后一个收车点的简便方法，但它在许多情况下并非是最佳方案。

1. 发收车点选择的一般方法

发收车点选择应充分利用最优空车调运方案。当空车流向线经过车场时，可沿空车流向线选择发收车点；当空车流向线不经过车场时，可先找出最近空车流向线，再沿此空车流向线选择发收车点。

2. 特定条件下发收车点的选择方法

（1）往复式行驶线路发收车点的确定。

如果往复式行驶线路上的两个作业点为一装一卸，不存在选择问题。

如果两个作业点均有装卸作业，且装卸作业量相等，则可遵循"就近"原则确定发收车点。

如果两个作业点均有装卸作业，但装卸作业量不相等，则应选择作业量较大的点作为发车点，进而再确定收车点。

（2）"一点装，多点卸"行驶线路上收车点的确定。

其原则如下：各卸车点到车场距离，分别减去该卸车点到装车点距离为最小点，可作为最后回场的收车点。其计算公式为

$$L_s = \min\{lx_{ci} - lx_{zi}\}$$

式中　L_s——判断收车点的最小距离（km）；

　　　lx_{ci}——各卸车点到车场距离（km）；

　　　lx_{zi}——各卸车点到装车点距离（km）。

（3）"多点装，一点卸"行驶线路上发车点的确定。

其原则：各装车点到车场距离，分别减去该装车点到卸车点距离为最小的点，可作为第一个发车点。其计算公式为

$$L_f = \min\{lz_{ci} - lz_{xi}\}$$

式中　L_f——判断发车点的最小距离（km）；

　　　lz_{ci}——各装车点到车场距离（km）；

　　　lz_{xi}——各装车点到卸车点距离（km）。

（4）"多点装，多点卸"行驶线路上发收车点的确定。

其原则：向"调车里程"最小的点发车。

"调车里程"计算公式如下：

$$L_d = \min\{lc_{zi} + lx_{ci} - lz_{xi}\}$$

式中　L_d——调车里程（km）；

　　　lc_{zi}——第一个装车点到车场的距离（km）；

　　　lx_{ci}——最后一个卸车点到车场的距离（km）；

　　　lz_{xi}——第一个装车点到最后一个卸车点的距离（km）。

运输调度——
线路安排

【例 11–4】　有一运输任务，$A \to B$、$C \to D$ 各一车货要运，交通图如图 11–15 所示，试确定车辆行驶线路。

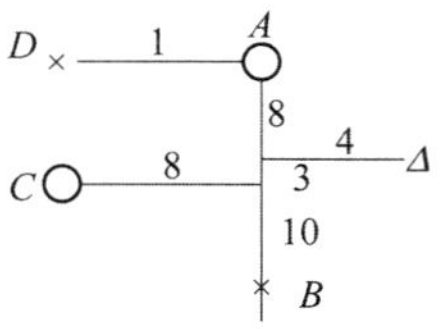

解：行驶线路①：$\Delta \to A \to B \to C \to D \to \Delta$；

调车里程 $L_{d1} = 12 + 13 - 1 = 24$；

行驶线路②：$\Delta \to C \to D \to A \to B \to \Delta$；

调车里程 $L_{d2} = 15 + 17 - 18 = 14$；

选择"调车里程"最小的点作为发车点，所以行驶线路②为选定行驶方案。

只有进行发收车点确定后的线路才能作为车辆最后的运行线路。

图 11–15　交通图

三、技能训练

1. 训练目标

通过对实践练习，能够根据不同的产品、不同的客户、不同的流通环境进行空车合理调度。同时，能够进行紧急情况下的车辆合理调度。

2. 训练准备

（1）事先掌握好空车合理调度方法。

（2）掌握紧急情况下的车辆合理调度要求。

（3）将全班学生分成若干组，每组选组长1人。

（4）模拟工作环境，需要学校的物流运输实训室等资源配合。

3. 训练项目

（1）在给定交通图（图11-16）上，要求完成表11-12所列的货物运输任务。根据上述方法求解空车最优调运方案。

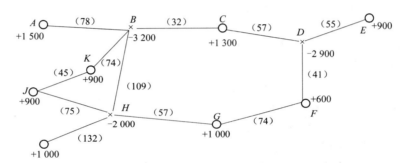

图11-16 物资调运交通示意图

表11-12 物资调运表

货名	装货点	卸货点	运量/t
××	G	B	900
××	G	H	100
××	I	H	1 000
××	J	H	900
××	A	D	1 000
××	A	B	500
××	K	B	900
××	F	D	600
××	E	B	900
××	C	D	1 300

（2）接上题，请画出重空车流表，写出基本循环线路。

（3）求解下面资料中的最优空车调运方案和基本循环线路。

货运任务表，见表 11-13；里程表，见表 11-14。

表 11-13 货运任务表

货名	发货点	收货点	运距/km	运量/t
××	A	D	70	40
××	C	F	18	100
××	B	E	47	35
××	B	F	23	10
××	B	G	60	14

表 11-14 里程表

装卸点	D	E	F	G
A	70	23	41	44
B	46	47	23	60
C	77	48	18	19

4. 训练评价

训练评价的方式有教师评价、小组内部成员评价和第三方评分组成员评价三种。建议教师评价占60%权重，小组内部成员评价占20%的权重，第三方评分组成员评价占20%的权重，将三者综合得分作为该生在该项目的评价分。训练评价表见表 11-15。

表 11-15 训练评价表

考评人		被考评人	
考评地点			
考评内容	求解空车最优调运方案和基本循环线路		
考评标准	具体内容	分值	实际得分
	工作态度	15	
	沟通水平	15	
	任务（1）完成情况	20	
	任务（2）完成情况	20	
	任务（3）完成情况	30	
	合计	100	

注：考评满分为100分，60分以下为不及格，60~69分为及格，70~79分为中，80~89分为良，90分以上为优。

任务三　车辆运行组织

教学要点

1. 了解车辆运行的组织方式。
2. 学会双班运输、甩挂运输的组织。
3. 掌握四定运输实施的条件。
4. 学会根据运输生产率或运输成本选择运输车辆。

教学方法

一般采用讲授、情境教学、案例教学和布置练习等方法。

教学内容

一、多班运输

（一）多班运输的概念

多班运输是指一天 24 小时内，一辆车出车工作两个班次或三个班次者，就称为双班运输或多班运输。其基本出发点是"停人不停车"或"停人少停车"，充分提高运输工具在时间上的利用率，从而提高日产量。

多班运输必须满足以下条件才能实施：

（1）有固定的、大宗的货源，有夜间作业条件。
（2）有适合运输线路和现场条件。
（3）保修力量能适应多班运输的快速保修需要。
（4）企业内外部门的协作与配合良好，特别是与物资部门、装卸部门以及其他运输部门之间的关系能确保双班运输的正常运行。
（5）装卸力量足够。

（二）多班运输的组织

根据驾驶员劳动组织的不同，多班运输可以分为以下几种组织形式。

1. 一车两人，日夜双班

每车固定配备两名驾驶员，每隔一定的时期（如每周或每旬），夜班驾驶员互换一次。其优点是能做到定人、定年，能保证车辆有充裕的保修时间；驾驶员工作、学习和休息时间能得到正常安排；行车时间安排也比较简单，伸缩性较大，易于得到物资单位及有关部门的配合。其缺点是车辆时间利用还不够充分，驾驶员不能完全当面交接。一车两人，日夜双班如图 11 – 17 所示。

图 11 – 17　一车两人，日夜双班示意图

2. 一车三人，两工一休

每车配备三名驾驶员，每个驾驶员工作两天、休息一天，见表11–16。轮流担任日夜班，并按规定地点，定时进行交接班。这种组织形式适宜于一个车班内能完成一个或几个运次的短途运输线路上。优点是能做到定车、定人，车辆出车时间较长，运输效率较高。缺点是每车班驾驶员一次工作时间较长，容易出现疲劳；安排车辆和保修时间比较易紧张；需要配备驾驶员数量也较多。

表11–16 一车三人，两工一休排班表

人员\日期	星期一	星期二	星期三	星期四	星期五	星期六	星期七
甲	日	日	休	夜	夜	休	日
乙	夜	休	日	日	休	夜	夜
丙	休	夜	夜	休	日	日	休

3. 一车两人、日夜双班、分段交班

每车配备两名驾驶员，分段驾驶，定点（中间站）交接。每隔一定时期驾驶员对换行驶路段，确保劳逸均匀。此形式一般适用于运距比较长，车辆在一昼夜内可以到达或往返的运输线路上。优点：基本与第一种形式相同，但能保证驾驶员当面交接。其交班如图11–18所示。

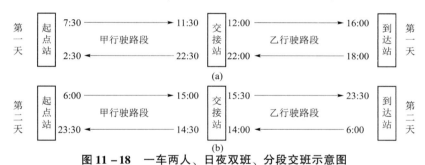

图11–18 一车两人、日夜双班、分段交班示意图

4. 一车三人、日夜双班、分段交接

每车配备三名驾驶员，分日夜两班行驶，驾驶员在中途定点进行交接，中途交接站可设在离终点站较近（约为全程的1/3），并在一个车班时间内能往返一次的地点，在起点站配备的两名驾驶员，采用日班制。交接站与到达站之间配备一名驾驶员，三名驾驶员每隔一定时间要轮流替换，如图11–19所示。这种组织形式优点是车辆时间利用充分，运输效率较高，能做到定车、定人运行；驾驶员的工作时间比较均衡。其缺点是车辆几乎全日行驶，如果不能做到快速保养，则遇保养时须另派机动车顶替。这种组织形式适用条件：在保养力量很强，驾驶员充足，或为完成短期突击性运输任务时。

图11–19 一车三人、日夜双班、分段交班示意图

5. 两车三人，日夜双班，分段交换

每两辆车配备三名驾驶员，分段驾驶。其中，两人各负责一辆车，固定在起点站与交接站之间行驶，另一人每天交换两辆车，驾驶员在固定站定时交接。交接站设在离起点站或到达站较近处。这种形式适用于两天可以往返一次的行驶线路上，仅适宜在运输能力比较紧张时采用，如图11－20所示。其优点是能做到定人、定车运行，可减少驾驶员配备；车辆时间利用较好；车辆保养时间充分。但驾驶员工作时间较长，休息不好；运行组织工作要求严格，行车时间要求正点。

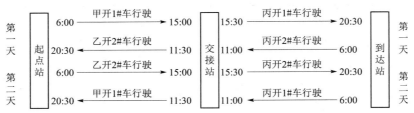

图11－20 两车三人、日夜双班、分段交换示意图

6. 一车两人，轮流驾驶，日夜双班

一辆车上同时配备两名驾驶员，在车辆全部周转时间内，由两人轮流驾驶，交替休息。这种组织形式适用于运距很长，货流不固定的运输线路或长途干线客运线路上。其优点是能定人、定车，最大可能地提高车辆时间利用；其缺点是驾驶员在车上得不到正常的休息。但随着道路条件的改善，车辆性能的提高，这种组织形式已越来越多地被采用，如图11－21所示。

	时间段	14：30～17：00	17：00～21：00	21：00～1：00	11：00～5：00	5：00～12：00	12：00～19：00	19：00～21：30
	作业项目	准备与装车	运行	运行	睡眠	运行	运行	卸车与加油
执行者	驾驶员A	√	√		√	√		√
	驾驶员B	√		√	√		√	√

图11－21 一车两人，轮流驾驶，日夜双班示意图

（三）组织多班运输应做好的工作

（1）交接班地点要选好。交接班地点除了满足距到达地的距离要求外，还要考虑是否有交接车的场地，是否能保证驾驶员的休息、饮食要求。

（2）驾驶员的休息和学习要安排好。白天两个相邻的班次之间驾驶员至少要有1个小时的休息时间，晚上至少要6个小时休息时间。

（3）车辆的维修要安排好。及时利用车辆空闲时间组织车辆维护与修理，保障车辆始终处于良好的技术状况。

（4）日班与夜班运哪些货要安排好。难运的货物安排在日班，好运的货物安排在夜班。例如，零星货物、长大笨重货物、整车分卸货物等都要尽量安排日班。

（5）装卸现场要安排好。装卸现场不能出现挤装挤卸现象，车辆进出要方便。夜班的灯光要充足。

二、四定运输

(一) 四定运输的定义

四定运输是指定人、定运输工具、定任务、定时间进行的运输生产。

定人、定运输工具,能使驾驶员熟悉自己运输工具的特性,更好地爱护运输工具和使用运输工具。

定任务能使驾驶员熟悉任务的性质、道路、装卸现场以及收发货人的情况。驾驶员可先做好装卸货的准备工作,可简化收发货手续,提高车辆时间利用率。定任务后,长期在一条线路上行驶,驾驶员对道路情况熟悉,知道哪些地方要转弯、哪些地方有上下坡、哪些地方有交叉口,可保障行车安全和节约燃料,提高行驶速度。定任务可使装卸工人能熟练地掌握该种货物的装卸工作,装卸速度快,同时也可促进装卸工作机械化。

定时运输能处理好运输单位、装卸单位、发货人、收货人之间的衔接工作,减少等待时间,提高运输效率,降低运输成本。

(二) 组织四定运输应做好的工作

(1) 必须做好各项定额的制定工作。其包括车辆出车前的准备工作时间定额,车辆在不同路线上重、空载行驶时间定额,以及不同货物的装卸车工作时间定额。

(2) 合理确定驾驶员的休息和用餐等生活时间。

(3) 合理确定驾驶员的交接班时间。

(4) 做好货源调查和组织工作,加强车辆调度和日常工作管理,以及装卸工作组织等。

做好上述工作,就可据此制定车辆运行图和行车时刻表,并按车辆运行图和行车时刻表组织实施作业。

三、拖挂(定挂)运输

(一) 汽车列车与拖挂运输

汽车货物运输所采用的车辆,通常可分为汽车、牵引车、挂车三大类。它们比较常见搭配有两种形式,一种是载货汽车和全挂车组成的汽车列车;另一种是牵引车和半挂车组成的汽车列车。拖挂运输形式如图 11-22 所示。

图 11-22 拖挂运输形式
(a) 牵引车和半挂车组成的汽车列车;(b) 载货汽车和全挂车组成的汽车列车;
(c) 由牵引汽车带半挂车和全挂车组成的汽车列车

拖挂运输是汽车货运的发展趋势之一。目前，一些发达国家，挂车的配备和吨位都比较多，汽车列车所完成的运输工作量占汽车货运量比例比较大。大吨位车具有低的单位运输成本优势，但其轴载荷受到道路承载能力、轮胎以及交通法规的限制，只能往拖挂运输方向发展。随着汽车技术的发展，发动机功率逐渐增大，道路条件日益改善，增加车辆载质量的方法就是进行拖挂运输。

（二）拖挂运输的经济性

拖挂运输的经济性主要表现在以下几方面：

（1）在相同运输条件下，采用拖挂运输可大大增加载货汽车的拖载量，能使原有的生产能力成倍增加。

（2）挂车结构简单，制造比较容易，耗用金属材料也较少，适用于企业自行设计和制造，增加运输能力更为直接。

（3）拖挂运输不需要增加额外的驾驶员，保修作业也比较简单。

（4）拖挂运输的行车燃料消耗、挂车的初次投资以及保修费用，均比使用同等载质量的单个汽车要低，拖挂运输的单位运输成本会有较大幅度的下降。

（5）汽车列车便于采用多种灵活、先进的运行方式，能满足社会的需要，经济效益比较理想。

拖挂运输增加了载质量，使汽车的牵引性能要比单车运输时要差，汽车列车直接档动力因素比单个汽车有所下降，因而汽车列车平均技术速度下降，驾驶员操作困难，从而导致因操作次数的相对增加而影响燃料消耗量的增加。

汽车列车是由各型车辆搭配而成的，其安全性能（尤为稳定性）比单车要差。汽车列车倒车比较困难，在行驶过程中后面的挂车会偏摆和冲击，因而要求道路宽阔，停车场地要大。

（三）定挂运输工作组织

定挂运输是指汽车列车在完成运行和装卸作业时，汽车与全挂车、牵引车和半挂车之间不予分离，始终连接在一起。其运行组织和管理工作基本上和单车相仿。但在货物装卸和车辆运行调度方面应注意以下事项。

（1）要采用机械化装卸，以压缩汽车列车的装卸停歇时间。如果不采用机械化装卸，则汽车列车的装卸停歇时间会大大延长，影响拖挂效率。

（2）要有足够长度的装卸作业线。汽车列车停妥时，以平行与装卸作业线为合适，这时汽车、挂车可同时进行装卸作业。如果装卸作业线不够长，汽车列车则不能平行停放，装卸效率会受到影响。

（3）要有足够的停车、调车场地。汽车列车比较长，停车、调车场地要宽阔平坦，否则可能会造成货场拥挤和堵塞。

（4）要限制挂车上货物装载高度和质量。汽车列车的稳定性比较差，挂车货物装载高度过高在转弯时易翻车；质量过大易造成制动距离加长，影响行车安全。

（5）行车路线状况良好。汽车列车行驶的道路路面要宽，坡度要小，转弯半径要大，路面质量要好。

四、甩挂运输

(一) 甩挂运输的概念

甩挂运输也称甩挂装卸。甩挂运输是指汽车列车按照预定的计划,在各装卸作业点甩下并挂上指定的挂车后继续运行的一种组织方式。

甩挂运输是为了解决短途运输中装卸能力不足,造成车辆过长的装卸作业停歇时间而发展起来的。甩挂运输作业过程可描述为:当汽车列车在装货地装上货物后行驶到卸货地,卸车工人摘下重挂,再集中力量将载货汽车卸空,然后挂上事先卸妥的全挂车返回装货地;与此同时,卸货地卸车工人进行摘下挂车的卸车工作。当汽车列车返回装货地时,装车工人摘下空挂,在集中力量完成载货汽车的装车作业,然后挂上已事先装妥的挂车继续向卸货地行驶;如此反复进行,直至完成当天任务为止。

甩挂运输基本原理是平行作业。它利用汽车列车的返回行驶时间,来完成甩下挂车的装卸作业,从而使原来整个汽车列车的装卸作业时间缩短为汽车装卸作业时间和甩挂作业时间,加速了车辆的周转,提高了运输效率。但需要注意周转挂车的装卸工作时间应小于汽车列车的运行时间间隔。甩挂运输适用于装卸能力不足、运距较短、装卸时间占汽车列车运行时间比重较大的固定性大宗货源,具体作业时根据不同的运输条件组织不同形式的甩挂运输。

(二) 甩挂运输组织形式

1. 一线两点甩挂运输

这种形式在短途往复式运输中很常见,广泛用于集装箱甩挂作业。汽车列车往复于两装卸作业点之间,在整个系统中配备一定数量的挂车,汽车列车在线路两端根据具体条件做甩挂作业(装卸),根据货流情况或装卸能力不同,可组织"一线两点,一端甩挂"(即装甩卸不甩或卸甩装不甩)和"一线两点,两端甩挂",如图11-23所示。

图 11-23 一线两点甩挂运输示意图

这种形式对于装卸点固定、运量较大的地区,只要组织得合理,效果是比较显著的。在运量大或运输任务比较紧急的情况下,还可以增加主车的数量,在一个复式甩挂系统内进行两头甩挂作业,这对于车辆运行组织工作要求较高,必须根据汽车列车的运行时间、主挂车的装卸作业时间等资料,预先编制汽车列车甩挂运行图,以保证均衡生产。

2. 循环甩挂运输

循环甩挂运输是在车辆环形行驶线路上,进一步组织甩挂作业的一种方式。它要求在闭合循环回路的各装卸点上,配备一定数量的周转集装箱或挂车,汽车列车每到达一个装卸点后甩下所带集装箱或挂车,装卸工人集中力量完成主车的装(或卸)车作业,然后装(挂)上事先准备好的集装箱(挂车)继续行驶。循环甩挂运输如图11-24所示。

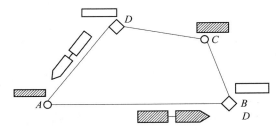

图 11-24　循环甩挂运输示意图

这种组织方法的实质，就是用循环调度的办法来组织封闭回路的甩挂作业。它不仅提高了载运能力，压缩了装卸作业停歇时间，而且提高了行程利用率。因此，循环甩挂运输是甩挂运输中较为经济、运输效率较高的组织形式。由于它涉及面广，组织工作较为复杂，因此在组织循环甩挂运输时，一方面要满足循环调度的基本要求；另一方面应选择运量较大，稳定且适用于组织甩挂运输的货场条件。

3. 驮背运输

为了适应多式联运发展的需要，更好地解决伴随联运产生的大量装卸和换装作业，甩挂运输的基本原理与组织方法已被运用于集装箱或挂车的换装作业。其基本方法如下：在多式联运各运输工具的连结点，由牵引车将载有集装箱的底盘车或挂车直接开上铁路平板车或船舶上，停妥摘挂后离去，集装箱底盘车或挂车由铁路车辆或船舶载运至前方换装点，再由到达地点的牵引车，开上车船，挂上集装箱底盘车或挂车，直接运往目的地。这种组织形式被形象地称为驮背运输，如图 11-25 所示。

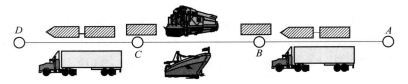

图 11-25　驮背运输示意图

驮背运输组织方式使汽车列车运行作业与摘下集装箱底盘车或挂车的载运作业平行进行，加速了车辆的周转。同时，由于这种方式扩大了货运单元，从而节约了装卸和换装作业的时间，提高了作业效率。

（三）甩挂运输工作组织

加强对甩挂运输的运行调度、货源和货流的组织及现场指挥等工作，这是保证甩挂运输顺利进行的基本要求。

通常，装卸比较费时，运距不长的固定性大宗货源，才组织甩挂运输。少量的货物或长途货物一般不组织甩挂运输。

在甩挂运输组织过程中，运输部门需加强与收、发货单位的联系和协作，争取货主单位积极改善装卸现场条件和合理安排工作面。装卸作业现场应保证平整，并设有足够的装卸作业线。为便于顺利地甩挂、调车、停靠挂车、堆存和搬运货物，需要有宽阔的场地和固定的环行通道。另外，还应配备必需的照明设备、消防器材等。

装卸组织工作与甩挂运输关系密切,有计划地安排劳动力和装卸机械,合理地组织装卸工作是十分必要的。首先应该在认真查实的基础上,确定货物装卸作业时间定额;装卸工人与驾驶员应密切配合,加强装卸与运行的衔接;道路运输部门、货主单位和装卸队三者间应积极配合,以经济合同形式密切协作关系。

组织甩挂运输应有周密的运行作业计划,在可能情况下应该绘制甩挂运行图(图 11-26),并应加强对甩挂运输的调度工作。调度员应根据不同的甩挂形式,掌握每一项作业的需要时间,对汽车列车和挂车的周转时间运行间隔,主、挂车需要量等指标进行具体的计算,保证甩挂运输均衡地、有节奏地进行。

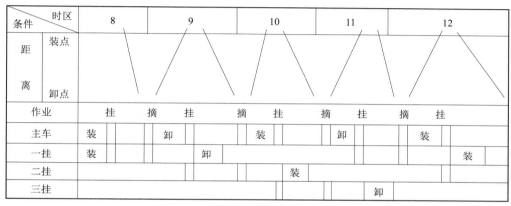

图 11-26 一(汽)车三(全)挂甩挂运行图

甩挂运输需要配备一定数量的周转挂车,这增加了管理工作的复杂性。车型选择与车数的配备,应根据甩挂运输的不同形式加以确定;周转挂车原则上应在本车队小组内使用,并应建立相应的保养、维修和管理制度;要确保挂车的完好率指标,合理运用每一辆挂车,以提高挂车的运输效率。

汽车列车与单个载货汽车相比,在运行和装卸作业中更易发生事故,因此在机件设备、驾驶操作、甩挂作业等方面都必须具有一定的安全措施,努力避免一切事故,确保运输服务的质量。

汽车列车行驶线路的选择,必须以安全为前提。选择行驶线路原则如下:

(1)被选择的线路要适合汽车列车的通行,路面平坦且没有过大的坡度,道路曲线最小半径应能保证汽车列车顺利、安全地通过。

(2)运距适宜。

(3)应尽量避开交通流量较大、较为拥挤的路段(尤其在城市范围内),选择的运行线路应保证汽车列车中速行驶。

(四)甩挂运输与定挂运输的效率比较

运输效率是指运输工具单位时间内完成的运输量。通常,其计算公式为

$$运输效率 = \frac{运输吨位}{运输时间}$$

运输吨位是指运输工具实际装载的货物质量。

运输时间由运输工具全程行驶时间、装卸时间和挂车摘挂时间组成。

【例 11-5】 在往复式行驶线路上运送散装货物，单程运距为 20 km，技术速度为 40 km/h，装车作业时间定额为 6 min/t，卸车作业时间定额为 4.5 min/t，摘挂作业 6 分钟/次，载货主车、全挂车、半挂车的装载量分别为 4 t、4 t、8 t。试比较三种拖挂方式的运输效率。

解：(1) 一车三半挂甩挂运输方式的运输效率：

$$\text{运输效率} = \text{运输吨位} \div \left(\frac{\text{运输距离}}{\text{行驶速度}} + \text{摘挂时间}\right) = 8 \div \left(\frac{2 \times 20}{40} + \frac{2 \times 6}{60}\right) \approx 6.67 \text{ (t/h)}$$

(2) 一车三全挂甩挂运输方式的运输效率：

$$\text{运输效率} = \text{运输吨位} = \left(\frac{\text{运输距离}}{\text{行驶速度}} + \text{运输吨位} \times \text{装卸时间定额} + \text{摘挂时间}\right)$$

$$= 8 \div \left(\frac{2 \times 20}{40} + \frac{4 \times 6}{60} + \frac{4 \times 4.5}{60} + \frac{2 \times 6}{60}\right) \approx 4.41 \text{(t/h)}$$

(3) 一车一挂定挂运输方式的运输效率：

$$\text{运输效率} = \text{运输吨位} \div \left(\frac{\text{运输距离}}{\text{行驶速度}} + \text{运输吨位} \times \text{装卸时间定额}\right)$$

$$= 8 \div \left(\frac{2 \times 20}{40} + \frac{8 \times 6}{60} + \frac{8 \times 4.5}{60}\right) \approx 3.33 \text{(t/h)}$$

通过上述对比分析，可以得出如下结论：组织甩挂运输比定挂运输能获得更高的生产率；在承担相同载质量的情况下，由牵引车和半挂车组成的汽车列车所完成的运输工作量，比由载货汽车和全挂车组成的汽车列车要高。

五、运输车辆的选择

运输车辆的选择，主要是指车辆类型选择和载质量选择。

合理选择车辆，不仅可以保证货物完好无损，而且可以提高车辆载质量的利用率，提高装卸的工作效率，缩短运达期限，并减少运输费用。

在通常情况下，车辆的选择应满足运输费用最少的基本要求。另外，其影响因素主要还包括货物的类型、特性与批量，装卸工作方法，道路与气候条件，货物运送的速度以及运输工作的动力及材料的消耗量等。

（一）车辆类型的选择

车辆类型的选择，主要是指对通用车辆和专用车辆的选择。

针对不同类型货物的运输需要采用相应的专用车辆，可以保证货物的完好无损，减少劳动消耗量，改善劳动条件，提高行车安全及运输经济效益。

专用车辆主要用于运输特殊货物，或在有利于提高运输工作效率的前提下装置随车装卸机械而用于运输一般货物。在某些情况下，采用专用车辆可以获得显著的经济效益。例如，采用气动式卸货机械的水泥运输汽车与通用汽车相比，可以减少水泥损失和运输费用达30%，而采用面粉专用运输车与采用通用汽车运输袋装面粉相比，运输费用可降低约50%。

现以自动装卸汽车为例，讨论专用车辆的选择。

当运输车辆上装置自动装卸货机械时，一方面由于缩短了装卸停歇时间，可使车辆运输生产率提高；另一方面，由于有效载质量的降低，又会使车辆运输生产率下降。显然只有在一定条件下采用专用车辆才合理。为了确定这类车辆的合理选用,可以比较其运输生产率或运输成本,通常采用计算等值运距的方法。

等值运距,即专用车辆与通用车辆的生产率或成本相等时的运距。它包括生产率等值运距和成本等值运距两种。对相同的货运任务及车辆而言,生产率等值运距与成本等值运距的计算值相同,但以生产率等值运距的确定较为简便。货运车辆的生产率等值运距通常可以按下述方法确定。

根据式 $W_Q = \dfrac{q_0 r}{\dfrac{L_1}{\beta V_T} + t_{lu}}$,可知通用汽车的工作生产率 W_Q 为

$$W_Q = \frac{q_0 \gamma \beta V_T}{L_1 + \beta V_T t_{lu}} \quad (t/h)$$

式中 β——里程利用率;
   q_0——额定载质量;
   V_T——技术速度;
   γ——载质量利用率;
   L_1——平均运次载重行程;
   t_{lu}——装卸停歇时间。

而专用汽车(自动装卸汽车)相应的工作生产率 W'_Q 为

$$W'_Q = \frac{(q_0 - \Delta q) r \beta V_T}{L_1 + \beta V_T (t_{lu} - \Delta t)} \quad (t/h)$$

式中 Δq——自动装卸机械质量(t);
   Δt——利用专用车辆减少的装卸停歇时间(h)。

当货运任务已定,β、V_T 和 r 值对自动装卸汽车和通用汽车相同。

假设:$W_Q = W'_Q$,则生产率等值运距 L_W 为

$$L_W = \left(q_0 \frac{\Delta t}{\Delta q} - t_{lu}\right) \beta V_T$$

【例11-6】 拟采用某种通用汽车完成一项货运任务,已知其有关数据:$q_0 = 4$ t、$t_{lu} = 30$ min、$V_T = 25$ km/h、$\beta = 0.5$,而利用该型号汽车改装为自动装卸汽车时,其有效载质量 $q'_0 = 3.5$ t,装卸停歇时间 $t'_{lu} = 5$ min。试计算有效使用自动装卸汽车的生产率等值运距 L_W。

解:根据生产率等值运距公式,可知:

$$L_W = \left(q_0 \frac{\Delta t}{\Delta q} - t_{lu}\right)\beta V_T = \left(4 \times \frac{(30-5)/60}{4-3.5} - \frac{30}{60}\right) \times 0.5 \times 25 = 35.4 \text{ (km)}$$

生产率等值运距也可以不用图解法确定,以"t/h"计的载货汽车工作生产率与运距的关系曲线为等轴双曲线,如图11-27所示。当实际运距小于生产率等值运距 L_W 时,自动装卸汽车的生产率高于通用汽车生产率;当实际运距大于生产率等值运距 L_W 时,自动装卸汽车的生产率低于通用汽车生产率。

由于在实际运输工作中,常有车辆载质量不能充分利用的情况。虽然装置自动装卸机械使车辆额定载质量有所减少,但是常常不会降低其有效载质量或降低不多。因此,实际的等

值运距可能比理论计算值大一些。一般情况下，有效使用自动装卸汽车的生产率等值运距为 35～45 km，自动装卸汽车为 10～15 km。

（二）车辆载质量的选择

确定车辆最佳载质量选择的首要因素是货物批量。当进行大批量货物运输时，在道路法规允许的范围内采用最高载质量车辆是合理的。而当货物批量有限时，车辆的载质量需与货物批量相适应，否则如果车辆载质量过大，必将增加材料与动力消耗量，增加运输成本。而在特殊情况下，对于在往复式路线上运输小批量货物，采用汇集式运输时，可选择载质量较大的车辆。

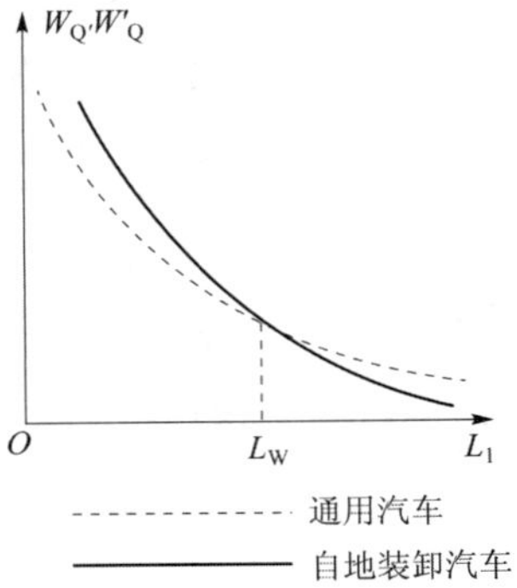

图 11-27 道路运输生产率比较

六、技能训练

1. 训练目标

通过对实践训练，能够根据不同的现状进行多班运输组织、甩挂运输组织、运输车辆的选择。

2. 训练准备

（1）事先掌握好多班运输组织、甩挂运输组织、运输车辆选择方面的基本知识。

（2）给定运输任务。

（3）将全班学生分成若干组，每组选组长 1 人。

（4）工作环境模拟，需要学校的物流运输实验室等资源配合。

3. 训练项目

（1）某物流公司承接了一大客户企业的长期在福州与上海之间货物运输任务，已知福州至上海运距为 1 200 km，汽车速度为 60 km/h，运输主管将这一任务交给了作为调度员的您，要求您提交一份双班运输的组织方案，并绘制运行图。

（2）某物流公司现有一疏港运输任务，具体的运输情况如下：在单程往复式行驶线路上运送散装货物，单程运距为 40 km，技术速度为 40 km/h，装车作业时间定额为 6 min/t，卸车作业时间定额 4.5 min/t，摘挂作业 6 分钟/次，载货主车、全挂车、半挂车的装载量分别为 4 t、4 t、8 t。运输主管要求您负责该项运输任务，请您对三种拖挂方式的运输效率进行比较，从中选择一个效率最高的运输组织方式并绘制该方式的运行图。

（3）某物流公司要把一批货物运到 60 km 外的仓库中。现有东风单车和东风挂车两种车型供选择。相关指标如下：单车 $Q=5$ t，装卸时间为 60 min、$\beta=0.5$、$V_T=80$ km/h。使用挂车时，全挂车 $Q=4$ t，全挂车的装卸时间为 60 min，$\beta=0.5$，此时 $V_T=50$ km/h。请问如何派车？

4. 训练评价

训练评价的方式有教师评价、小组内部成员评价和第三方评分组成员互评三种。建议教师评价占 60% 权重，小组内部成员评价占 20% 的权重，第三方评分组成员评价占 20% 的权重，将三者综合得分作为学生在该项目的评价分。训练评价表见表 11-17。

表 11-17　训练评价表

考评人		被考评人	
考评地点			
考评内容	车辆运行组织方案设计		
考评标准	具体内容	分值	实际得分
	工作态度	15	
	沟通水平	15	
	训练项目（1）完成情况	20	
	训练项目（2）完成情况	30	
	训练项目（3）完成情况	20	
	合计	100	

注：考评满分为100分，60分以下为不及格；60~69分为及格，70~79分为中，80~89分为良，90分以上为优。

思考练习

一、简述题

1. 什么是货物运输合理化？其有何影响因素？
2. 不合理运输的运输有哪些？
3. 不成圈交通网络图空车调运线路是用什么方法来确定的？
4. 成圈的交通网络空车调运方案什么时候最优？
5. 成圈的交通网络存在超长圈时，怎么办？
6. 表上作业法的空车调运方案什么时机最优？
7. 表上作业法的检验数怎么求解？当表上作业法检验数有负数时，方案如何调整？
8. 为什么要对基本循环线路进行调整？调整的目标是什么？
9. 如何利用最优空车调运方案进行发收车点的选择？
10. 货物运输合理化的有效措施有哪些？
11. 组织多班运输应做好的哪些工作？
12. 甩挂运输工作应如何组织？

二、案例分析题

甩挂运输是目前一种比较先进的运输组织方式，也是提高道路货运效率的有效手段。在欧美、日本等国家和地区，甩挂运输早已成了主流的运输方式。在北美和西欧等公路网络比较发达的国家，以牵引车、拖挂半挂车组成的汽车、列车的运输量已占到了总运量的70%~80%，牵引车与挂车数量比达到1:2.5以上。

但在我国，甩挂运输的发展目前依然非常落后，在整个行业中所占的比重也很有限。那么，究竟是哪些方面限制了甩挂运输在我国的发展？

项目十二

货物运输组织绩效评价

内容简介

货物运输组织绩效评价是货物运输企业绩效管理的重要组成部分,做好货物运输组织绩效评价,可以有效地改善货物运输企业绩效管理,也可以促进货物运输企业整体管理水平的提高。"知己知彼,百战不殆",企业到底做得如何,这是每个企业管理者都想极力知道的。其利润比上一年多,并不表示企业当年就做的比上一年好,相关评价指标的建立就非常关键。本项目介绍评价货物运输组织效果的方法和指标。利用这些指标可以了解企业运输绩效,对其进行深入分析,并和其他企业进行比较,可以知道自己的优势、劣势,为企业建立核心竞争力打下基础。

教学目标

知识目标
1. 了解货物运输组织绩效评价的目的、原则。
2. 掌握货物运输组织绩效评价的方法和步骤。
3. 掌握货物运输组织绩效评价指标。

技能目标
1. 会收集货物运输组织绩效评价所需的材料。
2. 能够计算货物运输组织绩效评价指标。
3. 能对货物运输组织绩效评价结果进行分析和撰写报告。

案例导入

我的企业到底做的怎样

福州某货物运输企业拥有20辆普通的8 t货车,2011年完成货运量2万吨,周转量500万吨每千米，耗油 20 万升。运费收入 350 万元，赔偿客户损失 3 万元，年末利润达 50 万元。公司总经理对此沾沾自喜，认为企业经济效益良好。您认为该公司运输做得如何？

引导思路

1. 货物运输组织绩效评价要全面评价。
2. 评价结果要与类似企业进行比较。

任务一　货物运输组织绩效评价方法

教学要点

1. 了解货物运输组织绩效评价的目的、原则。
2. 掌握货物运输组织绩效评价的方法和步骤。
3. 掌握货物运输组织相关绩效评价指标。

教学方法

一般采用讲授、情境教学、案例教学和分组讨论等方法。

教学内容

货物运输组织绩效评价是指对货物运输活动或运输过程的绩效评价。它一般是按照统一的评价标准，采用一定的指标体系，按照一定的程序，运用定性和定量的方法，对一定时期内运输活动或过程的效益和效率做出的综合判断。货物运输组织绩效评价是货物运输企业及其他相关企业进行绩效管理的主要环节，也是管理者了解运输活动效果的基本手段，更是加强企业管理的一种方法。

一、货物运输组织绩效评价的目的

（1）以各部门（车队、搬运装卸队）或各作业员（驾驶员、搬运装卸人员）为基本来评估其作业的实绩，以促进其责任意识及目标达成意识，有利于提高公司整体的业绩。

货物运输组织绩效评价指标主要是由服务水平指标和物流运输成本指标构成的。这些指标，可以使公司管理者了解货物运输工作的实际情况。如果结果显示实际工作情况与所规定的标准只有很小的偏差，则说明货物运输工作的目标达到了；如果偏差很大，管理者则应该利用这一信息制订新计划，使其下一次工作更加有效。绩效指标评价方法可以增强员工的积极性。人们希望获得关于对他们评价的信息，而绩效评价工作正好能提供这样的信息。但是这种方法的缺点主要是由于考核是事后进行的，管理者在获得考核信息时有些损失已经造成了。但是在一般情况下，这是唯一可以用的手段。

（2）实施绩效评价，可以衡量各部门员工对企业的贡献程度，可以提高成本及利益意识，以便达到精兵简政的目的。

控制主要是指在工作进行中的考查和衡量。在工作进行中予以控制，管理者可以在发生重大损失之前纠正错误，改进物流运输程序，在它偏离正轨时将其带入正常状态。例如，在运输过程中，发现某种商品常有损坏的情况，物流管理人员就应该去查明原因，并根据需要调整包装或装货程序。

(3) 通过公正的评价，可以整合公司目标与员工个人的目标，以便提高员工的工作动力。例如，如果按绩效支付报酬，就可以激励搬运工作人员和运输人员达到更高的生产率。但要注意在衡量生产率的同时，还要衡量工作的质量。例如，负责装车的工人，虽然在低于标准的时间内完成了任务，但是在工作中有很多错误和货损，这样的员工是不应该得到奖励的。

二、货物运输组织绩效评价的原则和步骤

(一) 货物运输组织绩效评价指标选择的原则

在选择货物运输组织绩效评价指标时，应坚持一些基本的原则。

(1) 目的性原则。绩效指标的选择应能正确地反映货物运输组织效果带来的企业整体经济效益和运输活动绩效为目的，即所选指标应科学合理地评价运输活动的作业过程以及投入、产出、成本费用等客观情况。

(2) 系统性原则。运输活动由许多环节或过程组成，它会受到来自人、财、物、信息、服务水平等因素及其组合效果的影响。因此，选择绩效评价指标必须系统地、全面地考虑所有影响运输绩效的因素，以保证绩效评价的全面性和可信度。

(3) 层次性原则。绩效指标应分出评价层次，在每一层次的指标选取中应突出重点，要对关键的绩效指标进行重点分析。

(4) 定性指标与定量指标相结合的原则。由于运输组织的绩效涉及的客户满意度等方面很难进行量化，因此评价指标体系的建立，除了要对运输管理的绩效进行量化外，还应当使用一些定性的指标对定量指标进行修正，以保证绩效评价的全面性、客观性。

(5) 可操作性原则。使各项指标尽量含义清晰、简单规范、操作简便，同时，能够符合运输活动的实际情况，并与现有统计资料、财务报表兼容，以提高实际评价的可操作性和整个绩效评价的效率。

(6) 可比性原则。评价指标体系所涉及的经济内容、时空范围、计算口径和方法都应具有可比性，因此在建立体系的时候要参照国际和国内同行业的物流管理基准。

(二) 绩效评价的步骤

(1) 建立健全评价机构。评价机构分工明确，权责分明，科学组成。

(2) 调查评价对象的全面情况。收集评价对象全部数据资料，全面反映被评价对象的物流运输活动计划、目标、相关组织、人员以及相关环境条件。

(3) 明确评价目标及原则。评价原则有突出重点原则、建立完善指标体系原则、尽可能采用实时分析和评价方法、保证系统评价的客观性。

(4) 确定评价内容。其主要包括：物流运输成本、物流服务质量、物流运输能力、中转时间、物流服务的能力、处理提货单据等运输凭证情况、与客户的合作关系等。

(5) 制定评价标准。具体可分为历史标准、标杆标准和客户标准。

(6) 建立评价指标体系。

(7) 选择评价方法。

(8) 实施绩效评价、撰写评价报告。

三、货物运输组织绩效评价体系的构成

货物运输组织绩效评价体系作为企业绩效管理系统的子系统，也是企业管理控制系统的

一部分。为保证绩效评价的效果，应该建立科学合理的绩效评价体系。有效的运输组织绩效评价体系应包括以下相互联系、相互影响的内容。

（1）评价对象：主要说明对谁进行绩效评价。运输绩效评价对象主要是指企业的运输活动或运输过程，一般包括集货、分配、搬运、中转、装卸、分散等作业活动。这些活动在实际中还会涉及运输活动计划、目标、相关组织与人员以及相关的环境条件等相关情况。

（2）评价组织：即负责领导、组织所有评价活动的机构，评价组织的构成情况及其能力大小将直接影响到绩效评价活动的顺利实施及效果。它一般由企业有关部门负责人组成，有时也邀请其他有关专家参与。

（3）评价目标：被用来指导整个绩效评价工作，一般根据运输绩效管理目标、企业实际状况以及发展目标来确定。评价目标是否明确、具体和符合实际，关系到整个评价工作的方向是否正确。

（4）评价原则：在实际评价工作中应坚持的一些基本原则，如客观公正、突出重点、建立完善的指标体系等，它会影响到评价工作能否顺利开展及其效果。

（5）评价内容：说明了应该从哪些方面对运输绩效进行评价，反映了评价工作的范围，一般包括运输成本、运输能力、服务质量、作业效率、客户满意度等。

（6）评价标准：是用来考核评价对象绩效的基准，也是设立评价指标的依据。评价标准主要有三个来源：一是历史标准，就是以企业运输活动过去的绩效作为评价标准；二是标杆标准，就是将行业中优秀企业运输活动的绩效水平作为标准，以此来判断本企业的市场竞争力和自己在市场中的地位；三是客户标准，即按照客户的要求设立的绩效标准，以此来判断满足客户要求的程度以及与客户关系紧密程度。

（7）评价指标体系：是评价运输活动的具体指标及其体系。运输绩效指标可以按照运输量、运输服务质量、运输效率以及运输成本与效益等方面来分别设立。

（8）评价方法：是依据评价指标和评价标准以及评价目标、实施费用、评价效果等方面因素来判断运输绩效的具体手段。评价方法及其应用正确与否，将会影响到评价结论是否正确。通常，用的评价方法有专家评价法、层次分析法、模糊综合评价法等。

（9）评价报告：是评价工作实施过程最后所形成的结论性文件以及相关材料，内容包括对评价对象绩效优劣的结论、存在问题及其原因分析等。

四、货物运输组织绩效评价方法的分类

货物运输组织绩效评价方法，是依据评价指标和评价标准以及评价目标、实施费用、评价效果等方面因素来判断运输绩效评价的具体手段。评价方法及其应用正确与否，将会影响到评价结论是否正确。常用的评价方法有专家评价法、层次分析法、模糊综合评价法等。

（一）专家评价法

专家评价法是出现较早且应用较广的一种评价方法。它是在定量和定性分析的基础上，以打分等方式做出定量评价，其结果具有数理统计特性。其最大的优点在于，能够在缺乏足够统计数据和原始资料的情况下，可以做出定量估计。

专家评价法的主要步骤如下：首先根据评价对象的具体情况选定评价指标，对每个指标均定出评价等级，每个等级的标准用分值表示。然后以此为基准，由专家对评价对象进行分析和评价，确定各个指标的分值，采用加法评分法、乘法评分法或加乘评分法求出个评价对

象的总分值，从而得到评价结果。

专家评价的准确程度，主要取决于专家的阅历经验以及知识丰富的广度和深度。要求参加评价的专家对评价的系统具有较高的学术水平和丰富的实践经验。总的来说，专家评分法具有使用简单、直观性强的特点，但其理论性和系统性尚有欠缺，有时难以保证评价结果的客观性和准确性。

（二）层次分析法

层次分析法，是指将一个复杂的多目标决策问题作为一个系统，将目标分解为多个目标或准则，进而分解为多指标（或准则、约束）的若干层次，通过定性指标模糊量化方法算出层次单排序（权数）和总排序，作为目标（多指标）、多方案优化决策的系统方法。

在货物运输过程中，往往会遇到决策的问题，如运输线路如何合理选择、车辆如何合理积载等。在决策者做出最后的决定之前，必须考虑很多方面的因素或者判断准则，最终通过这些准则做出选择。例如，选择到达一个客户，你可以从各个方向到达，在进行选择时，你必须考虑的一些因素：运输费用、运输里程、客户要求到达时间、交通堵塞等。这些因素是相互制约、相互影响的。这些决策系统中很多因素之间的比较往往无法用定量的方式描述，此时需要将半定性、半定量的问题转化为定量计算问题。层次分析法是解决这类问题的行之有效的方法。层次分析法将复杂的决策系统层次化，通过逐层比较各种关联因素的重要性来为分析、决策提供定量的依据。

层次分析法是将决策问题按总目标、各层子目标、评价准则直至具体的备选方案的顺序分解为不同的层次结构，然后得用求解判断矩阵特征向量的办法，求得每一层次的各元素对上一层次某元素的优先权重，最后再加权和的方法递阶归并各备选方案对总目标的最终权重，此最终权重最大者即为最优方案。这里所谓"优先权重"是一种相对的量度，它表明各备择方案在某一特点的评价准则或子目标下优越程度的相对量度，以及各子目标对上一层目标而言重要程度的相对量度。层次分析法比较适合于具有分层交错评价指标的目标系统，而且目标值又难于定量描述的决策问题。其用法是构造判断矩阵，求出其最大特征值及其所对应的特征向量，归一化后，即为某一层次指标对于上一层次某相关指标的相对重要性权值。

（三）模糊综合评价法

模糊综合评价法是一种基于模糊数学的综合评标方法。该综合评价法根据模糊数学的隶属度理论把定性评价转化为定量评价，即用模糊数学对受到多种因素制约的事物或对象做出一个总体的评价。它具有结果清晰、系统性强的特点，能较好地解决模糊的、难以量化的问题，适合各种非确定性问题的解决。但它不能解决评价指标间相关造成的信息重复问题，并且权重的确定带有主观性。

模糊综合评价法的最显著的特点如下：可相互比较。以最优的评价因素值为基准，其评价值为1，其余欠优的评价因素依据欠优的程度得到响应的评价值。它可以依据各类评价因素的特征，确定评价值与评价因素值之间的函数关系（即：隶属度函数）。确定这种函数关系（隶属度函数）有很多种方法。例如，F统计方法、各种类型的F分布等。当然，也可以请有经验的评价专家进行评价，直接给出评价值。在评价指标的确定过程中，应依据评价项目的具体情况，有重点地选择评价因素，科学地确定评价值与评价因素值之间的函数关系以及合理地确定评价因素的权重。

模糊综合评价法的步骤如下：

设定各级评价因素（F）：第一级评价因素可以设为价格、费用、运输质量、交货期等。依据第一级评价因素的具体情况，如需要，可设定下属的第二级评价因素。

确定评价细则：即确定评价值与评价因素值之间的对应关系（函数关系）。

设定各级评价因素的权重（W）分配：分配时应注意第一级评价因素的权重之和为1。各级各个评价因素下属的下一级评价因素的权重之和为1。当没有说明评价因素的权重分配时，实际上它是具有相同的权重。

评价：评价者按照前面确定的评价因素、评价细则及权重进行综合评议。综合评议步骤：对第一级评价因素所属最下一级评价因素进行评议；计算平均评价值：平均评价值（Ep）=各评委的评价值之和除以评委数。逐级计算上一级评价因素的评价值，计算至第一级评价因素。计算第一级评价因素的加权评价值：第一级评价因素的评价值×权重。计算第一级评价因素的综合评价值：第一级评价因素的加权评价值之和。

五、技能训练

1. 训练目标

通过对实践训练，能够掌握货物运输组织绩效评价的方法，为企业的运输服务战略的提供依据。

2. 训练准备

（1）正确理解物流运输绩效评价的意义，懂得货物运输组织绩效评价内容和方法。

（2）将全班学生分成若干组，每组10人，选组长1人。

3. 训练项目

现要对某个运输运输企业进行货物运输组织绩效评价，准备利用层次分析法进行评价，请设定各级评价因素。

4. 训练评价

训练评价的方式有教师评价、小组内部成员评价和第三方评分组成员互评三种。建议教师评价占60%权重，小组内部成员评价占20%的权重，第三方评分组成员评价占20%的权重，将三者综合得分作为学生在该项目的评价分。训练评价表见表12-1。

表12-1 训练评价表

考评人		被考评人	
考评地点			
考评内容	货物运输组织绩效评价方法		
考评标准	具体内容	分值	实际得分
	工作态度	15	
	沟通水平	15	
	一级指标完成情况	10	
	二级指标完成情况	20	
	三级指标完成情况	40	
	合计	100	

注：考评满分为100分，60分以下为不及格；60~69分为及格，70~79分为中，80~89分为良，90分以上为优。

任务二　货物运输组织绩效评价指标

教学要点

1. 掌握货物运输组织绩效评价指标体系构成及有关评价指标计算方法。
2. 能够对货物运输企业绩效进行总体评价结果分析。
3. 能够对货物运输企业绩效评价结果进行分析。

教学方法

一般采用讲授、情境教学、案例教学和分组讨论等方法。

教学内容

一、货物运输组织绩效评价指标体系的构成及计算方法

评价指标体系，是评价运输活动的具体指标及其体系。货物运输组织绩效指标可以按照运输服务质量、运输量、运输效率以及运输成本与效益等方面来分别设立。目前，常用货物运输组织绩效评价指标体系，见表12-2。

表12-2　常用货物运输绩效评价指标体系

评价项目	评价指标	计算公式
服务质量	安全性	事故频率（次/万千米）= $\dfrac{报告期事故次数}{报告期总运输千米数/10\,000}$
		运输赔偿率 = $\dfrac{损失货物赔偿总金额}{运输货物总价值} \times 100\%$
		货损货差率 = $\dfrac{货损货差吨数}{办理发运货物总吨数} \times 100\%$
		安全间隔里程 = $\dfrac{报告期总运输千米数/10\,000}{报告期事故次数}$
	时效性	正点运输率 = $\dfrac{正点营运次数}{营运总次数} \times 100\%$
	方便性	货物直达率 = $\dfrac{直达票号数}{同期票号数} \times 100\%$
		一票运输率 = $\dfrac{一票运输票号数}{同期票号数} \times 100\%$
		简易受托率 = $\dfrac{统计期内简便受托业务件数}{统计期内业务受理总件数} \times 100\%$
	准确性	差错率 = $\dfrac{统计期内受理托业务的差错件数}{统计期内业务受理的总件数} \times 100\%$
	经济性	运费[元/(吨·千米)] = 运价 × 运距 + 附加费

续表

评价项目	评价指标	计算公式
运输量	货物运量	货物运输量 = $\dfrac{商品件数 \times 每件货物毛重}{1\,000}$（t）
	货物周转量	货物周转量 = $\dfrac{货物运量 \times 该批货物运距}{10\,000}$（万吨/千米）
运输效率	时间利用	车辆工作率 = $\dfrac{计算期营运车辆工作车日}{同期营运车辆总车日} \times 100\%$
		车辆完好率 = $\dfrac{计算期营运车辆完好车日}{同期营运车辆总车日} \times 100\%$
		平均车日行程 = 总行程/工作车日
		出车时间利用率 = 纯运行时间/出车时间
	载重量利用	吨位利用率 = $\dfrac{计算期完成货物周转量}{同期载重行程载重量} \times 100\%$
		实载率 = $\dfrac{计算期完成货物周转量}{同期总行程载重量} \times 100\%$
	里程利用率	里程利用率 = $\dfrac{载重行驶里程}{车辆总行驶里程} \times 100\%$
	生产率	单车（船）产量 = $\dfrac{报告期完成的周转量}{报告期平均车（船）数}$
		车（船）吨产量 = $\dfrac{报告期完成的周转量}{报告期平均车（船）总吨数}$
成本与效益	燃料消耗	百千米实际油耗 = $\dfrac{报告期实际油耗}{报告期运输吨位千米数/100}$
	单位运输费用	单位运输费用 = $\dfrac{运输费用总额}{报告期货运周转量}$
	运输费用效益	单位费用效益 = $\dfrac{营运盈利额}{运输费用支出额}$
	单车（船）利润	单车（船）利润 = 单车（船）营运总收入 − 单车（船）成本
客户评价	客户满意率	客户满意率 = $\dfrac{调查中满意货主数}{被调查货主总数} \times 100\%$
	客户保持率	客户保持率 = $\dfrac{老客户数量}{上一年客户总量} \times 100\%$
	客户开发率	客户开发率 = $\dfrac{新客户数量}{本年度客户总量} \times 100\%$
	客户投诉率	客户投诉率 = $\dfrac{投诉的客户数量}{总客户数量} \times 100\%$
	市场占有率	市场占有率 = $\dfrac{报告期本企业完成的运量}{报告期市场运输总完成量} \times 100\%$
社会效益	清洁能源车率	清洁能源车率 = $\dfrac{企业清洁能源车数}{企业总车数} \times 100\%$

在实际运输活动中,货物运输企业应综合考虑运输活动的目标与任务、运输货物特点、运输环境、运输能力、客户要求等方面的因素,具体确定各项评价指标及其主次顺序,形成完整的、相互衔接的指标体系,以获得良好的评价效果。

二、货物运输企业运输绩效的总体评价

货物运输企业绩效的总体评价,实质是对企业物流服务能力、竞争能力、发展学习能力的综合衡量。结合货物运输企业的生产经营特点,可从五个方面来设置货物运输企业绩效总体评价指标,即服务质量、服务成本、市场能力、信息能力以及学习能力。

(一)服务质量

服务质量是货物运输企业绩效的最核心部分。为了方便识别和控制,按照业务流程将其分为运输前服务质量、运输中服务质量和运输后服务质量。

1. 运输前服务要素评价指标

(1)目标车辆可得率:客户需要车辆时,用其衡量需求可得性的情况。

(2)目标交付时间:企业向客户计划或者承诺的货物交付时间。

(3)沟通能力:企业在运输前与客户的信息沟通能力。

2. 运输中服务要素评价指标

(1)托运的方便性:客户通过多种方式进行托运的可能性和每种方式的方便程度。

(2)托运处理时间:从顾客开始填写托运单到验收货物完毕时的时间长度。

(3)货物跟踪能力:对运输货物所处状态进行跟踪的能力。

(4)准时交货率:准时交货的数目与交货总数目的比率。

(5)交货柔性:指货物运输企业满足客户紧急发货或延迟发货的可能性以及应付突发事件的能力。

(6)货损货差率:服务过程中损失的货物总吨数与运输货物总吨数的比率。

3. 运输后服务要素评价指标

(1)运单完成率:一定时期内完成的运单数量与运单总数的比率。

(2)运单处理正确率:一定时期内正确的运单处理总数与运单总数的比率。

(3)退货或调换率:一定时期内由于错装、错卸、错交,导致退货或换货总量与发货总量的比率。

(4)货物赔偿率:一定时期内由于货物丢失、损坏、运输误期及违约等原因所造成的赔偿金额与同期运输总收入的比率。

(5)客户投诉率:一定时期内客户投诉次数与总服务次数的比率。

(6)客户投诉处理时间:企业对客户投诉进行调查,采取补救措施,达到客户要求的总时间。

(7)顾客满意度:可以通过定期和不定期的客户调查问卷来获得,对企业物流运输服务表示满意的顾客与接受调查的顾客总数的比率。

(二)服务成本

物流运输成本居高不下严重制约着我国物流产业的发展。据有关数据显示,欧美汽车制造企业的物流成本占销售额的比例为8%,日本汽车厂商的比例为5%;而中国的比例在15%

以上。

1. 单位产品的物流运输成本

通过物流运输费用与产品总量的比值来确定，根据产品本身的特点可以按单位体积、单位成本、单位产品数量的物流运输费用来衡量。

2. 系统成本

货物运输企业提供一体化物流服务时所改进的整个物流系统的成本。

3. 物流运输成本控制水平

物流运输成本控制水平＝（采取措施而节约的运输成本－为采取成本控制所支付的费用）/采取措施前的运输成本。它反映出货物运输企业对成本的控制能力。

（三）货物运输企业市场能力

1. 市场占有率

市场占有率是指某货物运输企业的市场份额与同行业总份额的比率。

2. 市场增长率

市场增长率是指某货物运输企业市场增长份额与该企业市场占有份额的比率。

3. 市场应变能力

市场应变能力是指对于物流运输市场变化的觉察、识别、采取行动以及信息反馈的能力，可采用十分制来量化。

（四）货物运输企业信息利用能力

信息利用能力是指货物运输企业拥有可靠的计算机网络和物流信息管理系统，以高效地提供物流信息，为物流作业提供及时有效支持的能力。

1. 基础设施水平

基础设施水平是指货物运输企业信息化的基础条件，包括计算机硬件数量和普及率、信息网络应用状况和物流信息标准化、电子化应用状况等。

2. 物流管理信息化水平

利用物流信息系统（ERP 软件、GPS 系统、GIS 系统、运输调度系统、仓储管理系统、订单管理系统等）有效控制和管理物流的各个环节的能力，是反映货物运输企业信息技术能力的关键指标。可以从物流信息系统的功能性（如在线下单，网上报价、在途查询、决策支持能力）、集成性、系统适用性三个方面来评估。

3. 信息传递效率水平

信息传递效率水平是指信息传递的可得性、准确性和及时性等。

4. 信息活动主体水平

信息活动主体水平是指员工利用计算机网络和物流信息管理系统的能力。

（五）学习能力

未来企业的竞争就是学习能力的竞争，最成功的企业将是"学习型组织"的企业。让工作学习化，学习工作化，每个员工全身心投入工作和学习，使企业的创造力和竞争力随着员工创造力的增长而不断发展。因此，学习能力应作为货物运输企业业绩评估的重要指标。

（1）员工素质。企业员工的知识水平、修养、自信和相互信任程度等。

（2）员工满意度。员工对工作的满意程度、积极性。

(3) 信息渠道的畅通程度。组织内部获得所需各种信息的渠道的通畅程度。

(4) 知识和信息共享程度。企业员工之间交流经验，探讨业务技能，互相帮助学习所需技能的程度。

(5) 对学习的重视程度。企业对员工进行培训，并建立评估和激励体系，对组织员工的学习和创新给予支持和奖励的力度。

纵观上述指标体系，不难发现货物运输组织绩效是一个相当复杂的概念，先确定各指标权重然后再采用数学方法进行处理。目前，比较常用的货物运输企业绩效评估方法主要有关键业绩指标法（KPI）、标杆法（或基准法）、数据包络分析法（DEA）、主成分分析法、层次分析法（AHP）等。这些方法各有千秋，企业可以根据实际情况进行选择。本项目简单介绍在企业绩效评估中应用广泛且容易操作的关键业绩指标法。

关键业绩指标法，是指运用关键业绩指标进行绩效考评。它是在现代企业受到普遍重视的办法，符合一个重要的管理原理，即"二八理论"。这一办法的关键是建立合理的关键业绩指标。运用关键业绩指标法进行运输组织绩效评价，大致包含如下程序：其一，由绩效管理部门将企业的整体目标及各个部门的目标传达给相关员工；其二，各部门将自己的工作目标分解为更详细的子项目；其三，对关键业绩指标进行规范定义；其四，根据企业绩效考评制度及有关规定，由各相应权限部门进行考评操作，得出考评结果；其五，将考评结果所得的数据应用于管理工作的有关方面，改进组织效率。

因此，在货物运输组织绩效的评估研究中，应该结合具体环境和企业进行实证研究，从企业长远发展战略出发，针对企业具体的评估目的、评估思路、评估指标、评估方法等过程进行阐述，以建立最符合企业需要的评估系统。

三、货物运输企业运输绩效评价结果分析

在前文，我们已整理出许多货物运输组织绩效评价指标。然而，针对这些指标，如何判断其数据的好坏，要不要进行改善，就必须有判断好坏的基准。比较的基准有竞争比较、趋势比较和目标比较三种，如图12-1所示。

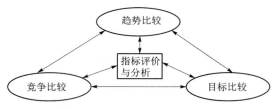

图 12-1 货物运输企业运输绩效评价分析方法

第一，同行业其他公司的状况或同业的平均值。这就是所谓的竞争比较。一般竞争对象清楚的企业，如能和同行业其他公司的状况做比较，就能判断本身的好坏。企业经营原本就是谋求企业之间的竞争，因此是否优于竞争对象极为重要，各方面都无法胜过竞争者的企业，更别提如何获利。而在货物运输业中，性质相仿的公司不少，即使不是直接竞争的公司，只要规模、作业性质差不多，都可作为比较学习的对象。但这种竞争性的比较资料收集较不易，除了一些属于一般性的财务资料可从相关刊物中获得外，较详细的资料很少。当然，还可以通过参观、沟通来取得，但在我国目前各公司资料不全与极端保密的情形下，要

做到这一点并不容易。

第二,企业过去的状况。这是趋势比较法。除了与同行业其他公司比较了解其他公司怎么做、做得如何外,将企业本身前后期的营运作业情况作比较可以清楚知道企业如今是处于成长或衰退的状况。例如,本期算出司机生产率为 $1 \times 10^5 \, \text{t} \cdot \text{km}$,但该数据究竟比过去变好还是变坏了,就必须经比较才能下结论,成长的为 $1 \times 10^5 \, \text{t} \cdot \text{km}$ 与衰退的为 $1 \times 10^5 \, \text{t} \cdot \text{km}$ 代表的意义将完全不同。即使与 A 公司比较,此 "$1 \times 10^5 \, \text{t} \cdot \text{km}$" 的数据稍差,但若 A 公司营运正逐渐恶化,而本公司人员生产率有逐渐提升的趋势,这也是一项不错的信息。因此,进行企业本身若干期资料的比较,注意其倾向趋势是绝对必要且有效的。

第三,目标或预算。这是对目标的比较。公司的自我分析,除注意趋势的变化外,如果公司已有针对营运状况设定好目标或预算值,则应进一步与目标或预算值比较,以了解公司运作水准是否达到了预期的目标,其结果可作为管理者今后计划的方向或重新设定新目标值的参考。

(一)评价指标的分析

在评价过程中,首先是获得营运作业所有的各项评价指标,然后选择比较的基准,以判断指标数据的好坏,然后依照指标反映的状况进行分析。

分析是为了解事情真相并找出问题症结而对物流系统所做的详细探讨。因此,评价指标分析,是指对实际数据的分析,以发掘问题点,把所需采取的行动整理出来,以决定改善对策。指标分析步骤如图 12-2 所示。

判断数据好坏 → 发现问题 → 确定问题 → 查找原因 → 寻求解决方法

图 12-2 指标分析步骤

对于问题,应不厌其烦地加以发掘确认,找出真正的问题点,且对于需要改善的问题点,从其营运作业的机能以及各种角度上探讨其发生原因,进而想出解决方案予以改善。

有时,问题点并非由单一指标即可明显看出,必须配合两三个不同项目指标才能找出真正问题,因而对于指标数据的分析,应从两个方面来进行。

(1)单一指标分析法:即以单一指标来评价营运生产率。注意有些指标在单独使用时,往往会忽略另一些重要的层面。如用工作率衡量车辆工作状况,就会忽略了出车时间的利用程度。

(2)多元指标分析法:找出互有关系性的指标,由多个相关性指标以分析公司现况及可能原因,即同时以多个指标来评估生产率。但应注意各种指标在评估过程中究竟应占多大比例。

多元指标相互间,并不一定是周延的(所谓周延是指指标间的配合掌握,完全没有遗漏)。

这两种方法都有局限性,究竟什么时候该使用何种方式分析,需要分析人员自己判断,以做出对公司最有益的分析。

(二)改善问题的步骤及要点

改善就是要打破现状,使事情做得更好,因此一旦把问题找出并加以检讨之后,必定会产生改善构想,而这种改善原则应是以科学(客观)的观点配合企业所追求的目的,选取当时认为最佳的方式。现状改善是一种实务工作，可由以往的或别人所采行的方法进行模仿，或根据改善构想要点作为改善基准，当然也有以创意而获良好改善成果的。不论是采用何种改善方式，都应依基本的改善步骤来进行现状改善。

步骤一：由问题点中决定亟待解决的问题。在这一步骤中就是要进行问题的评价，也就是预测每一问题对公司未来营运绩效的影响程度，根据度的不同安排先后解决的时机。问题经评价后，其重要性通常可区分为下列四级。

（1）错误的警示：对公司影响程度很小的问题，应予以摒弃。

（2）非紧急性：对将来可能会有影响，可先延后，将来再解决。

（3）稍微的紧急性：指必须在下一规划周期之前解决的问题，改善的计划及日期应在此阶段中订出。

（4）紧急的问题：指必须立即处理的问题。

步骤二：收集事实，调查比较各个事实间之相互关系，确定改善目标。

步骤三：分析事实，检讨改善方法。这一步希望全体工作人员共同献计献策，朝轻松（减轻劳动强度、提高熟练程度）、良好（维持、提升的品质）、迅速（缩短作业时间）、低廉（降低成本）、安全（防止事故）的改善目标来寻求改善方案。

步骤四：将构想出的改善方案提报检核，并做好实施的准备计划。

步骤五：先试行改善，且详细追踪记录实施结果。

步骤六：评价试行实施结果，并使之标准化。检讨改善效果，是否确实较改善前的情况进步。如果是，则就考虑将改善后的方式标准化，以作为往后的依据。而在最后的步骤，即要针对新的作业方式拟定日后管理制度以便追踪与衡量，以确定长期的改善效果。

步骤七：设定管制标准，执行管理。

四、技能训练

1. 训练目标

通过对实践训练，能够进行货物运输组织绩效评价指标体系的建立，能够进行货物运输企业现状评价，并写出评价报告，为企业的运输服务战略的提供依据。

2. 训练准备

（1）正确理解货物运输绩效评价指标的意义，熟悉货物运输组织绩效评价指标的计算方式。

（2）将全班学生分成若干组，每组10人，选组长1人。

3. 训练项目

（1）对某货物运输企业进行绩效评价，计算服务水平、能力与效率、成本与效益、客户评价等相关指标。

（2）对绩效评价指标进行分析，完成评价报告。

4. 训练评价

训练评价的方式有教师评价、小组内部成员评价和第三方评分组成员互评三种。建议教师评价占60%权重，小组内部成员评价占20%的权重，第三方评分组成员评价占20%的权重，将三者综合得分作为学生在该项目的评价分。训练评价表见表12-3。

表 12-3 训练评价表

考评人		被考评人	
考评地点			
考评内容	货物运输组织绩效评价指标的计算		
考评标准	具体内容	分值	实际得分
	工作态度	15	
	沟通水平	15	
	训练项目（1）完成情况	40	
	训练项目（2）完成情况	30	
	合计	100	

注：考评满分为100分，60分以下为不及格，60~69分为及格，70~79分为中，80~89分为良，90分以上为优。

思考练习

一、简述题

1. 有效的货物运输组织绩效评价体系应包括哪些内容？
2. 货物运输组织绩效评价的方法有哪些？
3. 货物运输组织绩效评价指标应如何分析？
4. 货物运输企业服务质量评价指标有哪些？

二、案例分析题

表 12-4 是某货物运输企业××××年绩效值与同年道路运输业全行业企业绩效评价标准值的对比情况。请分析相关指标的差异（绝对差异和相对差异），并说明改进方法。

表 12-4 某货物运输企业××××年年绩效值与同年道路运输业全行业企业绩效评价标准值对比情况 %

项目	优秀值	良好值	平均值	较低值	较差值	某企业值
一、盈利能力状况						
净资产收益率	9.3	7.5	4.3	-2.6	-8.2	8.2
销售（营业）利润率	27.5	17.5	10.6	3.5	-5	18.2
盈余现金保障倍数	7.6	3.8	0.8	0.2	-0.8	2.6
成本费用利润率	10.6	7.2	3.6	-3.1	-8.8	3.0
资本收益率	9.7	7.8	4.8	-3.2	-8	6
二、资产质量状况						
总资产周转率	0.9	0.6	0.3	0.2	0.1	0.5
应收账款周转率	21.6	14.7	6	2.7	0.8	5.5
不良资产比率	0.4	0.7	1.2	2.5	8.9	2.1
流动资产周转率	4	2.9	1.1	0.8	0.4	1.6

续表

项　　目	优秀值	良好值	平均值	较低值	较差值	某企业值
资产现金回收率	18.5	9.6	4	0.4	-3.9	3
三、债务风险状况						
资产负债率	39.9	50.7	66.6	82.4	91.5	60
已获利息倍数	5	3.5	2.2	0.8	-1.5	2
速动比率	157.5	124.1	84.8	54.6	37.6	65.5
现金流动负债比率	24.3	16.6	6.2	1	-3.7	10.8
带息负债比率	45.3	57.3	70.2	80.9	92	68
四、经营增长状况						
销售（营业）增长率	21.2	14.3	7.9	-4.8	-15.9	15
资本保值增值率	108.9	106.7	103.1	96.2	90.2	105.5
销售（营业）利润增长率	20.7	9.7	2.1	0.5	-8.1	8
总资产增长率	21.3	14.6	8.6	-2.2	-7.5	7
技术投入比率	0.8	0.5	0.3	0.2	0	0.5

附录1　危险货物分类和品名编号

附录2　包装储运图示标志

附录3　运输包装收发货标志

附录4　危险货物包装标志

参考文献

[1] 邵振一，董千里. 道路运输组织学 [M]. 北京：人民交通出版社，2003.
[2] 吴吉明. 物流运输管理实务 [M]. 北京：北京理工大学出版社，2011.
[3] 吴吉明. 货物运输实务 [M]. 北京：人民交通出版社，2011.
[4] 刘亚杰，公路运输概论 [M]. 北京：北方交通大学出版社，2003.
[5] 朱隆亮，万耀明. 物流运输组织与管理 [M]. 北京：机械工业出版社，2004.
[6] 武德春，鲁广斌. 集装箱运输管理 [M]. 北京：机械工业出版社，2007.
[7] 方芳. 运输管理 [M]. 北京：高等教育出版社，2005.
[8] 阎子刚. 物流运输管理实务 [M]. 北京：高等教育出版社，2006.
[9] 李维斌. 公路运输组织学 [M]. 北京：人民交通出版社，1998.
[10] 戴实. 铁路货运组织与管理 [M]. 北京：中国铁道出版社，2002.
[11] 尹启泰. 货物运输组织 [M]. 成都：西南交通大学出版社，2007.
[12] 中国国际货运代理协会. 国际航空货运代理理论与实务 [M]. 北京：中国商务出版社，2005.
[13] 顾奕镁. 新编对外贸易运输实务 [M]. 北京：知识出版社，1993.
[14] 中华人民共和国铁道部. 铁路零担货物运输组织规则 [S]. 北京：中国铁道出版社，1991.
[15] 中华人民共和国铁道部. 铁路货物运输管理规则 [S]. 北京：中国铁道出版社，2000.
[16] 中华人民共和国铁道部. 铁路超限超重货物运输规则 [S]. 北京：中国铁道出版社，2007.
[17] 中华人民共和国铁道部. 铁路鲜活货物运输规则 [S]. 北京：中国铁道出版社，2009.
[18] 朱强，阎子刚. 运输管理实务 [M]. 北京：中国物资出版社，2006.
[19] 严作人，张戎. 运输经济学 [M]. 北京：人民交通出版社，2003.
[20] 陈贻龙，邵振一. 运输经济学 [M]. 北京：人民交通出版社，1999.
[21] 现代交通远程教育教材编委会. 运输经济学 [M]. 北京：清华大学出版社，2004.
[22] 唐秋生，刘玲丽. 交通运输商务管理 [M]. 北京：人民交通出版社，2006.
[23] 蒋祖星，孟初阳. 物流设施与设备 [M]. 北京：机械工业出版社，2010.
[24] 张翠花. 物流设备使用与维护 [M]. 北京：北京理工大学出版社，2010.
[25] 殷延海. 物流中心在选购常用物流设备时存在的问题及对策 [J]. 商场现代化，2009（15）.
[26] 王银学. 配送中心的物流设备采购 [J]. 物流技术与应用，2010（9）.
[27]《中华人民共和国道路交通安全法》[S]. 北京：中国法制出版社，2017.
[28]《中华人民共和国道路运输条例》[S]. 北京：中国方正出版社，2016.
[29] 中华人民共和国交通部. 道路危险货物运输管理规定 [S]. 北京：人民交通出版

社,2005.

[30] 中华人民共和国国家标准. GB 12268—2012 危险货物品名表 [S]. 北京:中国标准出版社,2012.

[31] 中华人民共和国国家标准. GB 6944—2012 危险货物分类和品名编号 [S]. 北京:中国标准出版社,2012.

[32] 中华人民共和国国家标准. GB 12463—2009 危险货物运输包装通用技术条件 [S]. 北京:中国标准出版社,2009.

[33] 中华人民共和国交通部. JT 617—2004 汽车危险货物运输规则 [S]. 北京:人民交通出版社,2004.